高等院校创新创业精品教材

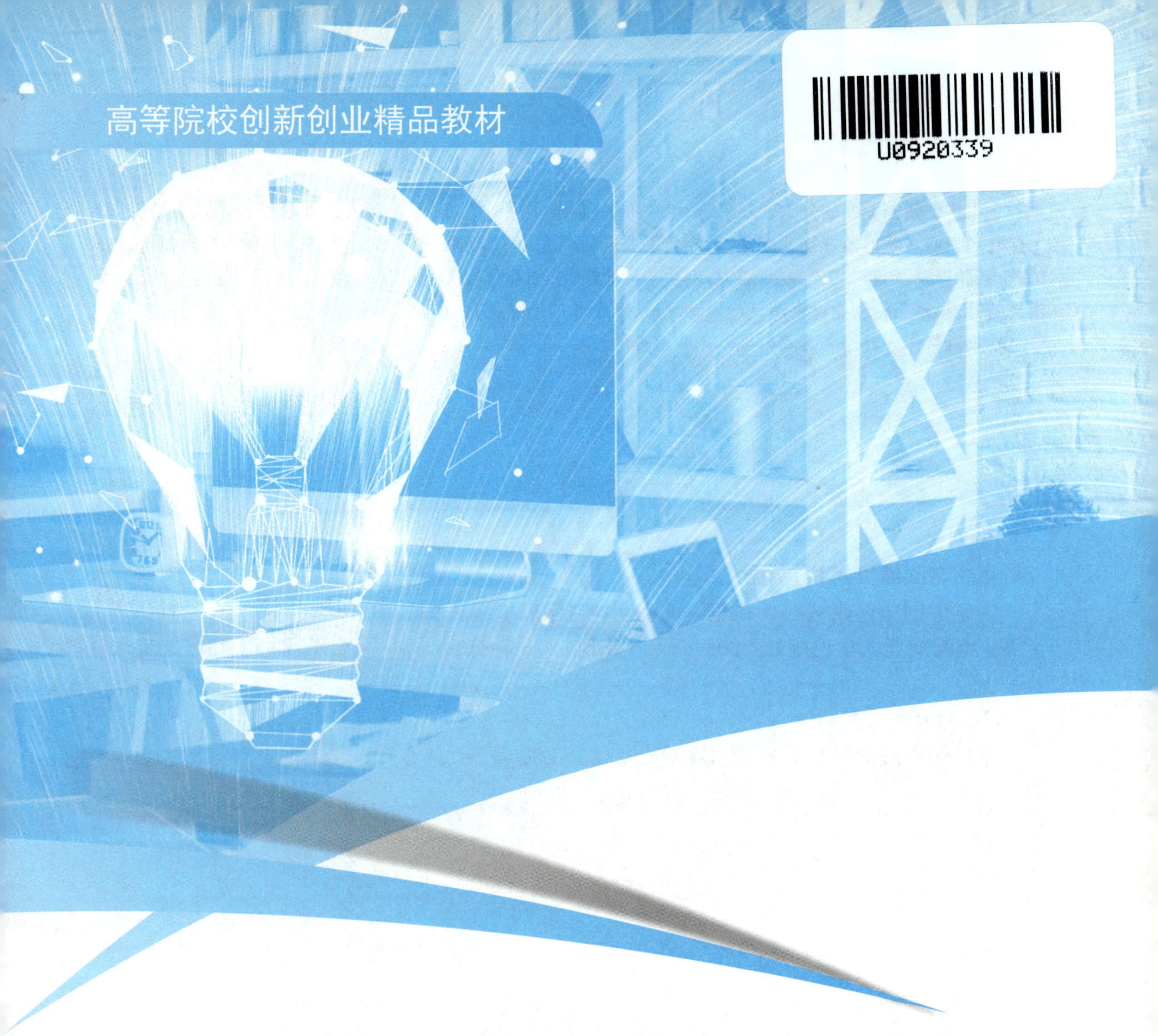

U0920339

大学生创新创业基础

DAXUESHENG CHUANGXIN CHUANGYE JICHU

主编　戴　铠　王晓娴　赵伟杰

内容提要

本书将创新创业课程分为创新引领、创业准备、创业实战三大部分，以激发创业热情为出发点，帮助学生在开启创业之路前做好创业准备，将创新创业进行到底。三大部分细分为十个模块，分别为创新与创新精神、创新思维、创新方法与创新能力；创业与创业精神、创业环境与创业机会、创业资源与创业团队、商业模式的开发与创新、创业计划制订与风险规避；新企业的创立、初创企业的经营管理。

本书既可作为普通高等院校创新创业课程的教材，亦可供其他创业者参考使用。

图书在版编目(CIP)数据

大学生创新创业基础 / 戴铠，王晓娴，赵伟杰主编. 上海：上海交通大学出版社，2024. 7. -- ISBN 978-7-313-31030-9

Ⅰ. G647. 38

中国国家版本馆 CIP 数据核字第 202436KL80 号

大学生创新创业基础
DAXUESHENG CHUANGXIN CHUANGYE JICHU

主　　编：戴　铠　王晓娴　赵伟杰
出版发行：上海交通大学出版社　　地　　址：上海市番禺路 951 号
邮政编码：200030　　电　　话：021-64071208
印　　制：三河市骏杰印刷有限公司　　经　　销：全国新华书店
开　　本：787 mm×1 092 mm　1/16　　印　　张：15. 25
字　　数：361 千字
版　　次：2024 年 7 月第 1 版　　印　　次：2024 年 7 月第 1 次印刷
书　　号：ISBN 978-7-313-31030-9　　电子书号：ISBN 978-7-89424-771-1
定　　价：49. 80 元

版权所有　侵权必究
告读者：如您发现本书有印装质量问题请与印刷厂质量科联系
联系电话：0316-3662258

《大学生创新创业基础》编委会

主　编	戴　铠	平顶山学院
	王晓娴	商丘工学院
	赵伟杰	平顶山学院
副主编	辛学峰	商丘工学院
	贺莹莹	商丘工学院
	郭松涛	商丘工学院
	郭　娟	商丘工学院
	王美英	郑州工业应用技术学院
	李供应	郑州美术学院
	梁中峰	新乡工程学院
参　编	张启明	商丘工学院
	杨柳青	新乡工程学院
	刘荣乾	新乡工程学院

CONTENTS 目录

第一部分

创新引领——激发创业热情

课前探讨

某师范学院的学生胡某对创业课充满期待，他说："现在创新创业这么火，我们当然也想学习一些与此有关的知识。平时学校举办创新创业的讲座时我也会去听，但是总感觉不成体系，甚至杂乱无章。如果能开设一门课程，那么效果肯定会非常好。"

也有学生表达出对创业课教学效果的担忧："在不加重学业负担的情况下，我支持开创业课。但是创业都是脚踏实地干出来的，只凭听几节课、做几套题恐怕效果不大吧。"

想一想

针对"大学生创新创业是否需要课程教学"这一问题，你怎么看？

知识结构

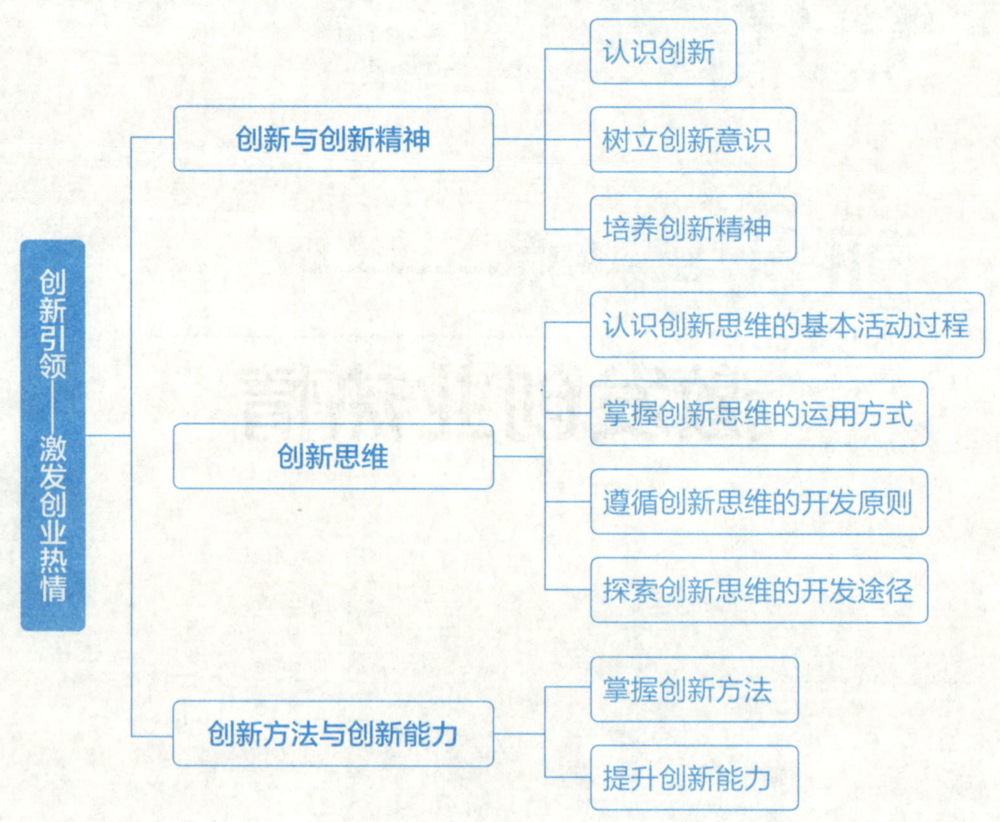

模块一　创新与创新精神

学习目标

（1）认识创新，初步了解创新的含义、特征、类型等基础知识，熟悉创新的原则及过程。

（2）理解创新意识的含义与内容，掌握大学生培养创新意识的途径。

（3）熟悉创新精神的相关知识，掌握培养创新精神的方法，初步激发对创新的热情。

创新是中华民族鲜明的民族禀赋。中华民族是具有伟大创新精神的民族，中国人民自古就具有强烈的创新意识。我们的先辈早就提出："周虽旧邦，其命维新。""苟日新，日日新，又日新。"在五千多年的文明发展进程中，中华民族发明了造纸术、火药、印刷术、指南针，在天文、算学、医学、农学等多个领域为世界贡献了无数科技创新成果，对世界文明进步影响深远。

任务一　认识创新

创新是当代中国不断发展进步的强大动力。纵观人类发展历史，创新始终是一个国家、一个民族发展的重要力量，也始终是推动人类社会进步的重要力量。百年来，中国共产党带领中国人民从胜利走向胜利，正是彰显了改革创新的伟大力量。当前，中华民族迎来了从站起来、富起来到强起来的伟大飞跃，实现中华民族伟大复兴进入了不可逆转的历史进程，我们比以往任何时候都更加需要强大的创新力量。

一、创新的含义

创新是以新思维、新发明和新描述为特征的一种概念化过程。

早在古代，我国就已经出现了"创新"一词。在我国，早期的"创新"主要是指制度方面的改革、变革、革新和改造，并不包括科学技术的创新。根据目前的研究结果，"创新"一词最早出现于《魏书》（卷六十二）："革弊创新者，先皇之志也。"《周书》（比《魏书》稍晚）中也两次提及“创新”。《周书》卷二十六中有“自魏孝武西迁，雅乐废缺，征（斛斯征）博采遗逸，稽诸典故，创新改旧，方始备焉”；卷三十中又说：“大象初，征（斛斯征）拜大司徒。诏（于）翼巡长城，立亭鄣。西自雁门，冬至碣石，创新改旧，咸得其要害云。”从上面的资料可以看出，我国古代所谓的“创新”主要是指在社会制度、社会气象、社会环境等方面进行变革，属于制度创新的范畴，很少涉及科技创新。

经济学上，创新概念的起源为美籍奥地利政治经济学家约瑟夫·熊彼特（Joseph Schumpeter）于 1912 年出版的《经济发展概论》。熊彼特在其著作中提出：创新是指把一种新的生产要素和生产条件的“新结合”引入生产体系。它包括四种情况：引入一种新产品，引入一种新的生产方法，开辟一个新的市场，获得原材料或半成品的一种新的供应来源。熊彼特的创新概念包含的范围很广，如涉及技术性变化的创新及非技术性变化的组织创新。

因此，从广义的角度讲，创新是指从创意到生产实践新成果的完整过程，即从产生新的意识、新的观念、新的构想、新的知识、新的解释、新的理论、新的思想、新的决策、新的方法、新的设计开始，到这些新的理念和新的思维等在实践中得以运用，产生新的实践成果的全过程。

二、创新的特征

从本质上讲，创新不是从无到有的过程，而是重新组合的过程，是一个发现的过程。这个发现的过程具有目的性、变革性、新颖性、价值性和发展性等特征。

（一）目的性

任何创新活动都有一定的目的，创新的这个特性贯穿创新过程的始终。创新总是围绕解决某一问题进行的，总是与完成某一任务相联系。归根结底，创新的最终目的就是不断满足人类生存和发展的需要。

（二）变革性

创新是对已有事物的改革，是一种深刻的变革。若故步自封、安于现状、不思变革，则不会有创新。

（三）新颖性

创新是对现有的不合理事物的抛弃，是革除过时的内容，确立新事物。在确立新事物的过程中所引入的新概念、新工艺或新产品等，与过去相比都具有新颖性。只有对原有的事物注入新的因素，才能使其得以更新、发展和突破。

（四）价值性

创新的成果必须具有明显的、具体的价值，必须能够满足人们的某种需要，能够对促进经济社会的发展具有一定的效益，否则创新就失去了意义。

（五）发展性

创新是一个不断发展的过程，是创造新知识、应用新知识、发展新知识的过程。对知识创造、应用、再创造、再应用的这种循环往复是人类创新永无止境、无限发展的客观规律。在知识经济时代，创造知识和应用知识的能力与效率将成为影响一个国家综合国力和国际竞争力的重要因素。

三、创新的类型

划分创新类型的参考指标有很多，根据不同的分类标准，可以将创新分为不同的类型（见表 1-1）。

表 1-1 创新的类型

分类标准	类型	理解
创新的影响程度	突破性创新	突破性创新是指基于突破性技术的创新，其主要特征是打破陈规、改变传统和大步跃进
	渐进式创新	渐进式创新是指通过不断的、渐进的、连续的变革最后达到创新的目的，其特征是采取下一逻辑步骤让事物越来越美好
	再运用式创新	再运用式创新的主要特征是采用横向思维，以全新的方式应用原有事物
创新的表现形式	发现	发现与科学相关联，是指发现已经存在但不为人知的规律、法则或结构和功能
	发明	发明与技术和工艺相关联，与发现密切相关。发明是根据发现的原理进行制造或运用，产生一种新的物质或行动
	革新	革新即变革或改变原有的观念、制度或习俗，提出与前人不同的新思想、新学说、新观点，创立与前人不同的艺术形式等
创新活动中的创新对象	知识创新	知识创新是指通过科学研究获得新的基础科学知识和技术科学知识的过程。知识创新为认识世界、改造世界提供了新理论和新方法，为人类文明的进步和社会的发展提供了不竭动力
	技术创新	技术创新是指企业应用创新的知识和新技术，采用新的生产方式和经营管理模式，提高产品质量，开发生产新的产品，提供新的服务，占据市场并实现市场价值

（续表）

分类标准	类　型	理　解
创新成果的应用	产品创新	产品创新是指创造某种新产品或对某一新产品或老产品的功能进行创新
	市场创新	市场创新是指从微观角度促进市场构成的变动和市场机制的创造，以及伴随新产品的开发对新市场的开拓、占领，从而满足新需求的行为
	商业模式创新	商业模式创新是指为企业价值创造提供基本逻辑的变化，即把新的商业模式引入社会生产体系，并为客户和自身创造价值。通俗地说，商业模式创新是指企业以新的有效方式赚钱
	管理创新	管理创新是指企业把新的管理要素（如新的管理方法、新的管理手段、新的管理模式等）或要素组合引入企业管理系统，以更有效地实现组织目标的创新活动
技术创新的来源	自主创新	自主创新是相对于技术模仿、引进而言的一种创造活动，是指通过拥有自主知识产权的、独特的核心技术及在此基础上实现新产品的价值的过程
	模仿创新	模仿创新即通过模仿而进行的创新活动，一般包括完全模仿创新和模仿后再创新两种模式。模仿创新具有积极跟随性等特点
	引进创新	引进创新是指企业通过逆向工程等手段，对引进的技术和产品的消化、吸收、再创新的过程。它包含渐进的创新和对原设计的不断改进。从经济学的角度看，这是一种更有效的创新

需要注意的是，知识创新与技术创新作为人类创新活动的主要方面，相互之间存在着复杂的交互作用。知识创新是技术创新的基础，技术创新是知识创新的应用和发展。

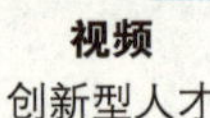

创新型人才

从日常生活中获取灵感　大学生申请多项发明专利

“每一件发明都能解决生活中的一个实际问题，能够帮助到身边的人，这就是科技的魅力。”武汉生物工程学院大四学生李春春勇闯科技创新路，申请多项发明专利。这些发明都是在生活中遇到真实问题后产生的创意。

李春春母亲被查出乳腺癌。在医院陪伴母亲治病期间，李春春目睹了同病房的阿姨为了去一趟卫生间而苦恼，因此萌生了研发一个类似轮椅又可以自动升降的马桶坐便器的想法，以帮助那些卧病在床、腿脚不便的人群。

回到学校，她找到学院科技创新工作室，向工作室成员表达了她的想法。查阅资料、设计图纸、测试优化……李春春和团队成员泡在创新工作室里，终于在历经

3个多月的修改测试后，制作出一个初代实物产品，她的第一个专利——“一种升降式马桶架”由此产生。

李春春说，自己的每一件发明都源自日常生活。在一个暑假，她看到某工地上的升降机在上升过程中由于过载在半空中停车卡死，导致吊篮侧翻，她萌生了改进升降机的想法。在经历60多次失败尝试后，“一种卷扬机式升降机构”最终获得专利授权。此后，她又发明并申请了“台灯”和“回型时钟”等专利。

截至2022年5月，李春春以第一发明人的身份申请国家专利6项并获得授权，参与的专利发明有4项。后来，她又设计了“一种圆盘式自动化刀库”，已申请了发明专利和外观专利。

“接受过帮助才更懂得奉献的力量，我也想让更多的人有信念继续追逐梦想。”在母亲病重和自己求学期间，来自学校、社会各界的帮助和鼓励让李春春铭记在心。在成为学院科技创新工作室负责人后，李春春配合指导老师带领和指导团队成员获得了40余项荣誉。

为了用所学知识帮助更多人，李春春申请加入了新洲区一缕阳光爱心接力社，利用寒暑假与团队成员一同前往大别山区义务支教。此外，她还加入学院电器公益维修服务站，为学校师生免费维修各类电器，还多次利用周末时间带队前往社区开展公益电器维修活动。

资料来源：李春艳，宋颖颖．从日常生活中获取灵感　女大学生申请多项发明专利 [EB/OL].（2022-05-30）[2024-02-01].https://www.hb.chinanews.com.cn/news/2022/0530/376282.html.（有改动）

四、创新的原则

创新的原则即开展创新活动依据的法则和判断创新构思凭借的标准。

（一）科学原理原则

创新必须遵循科学原理，不得有违科学发展规律，因为任何违背科学原理的创新都是不能获得成功的。近百年来，不少才思卓越的人耗费心思，力图发明一种既不消耗任何能量又可源源不断对外做功的“永动机”。但无论他们的构思如何巧妙，结果都逃不出失败的命运，原因在于他们的“创新”违背了“能量守恒”的科学原理。

（二）社会评价原则

创新设想要获得最后的成果，就必须经受走向社会的严峻考验。爱迪生曾说："我不打算发明任何卖不出去的东西，因为不能卖出去的东西都没有达到成功的顶点。能销售出去就证明了它的实用性，而实用性就是成功。"在进行社会评价时，要把握评价事物实用性能基本的方面，然后在此基础上得出结论。评价的内容主要包括解决问题的迫切程度、功能结构的优化程度、使用操作的可靠程度、维修保养的方便程度和美化生活的美学程度等。

（三）相对较优原则

创新不可盲目追求最优、最佳、最美、最先进，因为创新产物不可能十全十美。在创新过程中，人们可以通过创新的原理和方法获得许多创新设想，这些创新设想各有千秋，需要人们遵循相对较优的原则对它们进行分析和选择。在运用该原则时，应着重考虑以下几个方面：从创新技术先进性上进行比较选择，从创新经济合理性上进行比较选择，从创新整体效果上进行比较选择。

（四）机理简单原则

只要创新效果好，机理越简单越好。在现有科学水平和技术条件下，如不限制实现创新的方式和手段的复杂性，所付出的代价可能远远超出合理程度，使得创新的设想或结果毫无实用价值。在科技竞争日趋激烈的今天，结构复杂、功能冗余、使用烦琐就是技术不成熟的标志。因此，在创新的过程中要始终贯彻机理简单原则。为使创新的设想或结果更符合机理简单的原则，在创新过程中可进行以下检查：新事物所依据的原理是否重叠、是否超出应有范围，新事物所拥有的结构是否复杂、是否超出应有程度，新事物所具备的功能是否冗余、是否超出应有数量。

（五）构思独特原则

我国古代军事家孙武在《孙子兵法·兵势篇》中指出："凡战者，以正合，以奇胜。故善出奇者，无穷如天地，不竭如江海。"所谓"奇"，即思维超常和构思独特。创新贵在独特。在创新活动中，关于创新对象的构思是否独特，可以从创新构思的新颖性、开创性、特色性等方面来考察。

（六）不轻易否定原则

不轻易否定原则是指在分析评判各种产品创新方案时应注意避免轻易否定的倾向。在飞机发明之前，科学界曾从"理论"上进行了否定的论证；过去曾有权威人士断言，无线电波不可能沿地球曲面传播，无法成为通信手段。显然，如今看来这些结论都是错误的。

这些不恰当的否定之所以出现，就是因为人们运用了错误的“理论”，而更多的不应该出现的错误否定则是人们给某些发明框定了若干用常规思维分析证明无法达到的技术细节的结果。

（七）不简单比较原则

在避免轻易否定倾向的同时，还要注意不随意对两个事物进行简单比较。不同的创新，包括非常相近的创新，原则上不能以简单的方式比较其优势。不简单比较原则促进了相关技术在市场上的优势互补，对形成相关技术共存共荣的局面起着重要作用。创新的广泛性和普遍性都源于创新具有的相容性。例如，市场上常见的钢笔、铅笔就互不排斥，即使都是铅笔，也有普通木质杆铅笔和金属或塑料杆自动铅笔的分别，它们之间不存在排斥的问题。

以上是在创新活动中要注意且必须遵循的创新原理和创新原则，这些均是根据千百年来人类创新活动成功的经验和失败的教训提炼出来的，是创新智慧和方法的结晶，体现了创新的规律和性质。遵循创新原理和原则去创新，并非是对思维的束缚，而是为了把创新活动纳入安全可靠、快速运行的大道上来。

五、创新的过程

创新的“四阶段理论”是一种影响大、传播广且具有较强实用性的过程理论，由英国心理学家沃勒斯（Wallas）提出。该过程理论认为创新的过程分为四个阶段：准备期、酝酿期、明朗期和验证期，如图 1-1 所示。

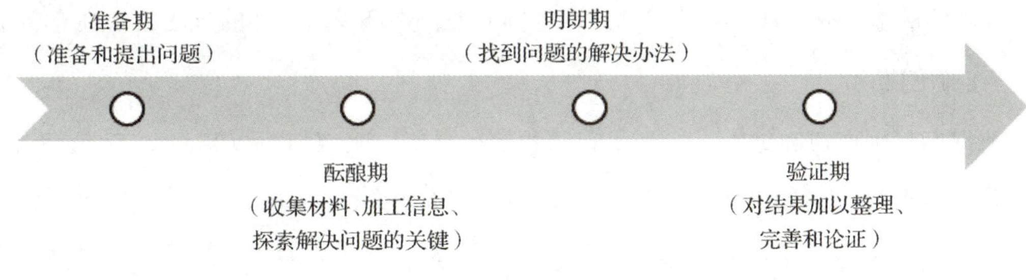

图 1-1 创新的四个阶段

（一）准备期

准备期是准备和提出问题的阶段。一切创新都是从发现问题、提出问题开始的。问题的本质是现有状况与理想状况的差距。爱因斯坦认为：“提出一个问题往往比解决一个问题更重要，因为解决问题不过牵涉数学上的或实验上的技能而已，而提出新问题非易事，需要有创新性的想象力，而且标志着科学的真正进步。”他还认为，对问题的感受性是人的重要资质，创新准备可分为三步：对知识和经验进行积累与整理；收集必要的事实和资料；

了解自己提出问题的社会价值，分析其能满足社会的何种需要及价值前景。

（二）酝酿期

酝酿期也称沉思和多方思维发散阶段。在酝酿期，要对收集的资料、信息等进行加工处理，探索解决问题的关键，因此常常需要耗费很长的时间，花费巨大的精力，是大脑高强度活动的时期。这一时期，要从各个方面进行思维发散，让各种设想在头脑中反复组合、交叉、撞击、渗透，按照新的方式进行加工。加工时应主动使用创造方法，不断选择，力求形成新的创意。法国科学家庞加莱（Poincaré）认为，任何科学的创造都发端于选择。这里的“选择”就是人们经过充分思索，让各方面的问题都充分暴露出来，从而把思维过程中那些不必要的部分舍弃。因为创新思维的酝酿期特别强调有意识的选择，所以庞加莱还说：“所谓发明，实际上就是鉴别，简单来说，也就是选择。”

为使酝酿过程更加深刻和广泛，还应注意把思考的范围从熟悉的领域扩大到表面上看起来没有什么联系的其他专业领域，特别是常被自己忽视的领域。这样，既有利于冲破传统的思维方式和“权威”的束缚，打破成见，独辟蹊径，又有利于获得多方面的信息，通过多学科知识“交叉”优势，在一个更高层次上把握创新活动的全局，寻找创新的突破口。有时也可把思考的问题暂时搁置一下，有意识地切断习惯性思维，以便产生新思维。另外，灵感思维的诱发规律还告诉人们：在大脑长时间兴奋后有意松弛，有利于灵感的闪现。酝酿期的思维强度大，困难重重，屡试难以成功，“山重水复疑无路”却欲罢不能，此时良好的意志品质和进取性格就显得格外重要，因为这是创新在酝酿期取得进展直至突破的心理保证。创新思维的酝酿期通常是漫长的，只有坚持下去，并且采用正确的方法，才会有希望。

（三）明朗期

明朗期即顿悟期或突破期，找到了问题的解决办法。明朗期很短促，呈猛烈爆发状态。久盼的创造性突破在瞬间实现，人们通常所说的“脱颖而出”“豁然开朗”“众里寻他千百度，蓦然回首，那人却在，灯火阑珊处”等都是描述这种状态的。如果说“踏破铁鞋无觅处”描绘的是酝酿期，“得来全不费功夫”则是明朗期的形象刻画。在明朗期，灵感思维往往对创新有着决定性作用。

（四）验证期

验证期即评价阶段，是完善和充分论证的阶段。创新突然取得突破，结果难免存在稚嫩、粗糙甚至若干缺陷。验证期是人们对明朗期获得的结果加以整理、完善和论证，进一步充实的过程。如果创新思维所取得的突破不经过这个阶段，创新成果就不可能真正取得。对于论证，一要在理论上验证，二要放到实践中检验。验证期的心理状态通常较平静，但必须耐心、周密、慎重，不急于求成和不急功近利是至关重要的。

创业者刘培超：带着我们的智能机械臂走向世界

以“创新增动能，创业促就业”为主题，2022 年 9 月，全国大众创业万众创新活动周（以下简称“双创周”）在全国范围内举办。在主会场安徽省合肥市，来自全国各地的年轻创客分享了自己的创业经历，展示了自己的创新成果。

打磨木板、装卸物品……在合肥会场的主题展区，几个灵巧挥舞的机械臂吸引了众多观众驻足。这是深圳市某公司展示的智能协作机械臂，可以代替人工进行高精度的重复组装工作。

公司创始人刘培超是“双创周”的“老熟人”了。2015 年，刘培超带着他的第一代机械臂产品参加了第一届“双创周”。7 年后，30 多岁的刘培超再次来到“双创周”。7 年间，他创立的公司已发展到 600 多人，产品销往全球多个国家和地区。

“我学的是机械设计专业，硕士毕业时，适逢‘双创’热潮，于是决心自己创业。”刘培超说，创业路上也遇到过很多挑战，但好在国内创新创业氛围浓厚，支持政策也多，增强了自己创业的信心。

为了鼓励青年创业，各地政府发布了一系列优惠政策举措，如按规定落实一次性创业补贴、创业担保贷款及贴息等政策；省级优秀创业项目可按规定享受 5 万元至 20 万元的资助；支持毕业学年的高校毕业生参加职业技能培训和创业培训，按规定给予培训费补贴……

“现在，对于带着我们的智能机械臂走向世界这一目标，我和我的团队更有信心了。”在刘培超看来，随着社会创新创业的氛围日渐浓厚和条件不断完善，越来越多的年轻人将会投入其中，这将为社会发展带来巨大的助力。

“年轻人能快速接纳和拥抱新的知识和技术，有更多打破传统和探索创新的意识。越来越多的年轻人参与创新创业，有助于激活社会的创新体系，从不同维度探索最新的发展机遇和垂直领域的先进技术。”刘培超说。

资料来源：金台资讯．青年人才成为创客主力军 [EB/OL].（2022-11-01）[2024-02-01].https://www.163.com/dy/article/HL2UDDBL05346936.html.（有改动）

任务二　树立创新意识

意识一般是指人脑对客观现实的反映，意识能够使人的活动具有目的性，对人的行为进行内部调节与控制。创新意识是人类意识活动中的一种积极的、富有成果性的表现形式，是人们进行创造活动的出发点和内在动力，是创新思维和创造力的前提。

一、创新意识的含义

创新意识是创新活动的起点和前提，离开创新意识，一切创新活动都将无从谈起。创新意识是指人们对创新及创新的价值性、重要性的一种认识水平、认识程度以及由此形成的对待创新的态度，并以这种态度来规范和调整自己的活动方向的一种稳定的精神态势。

创新意识总是代表一定社会主体奋斗的明确目标和价值指向性，成为一定社会主体产生稳定、持久创新需要、价值追求和思维定式及理性自觉的推动力量，成为唤醒、激励和发挥人所蕴含的潜在本质力量的重要精神力量。

二、创新意识的内容

创新意识主要由创新兴趣、创新动机、创新情感和创新意志四方面构成。

（一）创新兴趣

兴趣是人们力求探究某种事物和从事某项活动的意识倾向。创新兴趣是对挑战陈规、创造新事物、提出新方法等感兴趣，热衷于从事创新活动。创新兴趣往往与好奇心、求知欲联系在一起，这是人的天性，有的人将这种天性抑制和闲置，而有的人将这种天性保持和发扬。

创新兴趣引导着创新目标的确立和创新能力的开发，人们总是优先根据自己的兴趣选择合适的创新内容和方向。对创新的强烈兴趣是进行创新活动非常重要的心理条件之一。

（二）创新动机

动机是激发和维持个体的活动，并使个体朝着一定的目标努力的内部心理倾向。创新动机是指引起和维持个体进行创新活动的内在驱动力，是创新活动的动力基础。

创新动机在创新活动中主要有三个方面的功能，分别为激活功能、指向功能、维持与调节功能。

（1）激活功能。创新动机能激发、推动个体产生创新行为。

（2）指向功能。创新动机总是使创新活动指向一定的目标或对象。

（3）维持与调节功能。创新动机一旦引起创新实践，就会使人表现出极大的积极性来持续创新活动。

（三）创新情感

情感是个体对事物态度的体验。如果个体对创新的态度是认可的，则会相应产生热爱、崇尚的情感体验。创新情感是指创新主体对创新及创新过程所涉及的各方面内容的主观情感体验。它是创新主体进行创新活动的情感力量，对创新活动的维持和调节起着很大的作用。

（1）智力和创新情感相互作用。在任何一种活动中，认知活动与情感活动都是相互交织的，健康且积极的情感对认知活动起着促进作用，反之则会产生消极影响。同样，创新过程不仅是激烈的智力活动过程，而且是强烈的情感活动过程，在智力和创新情感双重因素的积极作用下，人们的创新活动才可能有持续的力量和思想火花。

（2）创新情感作用于创新活动的全过程。从创新动机的产生到创新过程的持续，再到创新结果的验证，各个环节无不蕴含着创新主体的情感因素。创新过程需要以创新情感为动力，如求实精神、坚强的信念及道德感等因素。

（四）创新意志

创新是一种意志行为。创新的特征之一就是克服困难，做前人和别人没有做的事。可以说意志就是力量，创新意志是创新的支柱。创新意志是有意识、有目的、有计划地调节和支配创新活动的心理现象。创新意志是在创新情感的基础上产生的，没有情感就不可能产生任何意志。创新意志又使创新情感具有了目的性，使创新情感能够按照人的价值需要进行发展。

三、创新意识的特征

创新意识以思想活跃、富有创造性和批判性、敢于标新立异、独树一帜的精神追求等为主要表现。个体只有具备强烈的创新意识，才能想他人所未想、创他人所未创的事业。创新意识的特征主要表现为新颖性、社会历史性、个体差异性等。

（一）新颖性

创新意识是求新意识。创新是为了满足新的社会需求，或是用新的方式更好地满足原来的社会需求，“新则活，旧则板；新则通，旧则滞”。小到个人，大到国家，想要抵达目标地带，想要突破发展瓶颈，方法都指向求升求变、大胆创新。

（二）社会历史性

创新意识是以提高物质生活水平和精神生活水平需要为出发点的，而这种需要在很大程度上受具体的社会历史条件制约，如在阶级社会里，创新意识受阶级性和道德观的影响与制约。人们的创新意识激起的创新活动和产生的创新成果，应为人类进步和社会发展服务；创新意识必须考虑社会效果。

（三）个体差异性

人们的创新意识和其社会地位、文化素质、兴趣爱好、情感志趣等相对应，这些因素对创新起着重大的推进作用。而每个人都有所不同，因此对于创新意识既要考察个体的社会背景，又要考察其文化素养和志趣动机。

四、创新意识的培养

大学生肩负着实现中华民族伟大复兴中国梦的使命。培养大学生的创新意识，提升大学生的创新能力，使之成为引领时代发展、与时代潮流相适应的高素质人才，是高校创新教育的重要内容之一。大学生创新意识的培养需要多方发力、多管齐下。

（一）大学生创新意识的自我训练

大学生应主动完善自身的知识结构，加强创新思维的训练。目前，一些大学生存在知识结构单一、文化底蕴不够深厚、兴趣爱好不够广泛及创新思维欠缺等问题。创新创业活动是综合运用知识的过程，大学生应努力学习各方面的知识，不断完善自己的知识结构，以加深自身的文化底蕴，为创业做好准备。

（二）高校教育观念的转变

加强创新创业教育，激发大学生的创新意识，培养拔尖的创新人才，是高校落实创新驱动发展战略的重要举措。在新形势下，高校应积极转变教育观念，提高认识、整合力量、完善机制，充分尊重大学生的个性与创新精神，不断探索创新创业教育模式。

在实际的教学工作中，高校应当促进大学生主动性和独立性的发展，不应把大学生当作灌输知识的容器，而应把每个大学生都看作具有创造潜能、具有个性的主体，为其提供更多的选择和发展机会。这样，大学生的主体性就会得到很好的发挥，个性也会得到不断的发展，从而有利于大学生创新精神和创造能力的培养。

（三）有利于创业环境的营造

如何为大学生创新意识的培养创设良好的环境，是目前备受社会关注的问题。结合当前大学生创新意识培养的实际情况，概括起来，国家可从以下这些方面来开展工作。

（1）重视创新意识培养的硬件建设，为大学生成才提供条件，如创办创新创业基地、为大学生提供实训练习的机会等。

（2）增强创新创业制度供给，完善相关法律法规、扶持政策和激励措施，营造均等普惠环境。

（3）加强创新创业公共服务资源开放共享，整合利用全球创新创业资源，实现人才等创新创业要素跨地区、跨行业自由流动。

案例链接

敢做创新创业赛道上的“弄潮儿”

117个国家和地区，4 186所学校，147万个项目。2020年11月18日，第六届中国国际“互联网+”大学生创新创业大赛冠军花落北京理工大学（以下简称“北理工”）博士生宋哲团队的“星网测通”项目。

近年来，北理工学子累计获中国国际“互联网+”大学生创新创业大赛总冠军2次、金奖22项，累计获“挑战杯”中国大学生创业计划竞赛13金，连续5次获国际机器人挑战赛冠军，在中国大学生无人驾驶方程式大赛上5次夺冠。

闪亮成绩的背后，是新时代高校对高水平创新创业人才培养的不懈探索。“作为中国共产党创办的第一所理工科大学，北理工牢记习近平总书记‘着力培养担当民族复兴大任的时代新人’的殷殷嘱托，以‘智慧’赋能拔尖创新人才培养，在建设中国特色世界一流大学的路上不懈探索前行。”北理工党委书记、中国工程院院士张军说。

党的十九大以来，北理工以“融合创新、智慧赋能”为驱动力，全方位推进大类招生、大类培养和大类管理改革，实施“寰宇+”（SPACE+X）教育教学改革计划，全力构建创新人才培养“新生态”。

良好的科研氛围促使北理工学子勇做创新创业大潮中的弄潮儿。一年365天，宋哲几乎有360天都在做科研。每一天，都可能面临新的科研难题，但是她十分享受这种难。她说：“在创新创业中砥砺的青春才最闪亮。如果不难，那还有什么可牛的。”

的确，对宋哲来说，夺取创新创业大赛冠军还不是最牛的。博士一年级时，她长期参与的“卫星通信阵列测量技术与应用”项目获得2019年度国家技术发明奖二等奖，作为团队中唯一的在读学生，她也成为当时最年轻的国家奖完成人。如今，她主持研制的多台卫星通信测量装置正服务于北斗、天通等多个国家重大航天型号。

聚焦国之所需，培养拔尖人才。北理工建立健全“全链条、多协同、凸特色、大平台”的一体化创新创业教育体系，15 项国家科技奖成果进教材、进课程，为拔尖创新人才培养注入“源动力”。

移动扫描手柄，在自己的手指上轻轻滑动，计算机屏幕中立即呈现出皮肤三维断层图像……这是北理工学生使用国内领先的学相干层析（OCT）技术教学仪器开展学习的场景。

“把最新科学研究成果应用于人才培养实践，实现了科研优势对教学‘反哺’，也推动了教学过程紧密衔接科技前沿。”张军说，“让‘科’与‘教’融会贯通，北理工探索出独具特色的一流人才培养模式。”

“誓做惊天动地事，甘为隐姓埋名人”，这句话宋哲始终牢记。多年的科研攻关经历，已让她成长为一名静得下心、坐得住“冷板凳”的青年科技工作者。“我坚信，热爱可抵岁月漫长。”她说，“科研报国之路道阻且长，但我无惧亦无悔。”

资料来源：罗旭，刘晓俏.敢做创新创业赛道上的“弄潮儿”[EB/OL].（2022-10-03）[2024-02-01].https://m.gmw.cn/baijia/2022-10/03/36064656.html.（有改动）

任务三　培养创新精神

创新是引领发展的第一动力，是建设现代化经济体系的战略支撑。习近平总书记指出，要“深化改革创新，形成充满活力的科技管理和运行机制”，要“弘扬创新精神，培育符合创新发展要求的人才队伍”。

视频
培养创新精神是必修课

一、创新精神的内涵

创新精神是指能够综合运用已有的知识、信息、技能和方法，提出新方法、新观点的思维能力，进行发明创造、改革、革新的意志、信心、勇气和智慧，是一种奋发向上、积极进取、追求进步、建功立业的精神状态。创新精神是人们对创新活动所持有的价值理念，是求新求变的必然选择，是一种勇于抛弃旧思想、旧事物，创立新思想、新事物的推陈出新的精神。当下的中国应让创新精神绽放光芒。这种精神要求人们不能满足于已有认识，要不断追求新知，能够根据实际需要或新的情况不断进行改革和革新，不盲目效仿别人的想法、说法和做法。

二、创新精神的特征

（一）综合性

综合性反映了创新精神内涵的丰富性和结构构成的多重性。创新精神不是单一的某种创新因素，而是多种因素的集合，是一个完整的结构。这种综合性表明创新精神作为素质教育重点的适切性。

（二）关联性

关联性包含两层意思。一是创新精神的外部关联性，是指与创新活动、创新成果、创新主体最直接相关的因素。这种关联性提供了一种限定，也给研究和实践提供了一种便利。二是创新精神的内部关联性，是指创新精神内部构成因素之间具有密切的相互依存、相互影响、相互促进的关系，在相辅相成的关系中集于一体，构成一个整体。

（三）可发展性

创新精神不是天生的，虽然它与生理遗传密切相关，特别是特殊领域的创新，如音乐、美术、运动等，但其实质性的发展是后天的。所以，创新精神具有可发展性。

三、创新精神的构成

一般来讲，创新精神主要由勇于探索的精神、艰苦奋斗的精神和乐于献身的精神三部分构成。勇于探索的精神是创新精神的核心，艰苦奋斗的精神是创新精神的保障，乐于献身的精神是创新精神的依托。

（一）勇于探索的精神

具有创新精神的人往往有着强烈的好奇心、旺盛的求知欲，酷爱探索和钻研。具有创新精神的人对客观世界有好奇心，才会产生观察事物、解决问题的兴趣，才能有志于探索和思考创新事物；只有具有强烈的求知欲，才能有不畏困难、坚持探索、不达目的誓不罢休的雄心和勇气。求知欲是个体进行创新活动的开端，是影响个体创新能力的主要因素，也是创新型人才的基本特质。

（二）艰苦奋斗的精神

艰苦奋斗是一种不怕艰辛苦难而勇敢去战胜困难的精神，具有这种精神的人一般具有足够的自信心和顽强的意志力。信心、意志是胜利的起点，是产生勇气和实现雄心壮志的保证。没有足够的信心与意志是很难大胆创新的。

（三）乐于献身的精神

创新探索的道路上充满了矛盾和斗争。新理论、新观点、新产品的出现常常会遭到质疑、反对。拥有创新精神的人往往能够坚持真理。献身精神是智力因素与非智力因素的完美结合，反映了人们对科学的正确认识、对真理的追求和对科学的无限热爱。

案例链接

勇于创新的科技“领航人”

每个人都有梦想和目标。身为鞍钢股份有限公司炼焦总厂五炼焦作业区作业长，张允东的梦想和目标比较简单——从事自己所学专业，干自己所学专长，为企业的高质量发展贡献力量。

创新是企业发展的不竭动力。张允东爱创新、能创新在全厂是公认的。无论走到哪个作业区，他都能把创新的火种带到那里，影响和带动整个作业区创新成果层出不穷。在三次焦炉改造中，张允东组织员工开展技术攻关和技术革新，征集“两革一化”及合理化建议512项，申报集团公司重大项目课题2项、国家专利6项、鞍钢专有技术12项。他撰写的论文《新七米焦炉的技术应用及效果》，在全国焦化学会学术研讨会上受到了与会专家和同行的高度评价。

2016年3月，以他名字命名的创新工作室成立了。他坚持用劳模精神引领职工，紧紧围绕生产中的重点和难点问题，大力开展技术创新活动，推动了各项工作顺利开展。2018年，作为“干熄焦智能化攻关”公司课题负责人，针对干熄焦系统现状，张允东带队开发的设备故障快速诊断、安全在线实时监测与预防、生产运行智能控制系统等措施，实施后可产生直接效益969.31万元，间接创效50.37万元，推广创效7 307.74万元。

“一花独放不是春，百花齐放春满园。”在他的带领下，群众性技术创新工作蓬勃开展并取得了丰硕成果。作业区连续被总厂评为“网络问企”季度工作先进单位，5名员工获评鞍钢公司“网络问企”优秀建议者，其中2名员工获评二等奖。在总厂科技创新推进大会上，作业区获评总厂优秀创新团队，张允东同志连续两年获评唯一的“科技领航人”。

2020年，张允东创新工作室获评辽宁省劳模创新工作室。该工作室共获得国家实用型专利14项、专有技术7项，获评鞍钢集团先进操作法1项、厂级先进操作法10项，获评鞍山钢铁重大合理化建议和技术改进成果二等奖3项。在集团公司举办的创新工作室沙龙活动中介绍经验，“7 米焦炉装煤除尘防火技术改进”项目在辽宁省创新大赛中荣获三等奖。在第十届国际发明展览会创新项目参展中，荣获金奖 1 项、铜奖 2 项，在第二十四届全国发明展览会上获银奖 1 项。

资料来源：龚丽．双百征文党员篇三：创新永远在路上 [EB/OL].（2021-09-07）[2024-02-01].https://baijiahao.baidu.com/s?id=1710234543809567058&wfr=spider&for=pc.（有改动）

四、创新精神的培养方法

（一）更新观念

观念进步是行为改进的前提和基础，要想培养具有创新能力的创新型人才，就必须引入创新观念。新时代的创新观念要牢固树立并充分体现以改革创新为核心的时代精神，紧紧围绕实现中华民族伟大复兴的中国梦，有效利用思想政治理论课提供的理论支撑和动力之源。大学生应牢固树立崇高远大的理想，继续发扬艰苦奋斗的创业精神，弘扬民族精神；勇于承担崇高的历史使命，增强社会责任感；努力学习科学文化知识，努力丰富自我，在学习中敢于提出质疑，敢于挑战权威，培养自己的求异思维，不墨守成规；敢于、善于创新，以科学求实的态度永攀科技高峰。

（二）深化教学改革

构建开放式的教学模式，合理、科学地引进、借鉴国内外一切积极的教学因素，从内容到形式、从方式到方法都要有所开发。在教学上，要引用创新精神的事例，潜移默化地培养大学生的创新意识，增强课程内容的实践性，引导大学生独立解决问题，进而引领创新精神的培养；在课程的教育研究上，要继续加大投入力度，明确发展改革目标，使大学生由善学变为乐学。

（三）提升大学生的综合素质

高校教育要树立均衡发展的观念，注重文理渗透，人文素质教育要传授文学、历史、哲学等知识，以培养大学生的历史感。要在专业领域增强创造力培养，使文科与理科相互指导，用哲学指导数学的大方向，用数学的思维促进对哲学的领会。文科与理科本身并没有优劣之分，它们都对社会发展和人类进步产生作用，只是理论侧重点不同。大学生创新精神的培养既需要理科的逻辑思维，又需要文科的敏捷意识；既需要系统性的构建，又需要善于捕捉瞬间的灵感。文科与理科的交融和均衡发展为创新精神的培养提供了学科建设前提。

案例链接

创新路上，我们一直在奔跑

科技是国家强盛之基，创新是民族进步之魂。牢记习近平总书记嘱托，山东深入实施创新驱动战略，加强重大创新平台建设，加快构建有利于科技创新、成果转化和人才聚集的体制机制，2021 年省财政科技资金投入首次大幅提高至 100 多亿元，省级创新创业共同体达到 22 家。

浪潮集团高端容错计算机生产基地自动化开发团队一年申请 36 项发明专利；青岛海检集团 2019 年建成三大国家级创新平台；中集来福士烟台基地，全球最大的深水养殖工船即将交付……过去一年，他们爬坡过坎，一直奔跑在创新路上；新的一年，他们迎难而上，自主创新，只争朝夕。

一年申请 36 项发明专利，罗希望有了自己的开发团队

春节期间，浪潮集团高端容错计算机生产基地智能工厂生产部总经理助理罗希望没有停下工作："手头有大量自动化设计开发工作需要尽快完成，所以这次没回河南老家过年。"

罗希望被称为工厂的"诊断医生"，他的工作就是围绕生产过程中的痛点开发自动化的设备替代人工。

最令他开心的是，去年 5 月生产部的自动化开发团队组建以来，他们已发明了 90 多项新的工装，申请 36 项发明专利。"原来我们人少，只能做一些小的工装，现在有 25 个人了，能够进行设计、组装、调试，具备了自动化设备开发全链条运作能力。"

去年端午节后，浪潮集团确定建设新一代生产基地。罗希望的团队根据产品结构、生产工艺做了一个大的生产线构思，设计自动化工位，用更多机器来进行重复简单的劳动。

在浪潮智能工厂里，罗希望给记者现场讲述他们的工作场景：流水线上的智能锁附机器人每 8 分钟自动锁完 130 颗螺丝，而同样的工作量人工大概需要 1 小时；AGV 激光牵引叉车从仓库自动取货，将配件配送至不同的上料站台，同时还能将装配完毕的产品自动运送到出料口。从柔性化生产到交付服务的全过程智能化后，产品交付周期从18天缩短至5～7天，人员减少75%，生产效率提升了30%以上。

奔跑在创新路上，浪潮智能工厂已成为国内第一个服务器智能柔性生产基地，成功入选国家智能制造试点示范，被权威评估机构Gartner评为全球智能制造典范。

建成三大国家级创新平台，为海洋设备和高端装备开好“通行证”

刚刚过去的2019年，作为技术骨干和主要人员，国家海洋设备质量检验中心主任、青岛海检集团副总工程师李传增亲身推动并见证了海检集团检验检测事业的发展：基本完成国家海洋设备质量检验中心、海洋水下设备试验与检测技术国家工程实验室、国家海洋设备重大产品研发和试验检测平台3大国家级创新平台的建设，建起水下设备实验室等7个国内领先水平的实验室，可为海工装备、航空航天、轨道交通等12个重点行业提供5 000余项检验检测服务。

更令他开心的是，海检集团联合国内外60多家顶尖创新资源发起成立中国海洋设备检验检测联盟，开展联合技术攻关；与西门子（中国）、英国劳氏船级社等签约合作，推动解决检验检测产业中各种现实壁垒和“卡脖子”问题，支持中国装备产业“走出去”。李传增说，新的一年，海检集团将凝心聚力，建设国际领先的海洋设备检验检测综合服务平台，助力海洋强国、制造强国。

全球最大深水养殖工船烟台造，“大国工匠”让外国人竖起大拇指

天蓝海碧，中集来福士烟台基地2万吨“泰山”龙门吊下，全球最大的深水养殖工船——Havfarm 1号已到了最后收官的关键时期。长385米、宽59.5米、深65米的巨大船体内，串洗作业区的工人们正在进行管路打压试验。

“原计划今年5月交付，挪威的客户着急，想提前到3月份。兄弟们加班加点全力保证工期。今年春节只能休年三十、初一两天。”杨德将早已习惯这种工作节奏，经常回到家时已是夜里11点。

杨德将1999年从技校毕业后，就来到烟台中集来福士，成为一名管路安装工。20年来，他先后参与了“蓝鲸一号”“蓝鲸二号”“仙境烟台号”等30多个海工项目的管路建造工作，成为一名名副其实的“大国工匠”。

回望2019年的创新之路，他感觉每天都像在“打仗”：正月初六上“蓝鲸一号”工作了两个月，接着登上“仙境烟台号”半潜式钻井平台工作两个月，又上了为巴西国家石油公司建造的P71FPSO（浮式生产储油卸油装置），年底又接手了Havfarm 1号管路安装任务。

“每一项任务对创新的要求都非常高，都是急活、重活。”杨德将说，全班组一共26人，每个人都特别能钻研、特别能打硬仗，因此他们被公司领导称为“御林军”。船东、服务商也称赞他们“了不起”！

“技术痴”，这是大家对杨德将一致的评价。在来福士工作的20年，他通过学习钻研，为企业解决了百余项“疑难杂症”，个人提出的创新改良方案达上百个，其中3项创意工夫还申请了个人专利。

而作为国内率先进入海洋工程行业的企业，中集来福士10多年来承接了多个世界领先的钻井平台的建造工作。企业创新路上，离不开杨德将他们的一直奔跑。“我们一定会以总书记的要求为指引，迎难而上、再接再厉，不断创新、始终创新，为国家建造更多的‘大国重器’。”杨德将说。

资料来源：大众日报.创新路上，我们一直在奔跑[EB/OL].（2020-01-28）[2024-02-02].https://baijiahao.baidu.com/s?id=1656930069278891879&wfr=spider&for=pc.（有改动）

课后实训

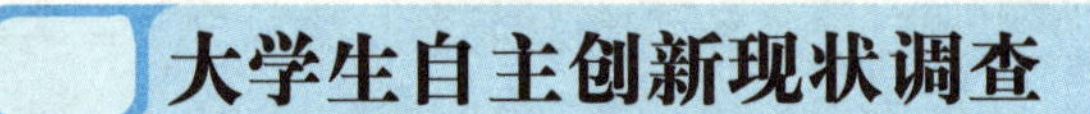

大学生自主创新现状调查

【实训目的】

掌握设计问卷的方法，提高数据整理与分析能力，能够分析大学生自主创新的现状。

【实训安排】

1. 进行分组

四人一组，每组推选一人担任组长，组长负责小组调查工作的协调与安排。

2. 进行调查前期准备工作

以小组为单位召开小组会议，明确调查目的。组长分配任务，各小组通过各种途径查找与任务相关的内容（包括文章和问卷等）。

3. 设计大学生自主创新现状的调查问卷

每个小组对收集的信息进行整理与分析，分别设计15个问卷调查题目，并对设计出的题目进行修订，力求题目简洁明了、通俗易懂。

4. 开展大学生自主创新现状调查

各小组通过在线发放问卷和实地发放问卷的方法开展大学生自主创新现状调查，注意提高问卷的回收率。

5. 撰写调查报告

各小组进行调查问卷的分析与整理，展开讨论，拟定调查报告提纲，撰写调查报告。

模块二　创新思维

学习目标

（1）了解创新思维的内涵，分析理解创新思维的基本活动过程。

（2）掌握创新思维的运用方式、开发原则及开发途径。

（3）培养自己的创新思维，提升创新能力。

创新思维是指人们为解决某一问题，自觉、能动地综合运用各种思维方式进行思考，突破常规思维的界限，以超常规甚至反常规的方法、视角去思考问题，提出与众不同的解决方案，从而产生新颖、独到、有社会意义的思维成果。其本质是将创新意识的感性愿望提升到理性的探索上，从而实现创新活动由感性认识到理性思考的飞跃。

创新思维是进行创新实践活动的基础条件，是思维的高级形式。培养大学生的创新思维是提高其创新能力的关键。

任务一　认识创新思维的基本活动过程

人类的思维都要经历一个过程，包括问题的发现、提出、描述、分析及解决方案的提出与论证等。在创新中，创新思维的基本活动过程包括以下四个阶段。

一、准备阶段

需要解决的问题常常存在许多未知数。在准备阶段，主要任务是收集信息、整理资料，通过收集前人总结的知识、经验对问题形成新的认识。也就是说，要了解问题的具体情况，产生创新的需求，激发创新动机，在发现问题的基础上提出问题，通过深入分析明确问题，从而为创新活动的下一阶段做好准备。

二、酝酿阶段

在明确问题以后，就需要找出问题的关键点，以便思考解决这一问题的各种策略。一方面，要收集整理知识信息，弥补知识信息方面的不足；另一方面，要消化原始材料、构思假说，寻找解决方案。虽然有些问题一时难以找到答案，通常会被暂时搁置，但是这些问题仍然会一直萦绕在脑海中，成为一种潜意识。

三、豁朗阶段

经过准备阶段和酝酿阶段，思路已达到相当成熟的程度。在经过深思熟虑、反复尝试之后，思路逐渐变得清晰，问题开始接近最后解决的时刻，当受到某一事物的启发时，思路就会忽然明朗，使人们迅速找到问题的答案。

四、验证阶段

验证阶段又称实施阶段，主要是对创新思维所产生的新成果中的方法和策略进行检验，对其不足之处进行弥补，使其更加合理，以适当的形式表达出来，以便用于指导实践。

任务二　掌握创新思维的运用方式

创新思维源于对知识与方法的艺术性整体把握，就是对知识与方法的艺术性重组和应用。大多数人在考虑问题时习惯按照常理、常规去思考，或者按照事物发生的时间、空间顺序去思考，这是一种顺向思路。而创新思维需要变换思路，从事物的多个方向出发进行思考；通过各种灵活的方法转换问题，如采用先退后进、迂回前进、铺设条件等方法，把复杂的问题转化为简单的问题，把陌生的问题转化为熟悉的问题，把困难的事情转化为容易的事情。创新思维的运用方式如表 2–1 所示。

表 2–1　创新思维的运用方式

运用方式	内容说明
改变用途	在产品现有用途保持不变的条件下尝试改变，以增加其他的用途
学会借用	在解决问题的过程中，思考现有的事物能否借用其他的经验，能否模仿其他的事物，过往有无类似的发明创新，现有成果能否引入别的创新性设想中
改变状态	创新者应考虑能否对现有事物的一些方面做一些改变。例如，改变颜色、声音、味道、式样、种类等，看改变后的效果是否令人满意
由小变大	创新者应考虑可否扩大现有事物的应用范围，能否增加其使用功能，能否添加其他零部件，能否增加其高度、强度、价值等，也就是从各个方面考虑，看有哪些地方是可以扩大的。例如，将暖水瓶瓶口加大后就成了棒冰瓶
由大变小	创新者应考虑能否简化现有事物的生产环节，能否将现有事物浓缩化、微型化、简单化、短路化、自动化、省力化等
取而代之	创新者应考虑现有事物能否使用其他材料、元件，能否使用其他原理、方法、工艺，能否使用其他结构、动力、设备等
适当调整	创新者可以考虑能否调整已知的布局、既定的运作程序、日程计划、规格等
颠倒方向	创新者应考虑产品的作用能否颠倒，位置的上下、正反等能否颠倒。例如，在海尔冰箱的创新中，冷冻室由上改为下、由小改为大，在左开门的基础上增加了右开门

案例链接

“人造骨”打破国外垄断

在医院，有人骨折了，需要在体内植入钢板、钢钉，骨骼长好后还得进行二次手术，取出钢板、钢钉。而有一款产品植入体内后会慢慢降解，自动长成一块骨头，免除了骨折患者二次手术之苦。

在同样的材料、同样的功效前提下，这款产品在美国卖到 4 000 元一支，比国内的价格整整贵一倍。之前这款产品一直被美国垄断，如今这款产品已被湖北双星生物科技有限公司实现了国产替代。

创业之路异常艰难。这种人体能吸收的产品，使用的原材料是一种“生物活性玻璃”，就是用磷硅酸钠钙等材料制成的粉状颗粒。为了掌控品质，也为了替代进口原材料，该公司反复试验，最终研发成功，实现了自产自用。

这种技术最大的难点在哪呢？就是精度。例如，硬度指标，太脆了，起不到骨头的作用；太硬了，人体吸收不了。这就需要在实验室、在动物体上反复实验论证，不断改进工艺。

最终，该公司突破技术壁垒，成功推出了“骨复生”这款产品，拿到了注册证文号。该公司在这一领域打破了美国的长期垄断。

在研发成功“骨复生”产品后，该公司又在这一技术的基础上推出了几款延伸产品，有修复口腔的，有修复皮肤的，全部拿到了注册证文号，进入全国各大医院，造福更多患者。

资料来源：彭小萍. 向“高”而攀 迎“新”而行——听企业家讲述科技创新故事[EB/OL].（2022-07-22）[2024-02-04].http://news.cnhubei.com/content/2022-07/22/content_14923968.html.（有改动）

任务三　遵循创新思维的开发原则

创业者开发创新思维时应遵循以下原则。

一、注重质疑态度的培养

（一）问题是对事物的关注

在儿童时代，每个人都会对外界产生或多或少的疑问，人们就有了“提问”的习惯。

思考者应敢问、勤问、善问，敢于对自己看到的现象，特别是对新奇的事物提出问题。对事物保持质疑的态度是一个人富于创造力的重要特征。思考者应通过思考对司空见惯、习以为常的事物提出质疑，通过解答来揭示事物本来的面目。

（二）问题是创新的起点

人们在认识活动中经常会遇到一些难以解决的实际问题，从而产生怀疑、困惑的心理状态。这种心理状态会驱使人们去寻找办法，解决问题，直至有了新的发现。科学上有很多重大发明与创新就是为了寻求问题的解决而出现的。可以说，创新源于问题的提出，只有发现问题，才会有创新的动因；没有问题，便没有创新思维及创新活动。

（三）质疑能够提高人们对事物的识别能力

培养质疑的态度必须戴上“怀疑的眼镜”，在怀疑中发现问题。善于发现问题的人总会对事物做细致的观察、深入的探究和独立自主的思考。大学生要学会做生活中的有心人，只要处处留意细节，认真思考，就能够发现问题。古人云：“大疑则大悟，小疑则小悟，不疑则不悟。”当然，这里所说的怀疑是指理智的怀疑，不是不假思索、随意的怀疑，甚至否定一切。在提问和质疑中提出自己的看法，能够提高对事物的识别能力。

二、注重钻研兴趣的激发

（一）兴趣引发求知欲

求知欲是指人们想迫切获取知识和真理的欲望。求知欲不会自然涌现，它取决于人们对事物钻研的兴趣。一个人对某事物的兴趣越浓厚，渴望获取与该事物有关的真理和知识的愿望、揭示事物真相的愿望就越强烈。兴趣能使人的思维进入一种全身心投入的兴奋状态，从而不断地研究和探索新的问题，不断地创新。

图文
兴趣是创新之源——诺贝尔物理学奖获得者杨振宁谈创新

（二）兴趣是培养创新思维的源泉

兴趣是人们从事创新活动的驱动力，它驱使个体将自己的精力和时间集中在所从事的创新活动中。兴趣在创新活动中对个体的创新思维起着诱导意向作用，它是个体维系持久创新能力的基础。一般情况下，一个人在面对复杂多样的客观世界时，注意的目标往往首先指向自己感兴趣的事物，并带着欢乐的心情，兴趣盎然地去关注它，甚至会达到忘我的境界。兴趣能够最大限度地激发个人内在的潜能，使不可能变为可能。一般来说，人们在兴趣的引领下工作时会表现得非常出色。

（三）兴趣源于对事物的好奇心

好奇心是指人们想要了解事物本来面目的一种心理需求，是新奇事物的刺激所引发的一种注意、接近、探索的心理和行为动机。好奇心是人们创新的起点和动机。强烈的好奇心能够引发人们对新奇事物和现象的高度关注。许多著名科学家从小就具有超出常人的好奇心。“发明大王”爱迪生的成功就源于其强烈的好奇心。总体来说，人类社会出现的许多伟大创新都源自好奇心及好奇心所引发的兴趣和求知欲，创新者一次又一次地努力，使之变为现实。正是这种对事物的好奇心、兴趣和求知欲诱导着人们探索自然的奥秘，从事科学研究活动。

三、注重知识和经验的积累

（一）创新思维是对知识和经验的再加工

创新思维的过程实际上是对已有信息进行再加工的过程，知识和经验是创新思维产生的基础，同时也决定着创新思维的水平和质量。个体的知识和经验越丰富，观察问题越敏锐，越容易开辟创新思维活动的新领域；知识和经验的层次越高，创新思维的水平和层次也就越高。

（二）丰富的知识和经验有益于激发创新思维

人类经历了长期的探索活动，已汇集起了浩瀚无垠的知识海洋，创造了各门学科坚实的理论基础，形成了丰富的科学知识和方法体系。创新思维有赖于各种知识和经验的积累，是各种知识和经验的相互交会、渗透、综合而产生的。人们的知识和经验越丰富，视野就越开阔，思考就越宽广、越深入。因此，积累知识、总结经验有益于创新思维的培养，大学生应加强学习、开阔视野、总结经验，不断激发创新思维。

石晓辉的创新战场

石晓辉，新世纪百千万人才工程国家级人选，重庆理工大学教授，享受国务院政府特殊津贴专家，重庆清研理工汽车智能技术研究院院长。

回望人生，17 岁的石晓辉跨入清华大学校门，学的是当时比较冷门的汽车专业。

1995 年，32 岁的石晓辉作为学校第一个引入的博士，到了重庆工业管理学院。之后的 25 年时间里，重庆工业管理学院完成了到重庆工学院，再到重庆理工大学的华丽大转身。而坚守本心的石晓辉，也从教师、教授一路干到校长。重庆理工大学车辆工程学院也变成了众多学子的梦想之地、汽车人才的摇篮。

作为天生的“行业学校”，重庆理工大学自带“市场基因”。石晓辉对学校的发展定位明确：作为地方高校，与其他985高校在基础研究、理论研究等方面很难有竞争，但在发展汽车产业、注重与企业的协同创新方面，重庆理工大学得天独厚。

在专家型校长石晓辉的亲自带领下，重庆理工大学车辆工程学科完成时间跳跃，成长为国内自主品牌车企创新研发的“技术顾问”。

卸任重庆理工大学校长后，石晓辉的创新战场转到了清研理工创新中心，担任重庆清研理工汽车智能技术研究院院长。清研理工是由清华大学苏州汽车研究院、重庆理工大学共同发起的平台级科创服务机构。在这里，石晓辉被视作“灵魂人物”，他带领团队，突破汽车高端设备测试研究封锁线，为车企赢取加速上市的时机。

新能源汽车被普遍看作是汽车发展的未来，而新能源汽车最重要的技术发展趋势之一就是驱动电机转速越来越高。从过去的几千转发展到一万八千转，但转速提高后也带来很多技术难题，传统实验设备很难满足需求。因此，市场呼唤更高端的测试设备。

石晓辉团队研发出国内领先的转速达到每分钟两万转的“新能源电驱动系统高速NVH（噪声、振动与声振粗糙度）”试验装备，用于新能源汽车电驱动系统振动噪声试验，目前已成为长安、蔚来等20余家新能源企业电驱动产品的定点试验检测单位。

“第一台一万六、第一台两万、第一台两万二、第一台马上投入的两万五的设备，都是我们研发出来的。”连续说出四个第一，石晓辉又补充道，“我们第一台两万转的设备卖给了意大利马瑞利汽车公司。”

除了电机设备检测，在电驱动下线检测方面，用石晓辉的话说，也处于国内领先的水平。“很多企业来买我们的设备。就这一个品种，每年订单都在两三个亿。”

随着一个个关键技术的突破，石晓辉有理由相信，中国的汽车工业已从非常落后的阶段发展到能和国外先进汽车公司PK了。

资料来源：未来汽车技术展．清研理工之道　石晓辉：抢夺时间的人[EB/OL].（2022-08-22）[2024-02-02].https://www.pcauto.com.cn/hj/article/1531711.html.（有改动）

任务四　探索创新思维的开发途径

创新思维可以通过有计划的锻炼与培养获得。创新思维主要从直觉、灵感、想象力、联想力和发散思维等方面来培养。

一、培养直觉

要想培养大学生的直觉思维，必须培养和激发大学生对创新的强烈愿望，激发他们的创新激情，同时鼓励大学生刻苦学习，丰富科学文化知识，多参与课堂以外的活动，积极投身社会实践，注重理论与实践相结合，不断扩大自己的视野范围，增加生活阅历和见识。

在生活中，大学生要树立自信心，养成用直觉观察事物、思考问题的习惯，敢于对一些问题进行预测和猜想。当然，直觉思维正确与否还需要经过严密的分析、检验和论证。

二、培养灵感

要想培养大学生的灵感思维，首先要培养大学生勤于思考、勇于探索的习惯，即培养大学生在一定知识储备的基础上，对疑难问题久经思考之后，使不同的知识、信息之间突然畅通的思维习惯。

（一）灵感产生的条件

灵感绝不会无缘无故地产生，它必须以刻苦的学习、长期的尝试和持久的思索为前提，是在思想高度集中、深思熟虑以后产生的。没有冥思苦想，就无法产生灵感。灵感往往是在原来的习惯思路中断之后才产生的，或者说是在按照固定思路进行长时期的思考并基本停止后才发生的。这里所说的“习惯思路”“固定思路”即普通的逻辑思维。没有这种习惯的逻辑思维做铺垫，灵感是不会产生的。周恩来曾经用“长期积累，偶然得之”8个字来揭示灵感产生的缘由。“长期积累”是灵感产生的前提条件，“偶然得之”是“长期积累”的结果。灵感的爆发被视为对思维个体自我认知和潜能的无意识方式的提取。

灵感的产生需要客观的因素，即拥有相关的信息；需要主观的因素，即创新主体处于有准备的头脑激发状态。灵感的产生预示着科学研究和创造发明即将获得突破性的成功。

（二）捕获灵感的方法

捕获灵感的方法主要有以下几种。

（1）思想活动的准备。灵感是个体进行创新活动的产物，需要长期的思考作为基本条件，包括长期的观察、联想和想象等。

（2）兴趣、知识的准备。创新者要有广泛的兴趣、丰富的知识经验，这是捕获灵感的另一个基本条件。灵感是人们在长时间的学习和苦思之后才会获得的，是以丰富的知识、理性的思考为基础的。

（3）情绪状态的准备。创新者要保持乐观、镇静、愉悦的情绪，这样才能增强大脑的活力和感受能力；同时，还要注意摆脱惯性思维的束缚，自我放松。

（4）及时记录。个体状态不同，捕捉灵感的时机也会不同。创新者要珍惜最佳的时机，做好及时捕捉灵感的精神准备和物质准备。如果事先没有准备，灵感思维的相关内容没能被及时记录下来，时过境迁后就可能再也记不起来了。

从生活中捕捉发明灵感

发明这件事，邹建东在年轻时就有这个梦想。2016年前，在河南省交通运输厅工作了32年的他退休了，这给了他全心圆梦的机会。邹建东的发明主要为人们便利生活着想，包括机动车应急水箱、洗理发漏斗、可转动储藏式油壶、可拆解式口袋、挽起可固定的裤子等，其中第一款专利机动车应急水箱已生产出成品。

“你这个装置在哪儿买的？”当邹建东用机动车应急水箱洗车时，一位骑电动车的路人看到，对他的装置充满好奇。

“这是我的专利，自己设计的。”邹建东的话里透着自豪。路人会心一笑，给他竖起了大拇指。

如今自驾游广泛普及，可长途驾车者和乘车者的喝水难问题尚未解决。对此，善于思考的邹建东认为，应在现有车体上加装应急备用水箱。为了这项发明，邹建东从想点子、查资料、写申请，到拿专利证书，折腾一年多才拿到由国家知识产权局颁发的实用新型专利证书。最初申报专利时，邹建东是通过专业机构进行的。但委托机构申请价格不菲，于是，邹建东便学着自行申报专利。在他的家中记者看到，仅与申报专利有关的书籍就有将近20本。

“对于生活中的不便之处，你只是干着急，还是会有所思考？对我来说，在琢磨的时候很自然地会产生通过发明改善生活的想法，这也是我搞发明最重要的目的，尤其是解决老年人生活中的不便。”邹建东告诉记者，看到老年人从兜里拿药瓶不方便后，他发明了可拆解式口袋；而可转动储藏式油壶的发明，也是为了优化老年人在厨房中的烹饪体验。

在已获得国家知识产权局授权的专利中，不乏涉及交通运输领域的发明，其中包括高速公路应急提示装置、锥体警示提示标志（人工式）、锥体警示提示标志（遥控式）、空心警示提示标志（投放式）。

“灵感来袭时，我恨不得立马记下来。”为防止灵感一闪而过，邹建东在客厅、厨房、卫生间甚至床头都备上纸和笔。如果不在家里，脑子里闪过的点子，他会第一时间通过微信发给儿子。看到父亲的专利证书从 1 本增加到几十本，他的儿子也愈发理解了父亲的坚持。邹建东说："搞发明也是我身为父亲用实际行动为孩子做榜样。"2019 年 8 月，邹建东与儿子一同成为中国发明协会会员。

邹建东的发明之路并非一帆风顺，为了发明而撰写的文字材料，经推算，已有百万字左右。其中，有一项专利申请，他前后修改材料达 100 余次。"朋友们会诧异，问我这样图什么？人们使用我的专利产品、专利技术的时候会感到高兴，这就是我的巨大财富。"提到发明中经历的挫折，邹建东一笑而过。

资料来源：周爱娟 . 邹建东：从生活中捕捉发明灵感 [EB/OL].（2023-04-19）[2024-02-02].https://www.zgjtb.com/2023-04/19/content_351399.html.（有改动）

三、培养想象力

想象力不受时空的限制。借助一定技巧的想象力能够创造美的物象和美的环境。

以下是常见的培养想象力的途径。

（一）丰富知识经验，增加形象储备

创造需要原材料，没有丰富的知识经验和相应的形象储备是很难创造出新形象的。大学生应尽可能多地接触自然、接触社会，要接触世界上的万事万物，对尽可能多的事物产生基本的认知，拥有众多的形象储备。

（二）多听故事

听故事可以培养人的想象力，因为从听觉的途径获得的故事情节必然会在人的大脑中通过想象反映出来。听故事时，人的大脑中会不断出现故事中的人物、情景，还会想象后续的情节发展。经常进行听故事练习，想象力会得到很大的提升。

（三）多练习绘画，多听音乐

绘画能够培养人对事物的观察力、记忆力，绘画能力越强，能够想象到的事物就越多、越清晰。听音乐可以引发人的遐想，在听不同的音乐时，人们会想到不同的情景。

（四）参与角色扮演

在角色扮演的练习中，人的想象力能够得到很大的发挥。在角色扮演过程中，对角色越投入，想象力就越活跃。这是因为扮演者需要想象自己所扮演的角色在故事情节中将会怎样发展，从而依据自己的想象将角色演绎得有声有色。

四、培养联想力

（一）多欣赏文艺作品

在欣赏文艺作品时，要使自己的身心完全沉浸在作品所表现的艺术境界中，凭借作品提供的形象和思想，设身处地、天马行空地去联想，在享受美感的同时，达到培养联想力的目的。

（二）深入体验生活

要想培养联想力，就必须储备丰富的形象记忆、知识记忆和思考记忆，而这些记忆源于对实际生活的深入观察和体验。因此，大学生要抓住日常生活中的一人一事、一情一景，随时随地展开联想，并且把联想的结果记录下来。大学生养成这种培养联想力的习惯，对储备写作材料是很有帮助的。

（三）运用“朦胧”想象构思方法

教师可以运用“朦胧”想象构思方法培养大学生的联想力、想象力。

联想力不是与生俱来的，是经过后天的培养和锻炼而形成的。如果没有丰富的生活经历和知识储备，没有在日常生活和写作实践中长期、刻苦的培养与训练，就很难有超出常人的联想力。

五、培养发散思维

在培养发散思维时，要注意突破思维定式，培养多向思维。

（一）突破思维定式

思维定式是指在长期的思维实践中，个体形成的自己惯用的处理问题的常规思维方式。当面临外界事物或现实问题时，人们会不由自主地沿着特定的思维路径对问题进行思考。过去的思维会影响当前的思维，形成固定的思维模式，成为思考类似问题的惯性轨道。

在日常生活中，思维定式可以帮助人们解决每天碰到的90%以上的问题。但是，思维定式不利于创新和创造，会成为人们的思维障碍。因此，人们在思考问题时要有意识地抛开大脑中思考类似问题所形成的思维模式，排除它对寻求新的设想可能产生的束缚作用。

（二）培养多向思维

多向思维的培养在于对问题的处理方法要求新求异，以开拓性的思维对同一问题探求不同的答案，从而培养思维的多元性和创造性。

人们应根据已有的信息，从不同的角度、不同的方向去思考，从多方面寻求多样性的答案，而不应该仅满足于一个答案。创新者应多采用立体式的多向思维方法，尽量增加思考角度，学会从多角度、多层次去分析和认识问题，通过多种方法、多种途径寻找问题的答案。

案例链接

小小推车垫解决事故车撤离难题

2022年3月的一天，G1523甬莞高速公路宁波茶园里隧道发生一起多车追尾事故，宁波市公安局高速交警支队六大队民警周某在确认无人员受伤后，指挥车辆到下个出口处理，但有一辆车因为受损严重而无法驶离。正值返程大流量期间，早一分钟打通车道，就能早一分钟恢复道路通行。此时，应急推车垫再一次派上用场。

记者通过交警的执法记录仪看到，执勤交警迅速将应急推车垫放在警车引擎盖上，在高强度磁铁作用下推车垫瞬间被吸住；警车顶在故障车尾部，前车控制方向，后车缓慢并匀速助推，只用了30秒就将故障车推出隧道并停入应急车道。周警官说，过去遇到这种情况，高速交警只能原地等待拖车，其间易出意外，自从有了这个小小推车垫，碰到一般的故障车辆都可以自己清障。

据悉，“快知、快赶、快处、快撤”一直是高速公路及高速公路其他管理部门疏堵保畅、预防次生事故的有效措施。由于拖车资源有限，首先到达现场的警车或高速公路巡查车辆如何在第一时间将占道事故、故障车移至应急车道、硬路肩，成为解决问题的重要环节。

宁波高速交警统计发现，甬莞高速公路事故80%涉及小型普通客车，其中80%的车辆在碰撞后可以强行推移到应急车道内。之前主要采用人力方式将占道车辆推移路侧，但受道路环境、车辆受损程度等诸多因素影响，单靠人力往往无法将车辆靠边，而且在等待拖车过程中极易造成二次事故并引发拥堵。宁波高速交警借鉴国外路面交巡警的装备，吸收其他高速支队的应用经验，研发了应急推车垫。

据介绍，利用应急推车垫，可用警车顶住事故和故障车，借助警车动力将事故车推移到应急车道。为防止推移过程中损害警车前保险杠和前车车身，应急推车垫主体部分选用具有缓冲功能的专用吸能物质，确保在警车接触被推车辆瞬间可吸收能量，不至于造成两车受损，又可在警车前行时推动前车。应急推车垫上端是一款柔性磁铁，一个人就能快速部署和处置，且其体积小、质量轻，能在短时间内清障，大大缩短了救援时间。应急推车垫在高速公路、城市快速路这类全封闭、全立交式道路环境都有一定的应用空间。

资料来源：张力．宁波高速交警动脑筋搞研发小小推车垫解决事故车撤离难题[N]. 平安时报，2022-03-16.（有改动）

课后实训

寻找生活中的创新

【实训目的】

培养问题意识，锻炼观察能力，提升创新能力。

【实训安排】

1. 明确内容，指导分组

教师明确活动内容，让学生根据自己的兴趣和特长自由分组。每个小组推选一名组长，组长负责汇报本组要研究的问题，制订小组活动计划。

（1）资料收集组：负责收集创新的有关知识，可采用查阅书籍、上网查找、名人访谈等形式展开。

（2）实践行动组：负责在学校及学校周边的商场、住宅小区等场所收集创新案例，可采用拍照、摄像、记录、访谈等形式展开。

（3）创新设计组：运用创新的方法进行创作设计，设计出一个新意十足、实用性强的创新方案。

2. 各小组分别开展讨论研究，制订活动计划，教师进行指导

（1）资料收集组活动计划。

（2）实践行动组活动计划。

（3）创新设计组活动计划。

3. 依照活动计划开展活动

明确每个组员的具体工作内容，各小组依照制订好的活动计划分别开展活动。

4. 整理与演示活动成果

各小组整理汇报活动成果，展示形式自由选择。

5. 进行活动总结与点评

各小组之间交流此次活动的感受，分享活动中的收获。各小组开展自我评价与互评，评选出实践活动标兵。教师对活动进行整体点评。

模块三　创新方法与创新能力

学习目标

（1）理解创新方法的含义、作用，掌握创新方法的种类。

（2）了解创新能力的含义与特点，分析创新能力的基本构成与影响因素，掌握创新能力的形成原理，学会提升创新能力的方法。

习近平总书记指出："创新始终是推动一个国家、一个民族向前发展的重要力量。"习近平总书记多次强调，要坚持把发展基点放在创新上，发挥我国社会主义制度能够集中力量办大事的制度优势，大力培育创新优势企业，塑造更多依靠创新驱动、更多发挥先发优势的引领型发展。创新需要掌握一定的方法，掌握了正确的、合适的创新方法，并不断提升自己的创新能力，创新活动才能顺利进行，创新效果才能凸显。

任务一　掌握创新方法

一、创新方法的含义

创新方法是创造学家收集大量成功的创造和创新实例后，研究其获得成功的思路和过程，经过归纳、分析、总结，找出的一些带有普遍规律性的原理、方法和技巧。创新方法可以供人们学习、借鉴和效仿。

创新方法一直为世界各国所重视，其在美国被称为创造力工程，在日本被称为发明技法，在俄罗斯被称为创造力技术或专家技术。我国学者认为，创新方法是科学思维、科学方法和科学工具的总称。其中，科学思维是一切科学研究和技术发展的起点，并贯穿始终，是科学技术取得突破性、革命性进展的先决条件；科学方法是人们进行创新活动的创新思维、创新规律和创新机理，是科学技术实现跨越式发展和提高自主创新能力的重要基础；科学工具是开展科学研究和实现创新的必要手段和媒介，是最重要的科技资源。由此可见，创新方法既包含实现技术创新的方法，也包含实现管理创新的方法。

创新方法基于思维心理学，指导人们克服思维定式，开发人们的思维能力，提高人们的联想能力和想象能力，激发人们思维的敏感性、独立性、灵活性、流畅性和连续性，是发展创新智力的有效方法。创新方法是创新的重要手段，是进行创新活动的有效智能工具，可以拓展思路，更好地开发智力、智慧，实现创新。人们在实践过程中运用创新方法，能够省时、省力地解决问题，可以直接产生创新成果，还可以提高创造力和创新成果的实现率。

二、创新方法的作用

具体来说，创新方法的作用有以下几个。

（一）促进高效解决问题

人类在征服自然、改造自然的过程中遵循着一定的客观规律，所谓创新方法，就是对人类解决问题、实现创新的共性方法的高度总结和概括。运用创新方法可以使解决问题的方案更科学，可以少走弯路，更高效地解决问题。

（二）推动培养创新思维

思维惯性是决定创新能力的关键因素，思维模式不同，带来的结果也大相径庭。每个人都有一种思维惯性，习惯将思维方式局限在已知的、常规的解决方案上，从而阻碍新方案的产生。通过学习创新方法，可以掌握各种创新思维的特征和规律，打破固有的思维模式，学会用“新的眼光”发现问题和解决问题，敢于否定、质疑和超越常规去思考、实践，养成创新思维的习惯，形成变通性思维。

（三）科学指导创新实践

在不同时期、不同领域出现的问题及为了解决这些问题所使用的创新原理与方法是有规律的。通过学习创新方法，人们可以根据实践活动的具体情况，科学地运用创新方法中实用与适用的创新原理，在实际工作中实现创新，少走弯路，尽快、尽早地剔除那些复杂而效率不高的解决方案，找出更高效的解决方案，使实践活动的方案更具方向性、有序性和可操作性。

三、创新方法的种类

创新的核心是创新思维，而创新思维最重要的工具就是创新方法。人们在进行具体的创新活动时，为克服各种思维障碍、增加信息刺激、提高思维效率而采用创新方法，可达到创造性解决问题的目的。据不完全统计，目前已提出的创新方法有 300 多种，这里介绍几种典型的创新方法。

（一）头脑风暴法

头脑风暴法又称智力激励法，是由美国创造学家亚历克斯·奥斯本（Alex Osborn）于 1939 年首次提出的，是指采用小组的形式，使与会者无限制地自由联想和讨论，产生新观念或激发创新思想。头脑风暴法的运用流程如图 3-1 所示。

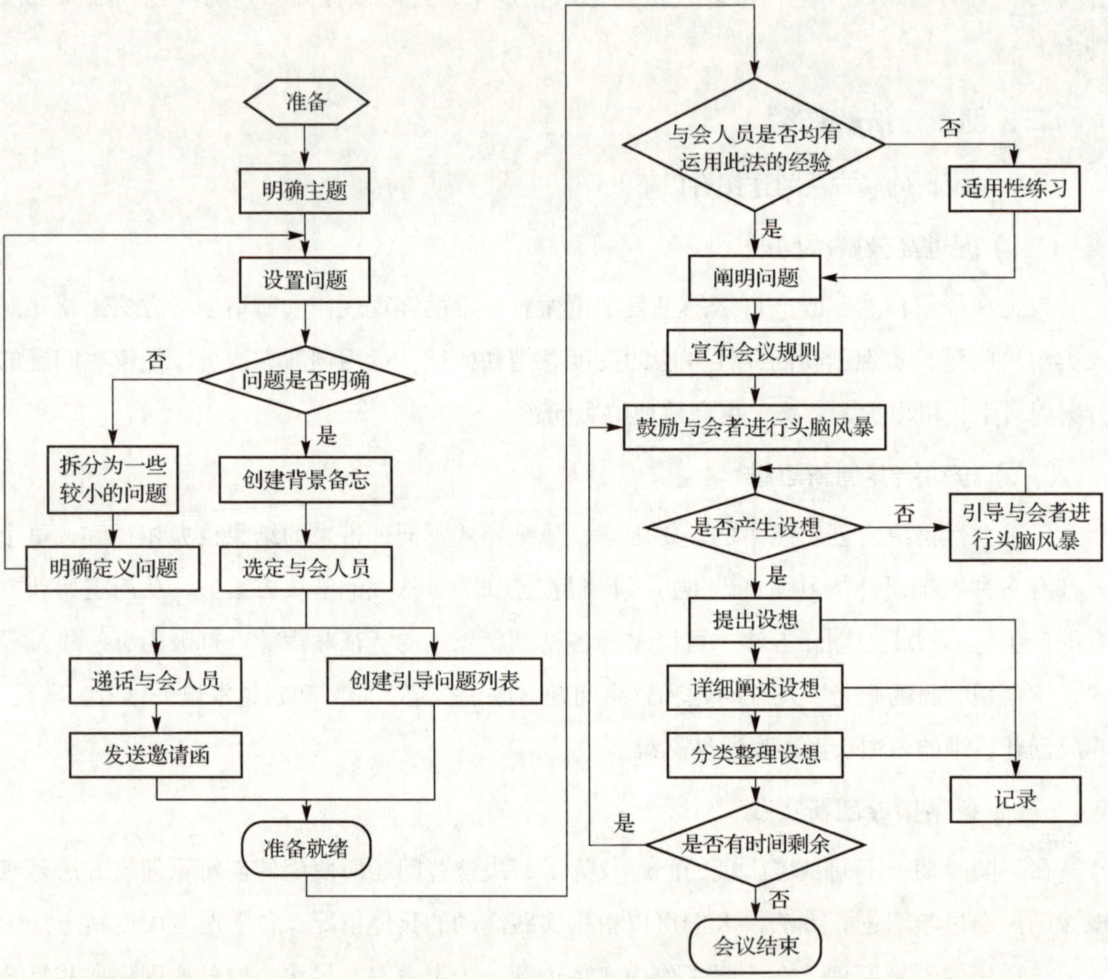

准备
明确主题
设置问题
问题是否明确
否
拆分为一些较小的问题
明确定义问题
是
创建背景备忘
选定与会人员
递话与会人员
发送邀请函
创建引导问题列表
准备就绪
与会人员是否均有运用此法的经验
否
适用性练习
是
阐明问题
宣布会议规则
鼓励与会者进行头脑风暴
是否产生设想
否
引导与会者进行头脑风暴
是
提出设想
详细阐述设想
分类整理设想
记录
是否有时间剩余
是
否
会议结束

图 3-1　头脑风暴法的运用流程

1. 头脑风暴法的分类

头脑风暴法一经提出便在世界各国引起强烈反响，后经创造学研究者的实践和发展，最终形成了一个相对完善的发明技法群，如三菱式智力激励法、默写式智力激励法、卡片式智力激励法等。

（1）三菱式智力激励法是由日本三菱树脂公司改进而成的，其优点是修正了奥斯本智力激励法严禁批评的原则，有利于对设想进行评价和集中。

（2）默写式智力激励法是无参照扩散法的一种，由联邦德国创造学家荷立创造，其特点是用书面阐述来激励智力。

（3）卡片式智力激励法又称卡片法，包括 CBS 法和 NBS 法两种。CBS 法由日本创造开发研究所所长高桥诚改进而成，其特点是可以对每个人提出的设想进行质询和评价；NBS 法是日本广播电台开发的一种智力激励法。

2. 头脑风暴法的作用

头脑风暴法的作用主要有以下几个。

（1）引起与会者的联想反应，刺激新观念的产生。

（2）激发人的热情，促进与会者突破旧观念的束缚，最大限度地发挥创新思维能力。

（3）促进与会者产生竞争意识，力求提出独到的见解。

（4）令与会者的表达欲望得到满足。

3. 头脑风暴法必须遵守的规则

为了使与会者畅所欲言，互相启发和激励，达到较高的效率，头脑风暴法必须严格遵守以下规则。

（1）推迟判断，禁止批评。对别人提出的任何想法都不能批判。只有这样，与会者才可能在充分放松的心境下，集中全部精力开阔自己的思路，力求做到大家积极提设想，且越多越好。

（2）提倡自由发言、畅所欲言、任意思考、任意想象、尽量发挥，主意越新、越怪越好，因为其能启发人们产生新的想法。

（3）综合改善。鼓励巧妙地利用和改善他人的设想，这是激励的关键所在。每个与会者都要用他人的设想激励自己，从中受到启发，或补充他人的设想，或将他人的若干设想综合起来提出新的设想等。

（二）奥斯本检核表法

奥斯本检核表法又称分项检查法，它是由美国创造学家奥斯本提出的。它以提问的方式，根据创新或解决问题的需要，列出有关问题，形成检核表，然后对问题逐个进行核对讨论，从而发掘解决问题的大量设想。

1. 奥斯本检核表法的内容

奥斯本检核表法是通过引导主体在创造过程中对照九个方面的问题进行思考，以便启迪思路、开拓思维想象空间，促进人们产生新设想、新方案的方法（见表 3–1）。

表 3-1 奥斯本检核表法

检核项目	含义	示例说明
能否他用	现有事物有无其他用途？保持不变能否扩大用途？稍加改变有无别的用途？	电吹风机的功能是吹干头发。某妇女在冬天及雨天时使用电吹风机将婴儿尿布上的湿气吹干，她的丈夫由此产生联想，创造出了适用于宾馆等单位的被褥烘干机
能否借用	能否从别处得到启发？能否借用别处的经验或发明？外界有无相似的想法？能否借鉴？过去有无类似的东西？有什么东西可供模仿？现有的发明能否引入其他的创造性设想之中？	通过联想借鉴，现在人们不仅已用“X 光”来治疗疾病，外科医生还用它来观察人体的内部情况。同样，电灯在开始时只用来照明，后来人们改进了光线的波长，发明了紫外线灯、红外线加热灯、灭菌灯等
能否改变	现有事物能否做某些改变，如颜色、声音、味道、式样、花色、品种、意义、制造方法等？改变后效果如何？	一般漏斗的下端是圆形的，用来向圆形瓶口的瓶灌装液体，但是受瓶内空气的阻碍，液体不易流下。把漏斗的下端改成方形，插入瓶口时便留出了间隙，在灌液时，瓶内的空气能顺利排出而使灌液流畅了
能否扩大	现有事物能否扩大使用范围？能否增加使用功能？能否增加零部件以延长使用寿命？能否增加长度、厚度、强度、频率、速度、数量、价值等？	某牙膏厂在牙膏中加入特殊物质，当刷牙时间超过 3 分钟时，该物质使口腔内牙膏由白变黑，以此提醒人们已经达到必要的刷牙时间了
能否缩小	现有事物能否体积变小、长度变短、质量变轻、厚度变薄及拆分或省略某些部分（简单化）？能否浓缩化、省力化、方便化、短路化等？	日本大阪西卡公司推出的超轻型老花眼镜只有 4.5 克重（相当于普通眼镜重量的 1/5），度数可调，深受人们喜爱，上市不到 1 年就在世界 50 多个国家售出 2 000 余万副，从而以“世界上最受老人欢迎的老花眼镜”载入吉尼斯世界纪录
能否代用	现有事物能否用其他材料、元件、结构、设备、方法、符号、声音等替代？	用激光代替医生的手术刀治疗某些外科疾病，不但快捷、方便，而且患者几乎没有痛苦，也大大减少了医生的工作量
能否调整	现有事物能否交换排列顺序、位置、时间、速度、计划、型号等？内部元件可否交换？	过去的老式飞机，其螺旋桨是装在头部的，后来有人把它安装在飞机的顶部和尾部，就有了直升机

（续表）

检核项目	含　义	示例说明
能否颠倒	现有事物能否从里外、上下、左右、前后、横竖、主次、正负、因果等相反的角度颠倒过来用？	英国科学家迈克尔·法拉第把“电流能够产生磁场”的原理颠倒过来，实现了“磁能生电”的设想，为世界上第一台发电机的诞生奠定了基础
能否组合	能否进行原理组合、材料组合、部件组合、形状组合、功能组合、目的组合等？	现在广泛使用的多功能小型木工机床就是将平刨机、凿眼机、木工钻、木工车床等组合在一起的，它很受小型木工厂和木工们的欢迎

2. 奥斯本检核表法的实施步骤

奥斯本检核表法的具体实施步骤如下。

（1）根据创新对象明确需要解决的问题。

（2）参照奥斯本检核表法列出的九个方面的问题，运用丰富的想象力，逐个核对、讨论，写出尽可能多的新设想。

（3）对提出的新设想进行筛选，将最有价值和具有创新性的设想筛选出来，根据实际需要提出改进方案。

（三）列举法

列举法是一种最常用、最基本的创新方法。它是一种将研究对象的某方面属性（如特点、缺点或希望点）一一罗列出来，对其进行分析研究，从中探求出各种改进方法的创新方法。

根据研究对象的不同，列举法可分为特性列举法、缺点列举法、希望点列举法等。

1. 特性列举法

特性列举法是一种将创新对象的名词特性、形容词特性和动词特性等特性一一列举出来，然后分析、探讨能否以更好的特性来替代，最后提出革新方案的创新方法。特性列举法的具体实施步骤如下。

（1）选择一个目标比较明确的分析对象，对象宜小不宜大。如果是一个比较大的分析对象，那么最好能把它分成若干个小对象。

（2）从名词特性、形容词特性和动词特性三个方面对对象的特性进行列举。如果觉得按名词特性、形容词特性、动词特性等进行列举不好操作，可以按数量特性、物理特性、化学特性、结构特性、形态特性、经济特性等进行列举。应尽可能详细地列出分析对象的特性，并且要尽量从各个角度提出问题。

（3）分析各个特性，通过提问激发出新的创造性设想和方案。分析各个特性时，可采用智力激励法来激发创意。对各种特性尽量尝试各种可替代的属性进行置换，这样容易产生新的设想和方案。

（4）提出新的方案并进行讨论、检核、评价，挑选出行之有效的设想，结合实际需要对对象进行改进。

2. 缺点列举法

缺点列举法是美国通用电气公司提出的一种创新方法。它是运用"吹毛求疵"的精神，尽力发掘事物的缺点，并将其一一列举出来，然后对这些缺点进行归类、分析，以找出改进方案的方法。在这个过程中，缺点列举得越多越好，以便使问题更多地暴露出来。缺点列举法的具体实施步骤如下。

（1）列举缺点。通过会议、访谈、电话调查、问卷调查、对照比较等方式，广泛调查和征集意见，尽可能多地列举事物的缺点。

（2）探讨改进方案。对收集到的缺点进行归类和整理，并对每类缺点进行分析，在此基础上提出改进方案。

3. 希望点列举法

希望点列举法是与缺点列举法相对应的一种创新方法。缺点列举法是通过寻找事物的缺点进行创新，而希望点列举法是根据人们对事物的愿望和要求进行创新。希望点列举法与缺点列举法的一个重要差异在于：缺点列举法是一种被动的创新方法，因为缺点列举法不可能离开事物的原型进行分析；但是希望点列举法有很大的主动性，它完全可以不受事物原型的约束，只以创新者或用户的希望与追求为创新构思的基点。因此，希望点列举法是一种积极主动的创新方法。

希望点列举法的具体实施步骤如下。

（1）通过会议、访谈、问卷等方式，收集人们的需求和希望。

（2）对人们提出的各种希望进行整理和研究，形成各种希望点。

（3）从各种希望点中选出目前可能实现的希望点进行研究，制订革新方案，创造新产品，以满足人们的希望。

（四）组合法

组合法是指按照一定的技术原理，通过重组合并两个或多个功能元素，开发出具有全新功能的新材料、新工艺、新产品的创新方法。这种创新方法不同于突破性创新中完全采用新技术、新原理的方法，是对已有发明的再开发利用。

根据组合方式的不同，组合法可分为主体附加法、异物组合法、同类组合法、重组组合法、信息交合法等。

1. 主体附加法

主体附加法又称内插式组合法，是在原有的技术思想中补充新内容，在原有的物质产品上增加新附件，从而使新得到的物品性能更好、功能更强的组合方法。它通常适用于对已有的产品做不断完善和改进。

主体附加法的实施步骤如下。

（1）有目的地选定一个主体。

（2）运用缺点列举法全面分析主体的缺点。

（3）运用希望点列举法对主体提出种种希望。

（4）考虑能否在不变或略微改变主体的前提下，通过增加附属物来克服或弥补主体的缺陷。

（5）考虑能否通过增加附属物来拓展主体的功能。

（6）考虑能否利用或借助主体的某种功能，附加一种别的东西使其发挥作用。

2. 异物组合法

异物组合法是将两种或两种以上的技术思想或具有不同功能的物质产品进行组合的创新方法。组合的结果是产生新的思想、概念、技术或产品。由于不相似或不相同的事物是没有穷尽的，因而相对主体附加法和同类组合法来说，异物组合法的思维广度和深度更大，创造性也更强。

异物组合法的具体形式主要有以下几种。

（1）功能组合。功能组合就是把不同物品的不同功能、不同用途组合到一个新的物品上，使之具有多种功能和用途。在生产实践和日常生活中，功能组合的机会很多，组合的环节简单，成功率较高。

（2）原理组合。原理组合是指将某一事物的原理同别的事物的原理相互渗透、融会贯通，从而得出一种新方法或新理论。在事物的组合关系中，原理组合是一种高层次的组合，具有组合对象难找、组合过程复杂的特点，但这种组合的创造性较强，可能会产生突破性的成果。

（3）意义组合。原事物功能不变，但经意义组合之后会赋予其新的意义。例如，在T恤上印上某旅游景点的标志和名字，就变成了具有纪念意义的旅游商品；一本著作，如果有作者亲笔签名，意义也会有所不同。

（4）构造组合。构造组合是指将两种东西组合在一起，便有了新的结构并带来新的实用功能。例如，房车就是房屋和汽车的组合，它不仅可以作为交通工具，还可以作为居住的场所。

（5）成分组合。成分组合是指将两种成分不相同的产品组合在一起后构成一种新的产品。成分是指构成事物的各种不同的物质或因素，它直接关系着创造的原理与结构。

（6）材料组合。材料是人们用来制作有用物件的物质，是构成创造成果的物质基础。人们在进行创造时，总是先利用现有的材料，当现有的材料不能满足创造要求时，就需要对材料进行创造。其中，把两种或两种以上现有的材料组合起来解决问题的方法就是材料组合方法。将不同材料组合在一起，不仅可以改善原物品的功能，还能带来新的经济效益。

3. 同类组合法

同类组合是两种或两种以上相同或相近事物的组合，这种方法的特点是参与组合的对象与组合前相比，其基本性质和结构没有发生根本变化，即在保持事物原有功能或意义的前提下，通过数量的变化来弥补功能上的不足或得到新的功能。

同类组合的目的是在保持事物原有功能或原有意义的基础上增加新功能或新意义，而这种新功能或新意义是单个事物所不具有的。同类组合的条件是根据需要来决定的。简单、复杂的事物都可以组合，关键是看其有没有组合的必要，是否具备组合的条件等。同类组合要考虑以下两个方面。

（1）单独事物组合后，其功能是否更好，是否有新意。

（2）两个以上相同事物组合后，能否有新的功能和意义，能否赋予新的特征。

同类组合法进一步利用了已有的事物，并使组合过程变得比较简单。同类组合往往具有事物的对称性或一致性趋向。

4. 重组组合法

重组组合法是改变原有事物的结构组合方式，使原有元素在数量不增加的情况下，改变原有事物性质的组合。重组组合是先在事物的不同层次上分解原来的组合形式，然后以新的思想重新组合起来，改变了事物各部分之间的相互关系。因为它是在同一事物上施行的，所以一般不增加新的内容。

重组组合法的构思方式一般有以下几种。

（1）变位重组。变位重组即通过改变组成要素的相对位置进行重组构思。例如，早期的双开门冰箱都是上部为冷冻室，下部为冷藏室，这种结构的冰箱存在一些不足，如空气流通的规律是热空气向上流通，而上部正好是冷冻室，这就会使冰箱比较费电；而且通常情况下使用频率比较高的是冷藏室，而冷藏室在下部会使取东西不太方便。通过变位重组把冰箱改成上“热”下“冷”式的结构，可以克服早期冰箱的不足。

（2）变形重组。变形重组即先对组成部分进行适当的变形，然后进行重组。

（3）模块重组。模块重组即把组成事物的各要素按模块化设计，使用时根据需要进行模块化组合。模块化结构有利于产品的标准化、通用化、系列化，有利于缩短设计和试制的时间。

5. 信息交合法

信息交合法是由我国创造学研究者许国泰发明的，是将思考对象的所有信息要素按照不同类别分类，每一类作为一条坐标轴，然后根据需要把各个坐标点有机结合起来，并从各种信息的交合点入手进行创造的一种思维方法。信息交合法有利于打破传统思维定式，为创新思维提供丰富的信息资源，提高创新思维的质量和水平。

信息交合法的交合方式主要有以下几种。

（1）成对列举交合。成对列举交合是指创新主体将任意两个事项组合起来，成对列举，或把某一范围内的事物一一列举，依次成对组合，从中获得独创性设计方案的方法。成对列举交合法既有特性列举法务求全面的特点，又吸取了强制联想法易于产生新颖设想的优点，是启发思想效果比较好的创新方法。

（2）平面坐标交合。平面坐标交合就是从 X 轴和 Y 轴两个方向列出信息元素后进行成对交合思考。这种方法是利用坐标系促使人们从意义上缩小不同事物之间的差距，使原来无关的事物建立起联系，并演变为新事物。

（3）立体交合。立体交合是指在确立一个问题点后以此为中心，分解出许多不同的变量坐标，而每一变量坐标又可以不断分解设置下去，然后用线线相交或面面相交的办法寻找新的创意。

案例链接

武汉大学生团队发明沙漠智能种树车

沙漠里热火朝天种树的场面你见过没？能不能采用全自动化种树车种树？

2023 年 2 月 17 日，江汉大学智能制造学院 2019 级工业设计专业学生王春拿出刚刚获得的 2022 年全国大学生机械创新设计大赛国家一等奖的智能种树自走车说："这个是完全可以做到的。"

王春从小喜欢手工制作，尤其喜欢将一些电器拆开研究内部结构。考入江汉大学智能制造学院后，他的想象力更丰富，动手能力更强了。

王春的母亲是内蒙古人，王春从小就熟悉人工植树造林的场景。能不能设计一个全自动化种树车来种树？2022 年，他和同学一起组成团队，开始动手设计。

怎么大规模储存树苗？如何大规模种树？团队一起碰撞：设计一个可以 24 小时不间断工作的全自动化种树车，通过圆盘存储树苗，圆盘上设置多个圆孔，根据事先设置将一棵棵树苗放进去；通过圆盘位置前行，将树苗种下去。

团队成员在朱雪明老师的指导下，使用 3D 打印机实现自己的想法。根据树种量身定做圆盘上的圆孔。"我们设计的是红柳树苗的圆孔。"王春介绍，树苗放置在圆孔中后，就可以自动种树了。

"我们的全自动化种树车有很多机关。"王春说，机器底部配有钻头，随着钻头在地里打孔，树苗就落在地面孔里，后部水箱自动浇水。随后，车辆往前移动，车尾部另外的装置就会将树苗周围培土并压实。

初步设计，全自动化种树车单次可以种植 63 棵树苗，可 24 小时工作，效率是人工的 8～9 倍。2022 年 8 月，王春团队将这辆全自动化种树车带到 2022 年全国大学生机械创新设计大赛国赛现场。经众多评委评审，该项目获得一等奖。

资料来源：胡义华，易俊 . 武汉大学生团队发明沙漠智能种树车，捧回多个奖项 [EB/OL].（2023-02-17）[2024-02-02].https://baijiahao.baidu.com/s?id=1758073665509915166&wfr=spider&for=pc.（有改动）

任务二 提升创新能力

如果对人类的各种能力进行分级，那么创新能力就是各种能力中级别最高的。创新能力由“创新”和“能力”两个名词构成。作为一个系统、综合的概念，创新能力是指各种基本能力的组合方式，这种组合方式随不同领域的创新活动而不同。在当今这个竞争激烈、崇尚创新的社会，创新能力已成为每个人必备的素质之一。

一、创新能力的含义与特点

（一）创新能力的含义

能力是指人们完成某种活动的具体方式，以及顺利、成功地完成某种活动所必需的个性心理特征。概括地讲，创新能力是运用知识和理论，在科学、艺术、技术和各种实践活动领域不断提供具有经济价值、社会价值、生态价值的新思想、新理论、新方法和新发明的能力，是民族进步的灵魂、经济竞争的核心。

（二）创新能力的特点

创新能力具有综合性、可塑性和倍增性的特点。

1. 综合性

创新能力是在创新过程、创新活动中体现出来的各种能力的综合。创新思维是创新能力的核心。创新思维需要一个人具备自我创新、预测角色、应变、处理信息、组织协调和语言沟通表达的能力。创新能力是这些能力的综合，在这些能力的发展方面，不同个体之间存在着差异，也正因为如此，才有了各行各业的创造性人才。

2. 可塑性

创新能力不是与生俱来的，也不是固定不变的，它是可以通过教育、训练、实践被不断激发、培养的。创新能力不是天才的专利，人人都可以成为创新之人，处处都可以是创新之地。环境是人的创新能力形成和提高的重要条件，影响着个体创新能力发展的速度和水平。

3. 倍增性

大量实践证明，开发和提升人的创新能力可以创造出超出传统经济时代多倍的效益。

二、创新能力的基本构成

创新能力通常包括发现问题的能力、流畅的思维能力、变通的能力、独立创新的能力、制订方案的能力和评价的能力这六种基本能力（见图 3–2）。

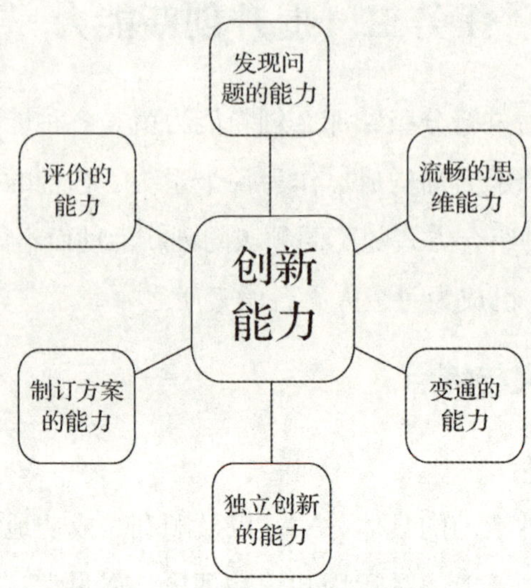

图 3–2　创新能力的构成

（一）**发现问题的能力**

发现问题的能力是一种发现那些让人难以觉察的、隐藏在习以为常现象背后的问题的能力，表现为意识到存在于周围环境中的矛盾、冲突和需求，意识到某种现象的隐蔽未解之处，意识到寻常现象中的不寻常之处等。例如，对于两块大小、质量悬殊的石头从同一高度落下却同时落地这一现象，没有人对亚里士多德所谓的“物体下落的速度与它的质量成正比”的结论提出疑问，只有伽利略意识到并发现这一问题的存在。这一意识促使他进行了比萨斜塔试验，实践证明了铁球和铅弹的下落速度与它们的质量无关，从而纠正了影响人们 2 000 多年的错误理论。发现问题的能力的前提是好奇心和怀疑。好奇心会提高人们对外界信息的敏感度，发现问题并追根溯源，提出一连串的问题。怀疑是指对权威的理论、既有的学说和传统的观念等不简单接受与信奉，而是持批判的态度。发现问题在创新活动中通常由认知风格和工作风格来体现。认知风格是指个人所具有的在打破心理定式与理解复杂问题的过程中表现出来的气度、能力和心理特点。工作风格是指能长时间集中精神和聚焦问题的工作态度与工作能力。

（二）**流畅的思维能力**

流畅的思维能力是指就某一问题情境能顺利产生多种不同的反应、给出多种解决问题的办法和方案的能力，常用“思潮如涌”“下笔如行云流水”“口若悬河”“滔滔不绝”等词来形容思维的流畅。思维流畅对创新有着重要的意义，因为形成大量设想，所以就有更大的概率产生有创新意义的想法。提出的每个设想不一定都正确，有创建性的设想也不是一下就能在头脑中形成的。但是，提出的设想越多，出现有创建性想法的概率就越大。

思维流畅是以丰富的知识和较强的记忆力为基础的，能够根据当前情况所得到的印象和所观察到的事物激活知识，调出大脑中储存的信息并进行创造性思维，从而提出新观点。

（三）变通的能力

变通的能力是指思维敏捷、轻易地从一类对象转变到另一类对象的能力。具有变通能力的人能够从某种思想快速地转换到另一种思想，或从多角度思考问题，能用不同分类或不同方式研究问题。具有变通能力的人一般思想比较活跃，能根据客观情况的变化机智地解决问题，不囿于条条框框，敢于提出新观点。缺乏变通能力的人往往机械呆板、墨守成规、思想陈旧，没有创新精神。

创新实践证明，凡是在创新上大有作为的人，大多思路开阔、妙思泉涌。因为创新需要找到不同的应用范畴或许多新的观念，越是能带来重大突破的创新，越需要借助其他领域的知识、吸取外来的思想。

创新需要多向思维，仅有流畅的思维能力是不够的，还需要有变通的能力。思维流畅性强调产生设想的数量，如果只是在同一类型上做出众多反应，就会形成思维定式。

（四）独立创新的能力

独立创新的能力是一种寻求不同寻常的思想和新奇独特的解决问题的方法的能力，也是一种求新求异的能力。具有这种能力的人能想出别人想不出来的观点，看到别人看不到的问题，并且能提出新的创见，实现新的突破，具有开拓性。而缺乏独立创新能力的人只会一味地模仿和盲从，只知道遵从传统习惯，每天都进行一些重复性的活动，说一些千篇一律的话。如果只依靠吸收、模仿、学习等方法重复而不进行变革、突破，就不可能创新。

独立创新的能力是创新能力最本质、最重要的核心要素，它反映了一个人创新能力的高低。同时，独立创新的能力是人们在创新活动的各个阶段或各个领域都需要具备的基本能力，无论是在技术产品开发上还是在生产、管理和市场开拓上，甚至在日常的学习和生活中，都要用到独立创新的能力。

（五）制订方案的能力

创新的设想能否实现，取决于方案的制订和实施。制订方案的能力是指把创新的想法变成具体的实施方案的能力。方案是为了解决特定问题、实现预期目标而采用的方法和手段。在制订方案时，首先要明确创新目标，因为方案是围绕着实现创新目标而制订的；其次要分析实现这个创新设想存在的问题和困难，了解其有利因素和不利因素；再次是针对需要解决的问题选择方法（主要是运用创新方法，包括类比、想象、直觉、灵感等多种形式）和途径，确定需要解决的重点和方向；最后是制订方案的实施步骤。

创新是一项探索性的工作，没有现成的方法和模式可以照搬，它不是对人类已有认识和实践的重复，而是在此基础上进行新的创造。因此，创新过程不可能是一帆风顺的，必然会遇到许多挫折和失败。为此，就需要拟订多套方案以备选择。

（六）评价的能力

评价的能力是指通过评审，从许多方案中选择一种方案的能力。在创新活动中，需要冲破所有约束，解放思想，从而提出大量的设想、构思和方案。在多种方案中，除了个别的设想可能是“闪光”的之外，还不可避免地伴随着大量的、在技术或经济上暂不可行的设想。而这就需要通过评价选出在技术或经济上可行的、有希望获得成功的方案，否则就会造成人力、物力和财力的浪费。

评价还可以促进创新过程中方案的优化。没有正确的评价和筛选，就无法保证得到最优或较优的创新方案。不仅在创新的初始阶段要进行方案选择的评价，以寻求最佳方案，在创新完成时还要对创新结果进行评价，以确定创新的价值和水平。另外，在创新过程中多次对活动进行评价，可以帮助人们找到最佳的创新方法，为人们指明创新的前进方向。

创新能力是由上述基本能力组成的一个有机整体，只有这几种基本能力协调一致，创新能力才能得到充分发挥。具有创新能力的人不仅要具备这些能力，而且要懂得在什么时候、以何种方式有效地使用这些能力。创新的过程就是这些能力都达到均衡和运用的过程。

案例链接

大学生造出电动方程式赛车

2021 年 11 月，深圳技术大学赛车工作室极光车队发布了自主研发设计的第一辆电动方程式赛车——21 赛季电动方程式 Aurora-21。

据赛车工作室队长介绍，Aurora-21 是深圳技术大学赛车工作室极光车队自主研发设计的第一辆电动方程式赛车。Aurora-21 的设计以“可靠性、轻量化、数据化”为目标，整车大量使用碳纤维材料以减轻车身重量。其中，碳纤维摆臂、碳纤维转向拉杆的设计与使用使得车悬架系统、转向系统的重量分别比钢制结构的重量轻约 50%。前悬 U 形防倾杆、后悬 Z 形防倾杆的设计配合着整车空气动力学套件，给 Aurora-21 带来了极高的过弯性能。Aurora 搭载的牵引力控制系统能有效降低驱动轮打滑的概率，大幅提高了车辆的加速性能。此外，自主设计的数据采集系统可以在

车辆跑动过程中实时监控车辆跑动数据、bms 数据、电机数据，极大地提高了车辆调试的效率。

资料来源：读创．又是别人家的孩子！深圳大学生造出电动方程式赛车 [EB/OL].（2021-11-05）[2024-02-02].https://baijiahao.baidu.com/s?id=1715570332777628571&wfr=spider&for=pc.（有改动）

三、创新能力的影响因素

影响创新能力形成的因素有很多，主要包括创造性人格、动机、专业技术能力、鼓励创新的长效机制和开放的社会环境等。

（一）创造性人格

创造性人格是指创新活动所必需的且与高度的创造性相联系的人格特征，又称创造个性。创造性人格有广义和狭义之分。广义上的创造性人格是指创新活动所必需的人格，它推动、维持和促进个体创造性地解决问题；狭义上的创造性人格是指创新主体所具有的对创造力发展和创新活动顺利完成起促进或保证作用的非智力素质（如意志、情感、情绪、理想、信念等）的总和。

从某种意义上说，创造性人格并非人人都有的，而是少数从事高创造性活动、生产出具有高度社会价值产品的“创造性人才”所独有的。一方面，创造性人格具有一般性，如想象丰富、好奇心强、直觉敏锐、忍耐力强、独立等特征是得到一致认可的创造性人格品质；另一方面，创造性人格是具体的，是与特定领域的活动特性相适应的，创造性地解决不同领域的问题需要不同的个体条件，表现在对待事物的倾向上，即创造性人格的不同表现为创造性人格的领域特点。

（二）动机

动机是引起、维持个体活动并使已引起的活动朝向某一目标的内在历程。由于进行创新活动需要花费大量的精力，需要强大的自制力，因此没有强烈且适当的动机是根本不可能实现创新的。

根据诱发因素产生的不同，动机可分为内部动机和外部动机。诱发因素产生于内部的动机称为内部动机，也称内源性动机，它是指内在需求产生的动机，如饥饿、口渴等；诱发因素产生于外部的动机称为外部动机，也称外源性动机，它是指受外在环境影响而产生的动机，如为了获得某种奖励或逃避某种惩罚而表现出某种行为。内部动机使创新者对某事物产生了兴趣而积极主动地去探索它，创新活动本身就是目的而非手段。因此，内部动机会促进创新能力的表现和发展，而外部动机则是创新者为了获得某一种事物而进行的创新活动。

（三）专业技术能力

专业技术能力是指具备从事某项专业活动所需知识和技术的能力，是完成本职工作所必须具备的知识和技能。知识会为创新思维提供加工的信息，帮助创新者了解其在某个领域中所处的位置。一个人不可能对一无所知的事物产生新异观念，因此，要想在特定的领域有所创新，就必须拥有该领域的相关知识，而且拥有的知识越多就越有利于创新能力的发挥。大量的研究表明，高水平的创造力需要以一定的知识为基础，缺乏这些知识可能会使创新者重复前人的创造，致使其研究成果被认为不具有创造性贡献。

（四）鼓励创新的长效机制

创新能力的有无、大小或持续性与鼓励创新的长效机制呈正相关关系，鼓励创新的长效机制是引导创新活动的制度性保障。鼓励创新的长效机制主要包括以下三种。

1. 目标机制

目标机制主要用于解决创新个体“对什么进行创新”的问题。这是一种重要的激励约束机制，它能使广大创新个体和群体明确应该做什么、不该做什么。同时，目标机制也是一种评价机制，可以根据这个既定的目标对创新个体是否具备创新能力、创新能力强弱等进行衡量。因此，建立目标机制是建立鼓励创新的长效机制的基础。

2. 实施机制

鼓励创新的制度是否有效，关键在于如何实现该制度制定的具体措施。因此，建立实施机制是建立鼓励创新的长效机制的关键。

3. 保障机制

要使目标机制和实施机制的作用得到充分发挥，就必须通过各种激励措施来保障其长期坚持，如此才能取得实效。

（五）开放的社会环境

环境是创新过程中不可忽视的决定性因素，对创新的水平与频率起着重要的作用。开放的社会环境是指政治自由、经济独立、文化形态丰富多样的具有开放性和包容性的社会环境。它是培养个体创新意识、创新精神和创新能力的基本社会前提。

培育大学生创新创业的社会生态

2022年，中国青少年研究中心进行的一项针对全国东部、中部、西部、东北部6省（市）上千名16—35岁青年对创业认知与态度的调研显示，诚信、爱国和创新是青年认为创业者最重要的素质。

近年来，随着创新创业教育的深入推进，大学生创新创业作为“稳就业”“保就业”和“扩大就业”的重要途径和方式，已成为大家的共识。青年学生富有想象力和创造力，是创新创业的有生力量。从中央到地方，各级政府出台了一系列政策措施，开展创新创业教育、培养创新型人才、做好大学生创业服务。此外，数字经济的发展拓展了互联网平台，降低了创业门槛，打破了技术壁垒，改变了工作形式，为创业带来更多的机会和可能。很多大学生已将创业纳入自己的人生规划之中。

当然，机会和风险是并存的，这就需要创业者具备冒险精神和驾驭风险的能力。大学生创新创业教育是一项系统工程，需要政府、企业、高校、大学生多方协作、共同努力。其中，政府、企业、高校有责任为大学生创新创业教育提供服务和支持，而要使创新创业教育取得实效，大学生也必须发挥自身的主体作用。

政府要牵动引领创新创业教育。开展大学生创新创业教育是为我国战略目标的实现储备人力资源的有效途径。政府作为创新创业教育的主导，应加大力度制定、落实相关创业政策，通过政府统筹、政策引导、项目推进、创业指导服务等渠道，积极开展大学生创新创业工作，充分发挥政府的牵动和引领作用，搭建创业平台，有效促进各职能部门、各行业共同关注、支持大学生创新创业，逐步完善独具特色的大学生创新创业指导服务体系。

企业要保障支持创新创业工作。企业可以自身需求为导向，以项目驱动、任务引领的方式，通过成果转让、股权分配等激励机制，把企业的需求融入大学的科研和教学，也可以直接利用自身的资金、技术等方面的资源，走进校园，参与高校人才培养方案的制定，举办创业讲座，建立模拟演练基地、创业实习基地，为正在创业的大学生提供必要的资金、技术、场地、经验支持和创业指导等，加大对大学生创业的支持。

高校要着力培养创新创业人才。高校是大学生创新创业教育的主阵地、主战场，承担着创新创业人才培养的重要职责。一方面，高校要转变教育理念，将创新创业教育作为培养和促进大学生综合素质全面提升的助推器，纳入专业教育和文化素质教育教学计划与学分体系。在注重文化素质教育的同时，也要在专业教育中注重理论知识和实践技能的训练，将专业教育与创新创业教育结合，将创新创业实践活动与专业实践教学有效衔接，不断培养、提升学生的创业意识、创业精神、创业能力。另一方面，高校也要加强创新创业教育师资队伍建设，培养一支专业素质高、教育手段新、实践能力强的师资队伍。比如，引导教师积极开展创新创业教育方面的理论和案例研究，支持教师到企业挂职锻炼，定期组织教师培训、实训和交流等。

此外，大学生也需积极开展自我教育。在创新创业教育中，大学生应积极行动起来，充分发挥其主体作用，有效开展自我教育，不断解放思想、拓宽视野，树立创业意识，培养创业精神，同时扎实掌握业务知识和专业技能，努力提升创新创业能力，在政府、企业、学校老师的教育和引导下，真正实现教育与自我教育的统一。

资料来源：胡忠英.培育大学生创新创业的社会生态[EB/OL].（2022-12-20）[2024-02-03].https://baijiahao.baidu.com/s?id=1752691986661769205&wfr=spider&for=pc.（有改动）

四、创新能力的形成原理

遗传素质是个体创新能力形成的生理基础和必要的物质前提，也是创新能力形成的第一原理，是决定个体创新能力未来发展的类型、速度和水平的潜在因素。遗传素质是个体与生俱来的生理解剖特点，主要包括脑和神经系统的结构、机能特性，感觉器官和运动器官的机能，身体的结构和机能等。其中，大脑是人的创新能力形成的物质基础，是人的创新能力发展的物质载体。离开了这个物质基础，人的创新能力的形成和发展就成了无源之水、无本之木。但遗传素质并不是人们创新能力形成的唯一原因。

除遗传素质外，外部环境也是个体创新能力形成和提高的重要条件，环境的优劣影响个体创新能力发展的速度和水平，是创新能力形成的第二原理。人是社会的人，人的创新实践不可能在“真空”中进行，必然受到环境的影响，马克思所说的“人创造环境，同样环境也创造人”就是这个道理。环境包括自然环境和社会环境，其中，社会环境包括家庭、学校和社会等。

实践是创新能力形成的唯一途径，也是检验创新能力水平和创新活动成果的标准，是创新能力形成的第三原理。创新能力只有在创新实践中才能得到施展与发挥，实践是创新能力变成现实的唯一平台。人类改造实践的活动就是创新活动。只有通过社会实践，才能把人类的创新意识变成现实，而创新能力也必须通过实践才能形成。

创新思维是创新能力形成的第四原理，是人的创新能力形成的核心与关键。创新思维的一般规律是先发散后集中，最后解决问题。创新能力与创新思维关系密切。创新思维是

创新活动的灵魂和核心，也是创新能力的灵魂和核心，没有创新思维就没有创新活动。

课后实训

练习使用头脑风暴法

【实训目的】

通过练习使用头脑风暴法，进一步掌握创新方法的含义和作用，为以后的创新奠定基础。

【实训安排】

（1）明确头脑风暴法会议组织的步骤和要求，拟定讨论主题。

（2）运用头脑风暴法分析问题。

（3）最终各个小组形成报告汇总到教师处，教师对各个报告进行点评。

课后阅读

最美大学生丨李维逸：循梦而行　向阳而生

他自强励志、积极创新、专注学科竞赛；他务实创新、勇于拼搏、甘于奉献……他就是湖南理工学院信息科学与工程学院计算机科学与技术专业2020级本科生李维逸，先后获“中国大学生自强之星”、国家奖学金、国家励志奖学金、全国高校计算机大赛金奖、全国软件和信息技术人才大赛一等奖等荣誉奖励。

同时，作为学院“爱・维鸟”志愿服务团队负责人，李维逸坚持每周为留守儿童辅导学习，通过构建“5432服务体系”、创办“n+1”精品课堂、创新1对1结伴成长模式，为学校周边学院路社区及临近贫困村开展留守儿童关爱活动。

自强不息，励志之心践行使命担当

李维逸家庭条件较差，在他八岁时父亲去世，全靠母亲做小生意努力维持家庭生计和供养其读书。贫困的家庭环境给他增添了一双励志自强的翅膀，一路自强不息，顽强拼搏。

李维逸把学习作为首要任务，是他的一种精神追求、一种生活方式。大一刚入校，李维逸就对图书馆和实验室有着无比的向往和狂热，他认真听好每一堂课，课余时间基本待在实验室或图书馆。正是脚踏实地的积累和沉淀，他在目前所学的34门课程的考核中，有21门成绩超过90分；大一、大二学年，他的专业、综合成绩均排名年级第一，获得国家奖学金、校“三好学生标兵”等荣誉奖励。

作为班上的学习积极分子，他在发挥学习榜样作用的同时，号召班上成绩优异的同学组建学习帮扶小组，营造良好学习氛围，共创优良学风班风。在小组和全体同学的共同努力下，他们所在的班级专业成绩平均分和综合素质平均分一直位于年级第一，多次获得学校“学风优良班级”称号。

日积跬步，热爱之心追逐学科科研

进入大学之初，李维逸就加入ACM实验室，开辟了大学学习的“第二课堂”。为在竞赛中取得好成绩，他积极训练，认真备赛，课余大部分时间都待在实验室，个人累计解题超过3 000题，所撰写程序代码超过10万行。

为进一步提升实践解题能力，他活跃在各大编程平台参与比赛。在共计6 424人报名的2023年牛客寒假算法训练营中，他获得第十名；在2 514人报名的Acwing周赛中获得第一名；在共计20 000多人报名的VK Cup 2022-Final Round中获得第56名的好成绩。与其他学校优秀学子的同台竞技，鞭策他继续努力前行，不断向更优秀的人学习。

在积累程序设计比赛经验后，李维逸开始申报大学生创新创业项目。随着人们生活节奏越来越快，短时间内获取各种信息的需求量在不断加大，这就要求大家频繁打开多个手机软件查看信息。如何解决这个问题？李维逸在偶然一次照镜子时突然迸发出创新灵感，为什么不把经常需要用到的镜子和上述信息展示结合在一起呢？有了这个想法，他便和实验室几个小伙伴埋头苦干，从购买部件到搭建部署，从设计、编程到开发，他们最后研发出一款基于树莓派的物联网镜子，能将所需数据整合在镜子上显示，让大家在照镜子的同时可以接收好友信息、了解世界动态、记忆单词等，“树莓派智能镜”成功立项为大学生创新创业训练省级项目。

从实验室组内比赛，到校级程序语言设计大赛，再到国家级比赛，在这些学科竞赛中，李维逸勤学苦练、锲而不舍。每一次比赛，大脑飞速运转开展思考风暴，手指同步在键盘上舞蹈，最终一个鲜绿色的答案“正确”显示在屏幕上时，就是竞赛带给李维逸最纯粹、最简单的快乐。凭借对算法学习的勤奋与竞赛的热爱，他先后斩获了十多项国家级大赛奖项。

资料来源：杨斯涵，余蓉. 最美大学生丨李维逸：循梦而行 向阳而生[EB/OL].（2024-01-02）[2024-02-03].https://baijiahao.baidu.com/s?id=1787021404623467512&wfr=spider&for=pc.（有改动）

第二部分

创业准备——开启创业之路

课前探讨

毕业生小华家住郑州市某小区，2023 年 6 月毕业后选择创业。她看到邻居开了一家食品杂货店，人流量很大，看起来收益非常可观，颇为心动。于是，她租赁小区内一个库房作店面，向父母借了 2 万多元钱做启动资金，进了一些货品，也开了一家食品杂货店。为了突出自己食品杂货店的特色，她没有像邻居一样进茶、米、油、盐等大众用品，而是将经营范围锁定在沙司、奶酪、芝士等一些西餐调味食品上。但是小区里的居民对她的货品需求少，加之她的杂货店的位置在小区边缘，而且营业时间不固定，生意并不红火，两个月下来，赔了 3 000 多元。

想一想

同样是食品杂货店，为什么邻居可以干得红红火火，小华的店就经营惨淡呢？分析案例，你认为一个创业者在创业之前需要做好哪些方面的准备？

知识结构

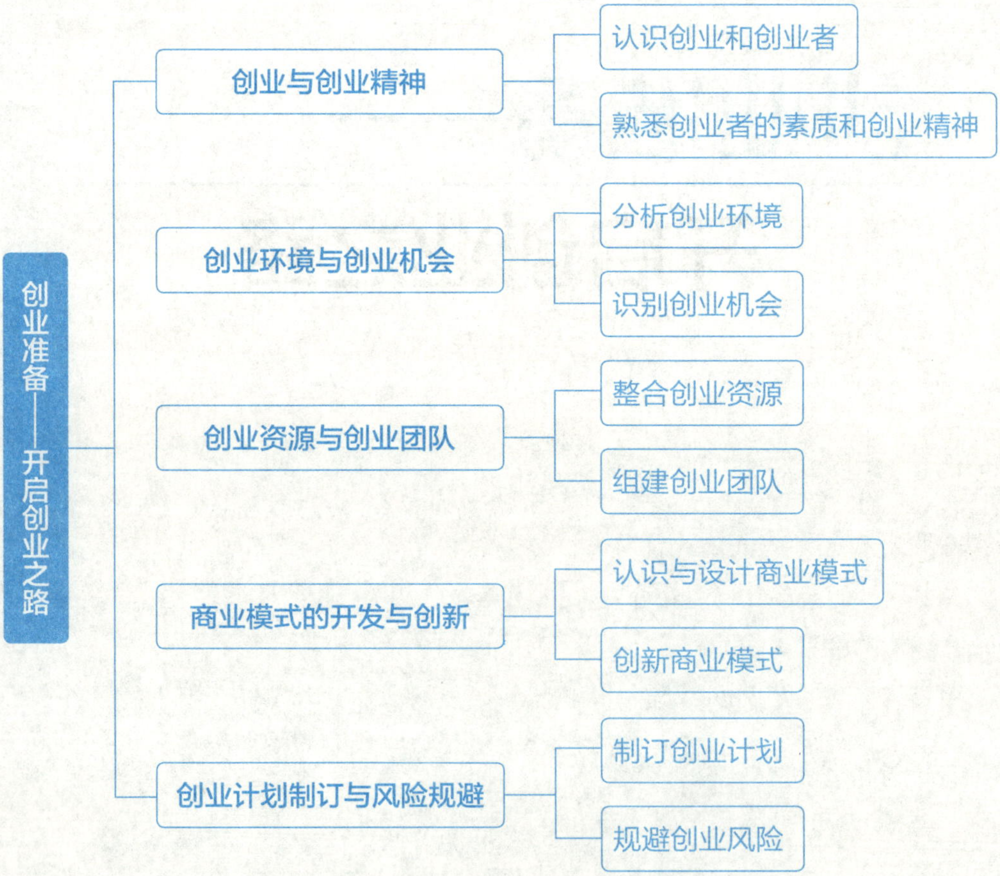

创业准备——开启创业之路

- 创业与创业精神
  - 认识创业和创业者
  - 熟悉创业者的素质和创业精神
- 创业环境与创业机会
  - 分析创业环境
  - 识别创业机会
- 创业资源与创业团队
  - 整合创业资源
  - 组建创业团队
- 商业模式的开发与创新
  - 认识与设计商业模式
  - 创新商业模式
- 创业计划制订与风险规避
  - 制订创业计划
  - 规避创业风险

模块四 创业与创业精神

学习目标

(1)了解创业的含义、特点，熟悉创业的要素，把握创业的过程与阶段。

(2)分析创业者需要具备的素质，不断提升个人素养。

(3)认识创业精神，树立正确的创业观。

创业是人生过程中的一种需要。作为一名大学生，我们渴望有一份自己的事业，进而实现人生价值，这种愿望是美好的，但是创业并非易事，只有对创业有一定的认知，才能更好地实践创业，进而实现理想。

视频
大学生创业知多少

任务一 认识创业和创业者

一、创业的含义

“创业”一词由“创”和“业”组成。“创”作为动词，具有始造的意思，即创建、创立，《辞海》中将其解释为创立基业；“业”是指事业的基础、根基。“创业”一词在现代汉语中被频繁地使用，其大致包括三层含义：反映创业的艰辛与困难，体现创业过程中的开拓与创新，强调新的成就与贡献。因此，可以将创业理解为“创业者通过自己的主观努力取得新成果的过程”。创业有广义和狭义之分。广义上的创业是指人类的创举活动，或带有开拓、创新并有积极意义的社会活动。它是一种思考、推理和行为方式，涉及政治、经济、军事、文化、科学、教育等方面，这种行为方式是机会驱动、注重方法和与领导相平衡的。狭义上的创业可以定义为在经济领域，个人或团体依法登记监理企业，以盈利为目的而从事有偿经营的商业活动。人们通常所说的大学生创业就是指狭义上的创业。

具体来讲，创业可以从以下四个方面来理解。

第一，创业是一个复杂的创造过程，它创造出某种有价值的新事物，这种新事物必须是有价值的，不仅对创业者本身有价值，而且对社会有价值。价值属性是创业的重要社会属性，同时是创业活动的意义所在。

第二，创业必须贡献必要的时间和大量的精力，并付出极大的努力。

第三，创业要承担必然的风险。创业的风险可能有不同的形式，这取决于创业的领域和创业团队的资源。

第四，创业将给创业者带来回报。创业者可能获得的最重要的回报是从中获得独立自主，以及随之而来的物质财富。

二、创业的要素

创业是创业主体在一定的创业环境下识别机会、获取并整合创业资源、形成创意并指向具体的创业项目的创造性活动。创业主要由创业者、创业环境、创业机会、创业资源和创业项目五个要素构成。

（一）创业者

创业者是创业过程中处于核心地位的个人或团队，是创业的主体。创业者在创业过程中起着关键的推动作用和领导作用，包括识别商业机会、创建企业组织、融资、开发新产品、获取并有效配置资源、开拓新市场等。因此，创业者的素质和能力是创业成功的第一要素。在市场经济条件下，创业者往往对创业活动的进行起决定性的作用。优秀的创业者应具有高度的能动性，能够在不断变化的环境中主动适应局势的变化，充分利用创业环境和资源成功创业。创业者与企业经营者的共同职能是整合资源和创造价值。创业者的特殊职能是发现机会和承担风险。他们能够在众多的商业机会中捕捉到最适合自己创业的机会，同时勇于并能够承担创业失败的风险。

（二）创业环境

创业环境是指影响创业者进行创业活动的各种不可控制的因素和力量。创业环境是一种客观存在，创业者的创业活动总是在一定的创业环境中进行的。

创业环境对创业活动具有双重影响：一方面，有利的创业环境能够支持和促进创业活动的进行；另一方面，不利的创业环境则可能增加创业风险，使创业活动遭遇挫折甚至导致创业失败。

（三）创业机会

创业机会主要是指具有较强吸引力的、较为持久的、有利于创业的商业机会。创业者据此可以为客户提供有价值的产品或服务，并同时使自身获益。从创业者的角度来说，创业机会是创业的起点。创业过程是创业者围绕创业机会进行识别、开发和利用的过程。

创业机会的来源是多方面的，引发创业机会的因素很多，如新的科学技术的进步和突

破实现对原有技术的替代、消费者偏好的变化、市场需求及其结构的变化、国家法律和政府政策的调整及国际环境的变化等。识别并把握创业机会是创业者创业成功的关键环节。

（四）创业资源

创业资源是创业者开展创业活动的基础，是新企业所拥有的或者能够支配的为了实现企业生存与发展战略目标，在创业过程中先后投入与利用的内外部各种有形资源与无形资源的总和。没有创业资源的支撑，创业者即使有再好的外部创业机会，也不能开展创业活动。

从企业创立初始到企业退出市场，创业资源的获取与整合伴随着整个创业过程，并对创业过程的开展产生重要的影响。一般来说，创业资源主要包括物质资源、资金资源、人力资源、技术资源、社会资本和信息资源六类。

（五）创业项目

创业项目是创业活动的具体内容，是创业者将创业机会与创业资源进行有效整合，指向特定生产服务领域的生产要素的具体组合形式。创业项目是创业活动的载体。创业者在识别创业机会后需要整合有关的创业资源，在具体的产业领域中进行生产、经营和管理。

创业的五个要素相互影响，有机匹配，形成了一个动态的创业系统。创业者只有积极融入其他四个创业要素中，才能成为真正的创业者，离开了其他要素，创业者充其量是潜在的创业者；创业环境外显于创业者，与其他要素结合形成创业的整体环境，从而以其客观存在对创业活动产生影响；创业资源是成就创业机会的物质基础，创意的思想灵光能否闪现出财富或者价值，取决于承载它的创业资源是否厚实；创业项目使所有的创业活动有了具体而实在的内容，离开了具体的创业项目，所有关于创业的活动都只能停留在计划阶段。

大学生创业的优势与挑战

一、大学生创业具备的优势

创新能力强的大学生无疑是社会中最具有创新活力的群体。他们不仅拥有丰富的想象力，更具备一般人难以企及的创造力。在创业的道路上，他们能够通过实践的方式，将所学的知识巧妙地融合到产品的创新和商业模式中。这种创新不仅体现在产品的设计上，还体现在商业模式的构建上。

学习能力强的大学生无疑也是创业过程中的一股强大力量。他们不仅拥有强大的学习能力和强烈的求知欲望，还能够在短时间内快速掌握新的知识和技能。这种能力使得他们在创业过程中能够迅速适应变化，不断完善自己，提高自身的综合素质。

资源整合能力强的大学生同样在创业过程中扮演着重要的角色。他们具有良好的人际交往能力，能够有效整合人脉、资金、技术等资源。这种能力使得他们在企业发展的过程中能够获得更多的支持和帮助，从而为企业的发展提供更强大的支持。

总的来说，大学生在创业过程中展现出的创新能力、学习能力和资源整合能力，使得他们在创业的道路上更加顺利。同时，这些能力也正是他们在社会中最具有创新活力的体现。

二、大学生创业面临的挑战

缺乏经验的大学生往往在创业过程中遭遇诸多挑战。

一方面，他们对企业运营和管理的了解往往不够深入，这使得企业在发展过程中容易遇到各种问题，甚至陷入困境。由于缺乏实践经验，大学生对于如何解决企业运营中出现的各种问题常常感到束手无策。

另一方面，资金短缺也是大学生创业的一个难题。创业需要一定的资金支持，而大学生往往没有足够的资金。为了解决这个问题，大学生需要在创业初期积极寻求投资，或者通过其他方式筹集资金。这需要他们具备较强的沟通能力和商业策划能力，以便吸引投资者的关注。

此外，市场竞争激烈也是大学生创业面临的一个挑战。市场上已经存在很多竞争对手，大学生创业需要在激烈的市场竞争中脱颖而出。这需要他们进行充分的市场调研和分析，了解目标市场的需求和竞争对手的情况，制定出有效的营销策略。

综上所述，大学生在创业过程中面临诸多挑战。为了提高创业成功率，他们必须积累丰富的实践经验，解决资金短缺问题，并在激烈的市场竞争中脱颖而出。这需要他们在创业前进行充分准备，积极学习相关知识，并寻求专业人士的帮助。

资料来源：唐三纪实．大学生创业：新时代青年的创新之路 [EB/OL].（2023-11-02）[2024-02-02].https://baijiahao.baidu.com/s?id=1781461821835268323&wfr=spider&for=pc.（有改动）

三、创业的特点

创业是一种劳动方式，要求创业者贡献时间，付出努力，承担相应的财务、精神、社会等风险，从而获得金钱回报、个人满足及独立自主。创业具有开创性、自主性、实践性、风险性和求利性等特点。

（一）开创性

创业所创造的是新企业、新产品或新事物。对任何创业者来说，他从事的都是一项前所未有的事业，必须从头做起，想别人不曾想到的问题，走别人没有走过的路，做前人没有做过的事。也许这项事业别人已经尝试过，他可以借鉴、模仿别人的经验和方法，但必须在别人的基础上有所创新，这就意味着创业具有开拓性和创造性。

（二）自主性

创业者是自己命运的主宰者，其所有的实践活动完全靠自己的自觉、自愿和自主行动来实现，这也是创业的最大好处。在创业活动中，创业者综合运用自己的资本、知识与技能，独立自主地进行产品开发、生产或提供服务，创业的项目、计划、人员、资金、场地等相关因素均由创业者自己决定。

（三）实践性

创业不是纸上谈兵，不能仅停留在研讨和描述的层面，实践性是创业活动的显著特征之一。只有将理论付诸实践，在科学的理论指导下进行实践操作，才能有效地创业。创业的最终目标要通过实际操作和实践，经过社会风雨和市场竞争的洗礼来实现。

（四）风险性

创业是一个发现、创造和利用商业机会，组合生产要素并创造价值以获得商业成功的过程。虽然可以借鉴、模仿和学习前人的做法，但创业者在创业时仍然面临很多风险，需要承担财务、技术、市场、精神及社会环境等多方面的风险。

（五）求利性

创业是一个创造、积累财富的过程。尽管创业者会有各种不同的创业动机，但他们甘冒风险去创业，最原始、最直接的动力就是追求财富。无论创业者采取什么手段或方式创业，其目的只有一个——利润最大化。

四、创业的类型

人们的创业活动是多种多样的，依据不同的标准可以将创业分成不同的类型。

（一）依据创业的目标进行分类

依据创业目标的不同，创业可分为自主创业、脱胎创业和二次创业。

1. 自主创业

自主创业又称独立创业，是指创业者个人或创业团队白手起家进行创业。自主创业可能基于各种原因，如自己有了发明创造成果并发现它的商业价值独立性强，不愿为别人打工，有条件创业并且抓住了创业机会，受其他人自主创业成功的影响等。自主创业获得成功的例子不胜枚举，一些赫赫有名的企业家就是白手起家发展起来的。

对创业者来说，自主创业的道路是充满挑战的。在创业过程中，创业者的智商、情商和财商可以得到最大限度的发挥。创业者可以接触各类人物，从事各类工作，体验各种感受，而不是固定地日复一日地从事单调乏味的工作。创业成功后可以获得大量的财富，实现更高的需求。独立创业的魅力使许多人跃跃欲试。

2. 脱胎创业

脱胎创业是指企业内部的管理者从企业中脱离出来，新成立一个独立企业的创业活动。脱胎创业又称母体脱离创业，这种创业者拥有创业所需的专业知识、经验和关系网络，生产与原企业相近的产品或提供类似的服务。

脱胎创业的频繁程度与产品所处的生命周期和行业类型有关，脱胎创业更多是发生在产品生命周期的早期阶段或新兴行业中，因为这时产品供不应求，竞争还不激烈，市场空间很大，预示着巨大的商业机会，如美国硅谷和北京中关村就有很多脱胎创业的例子。

脱胎创业成功与否，与创业者筹集资金和组建团队的能力密切相关，寻求资金支持是脱胎创业的创业者面临的挑战之一，因为脱离母体的创业者往往只是某一个方面的专家，最常见的是技术专家或营销高手，他们欠缺其他方面的管理技能，这就需要组建一个高效的创业团队来各尽其职、各显其能地进行创业活动。

3. 二次创业

二次创业是指企业内部的创业。现在大企业已经不是创业热潮中的旁观者和被动的应对者，甚至一些知名的大公司也在积极寻找和追逐新的有利可图的创意与商业机会，在这种情况下就产生了二次创业。

（二）依据创业领域进行分类

依据创业领域的不同，创业可分为科技创业、贸易创业和服务创业，即分别在科技、贸易和服务领域的创业。大力鼓励和引导大学生在科技、贸易和服务领域创业，对中国经济的发展具有重大的作用与意义。

（三）依据创业主体进行分类

依据创业活动的主体差异，创业可分为个体创业和公司创业。个体创业是指与原有组织实体不相关的个体或团队的创业行为，而公司创业是指由已有组织发起的创造、更新与创新活动。个体创业承担风险，创业者拥有全部或大部分事业。从理论上来讲，个体创业对创业者的潜在回报是无限的，但也可能意味着一次失败就将导致终身创业生涯失败。个体创业受外部环境影响较大。在创业初期，规模经济、资源有限，在创新方面可以沟通的人员较少。公司创业也需承担风险，创业者拥有公司的权益较少。公司创业对创业者的潜在回报是有限的，但公司创业具有更多的容错空间，受外部环境的影响较小。在创业初期，公司企业能够较快地达到规模经济，资源也相对丰富，在创新方面可以沟通的人员较多。

五、创业过程

从某种意义上讲，创业过程就是创建一个新企业的过程。和所有的有机体一样，企业也存在一个生命周期。换句话说，一个企业要经历从筹备到建立、起步、发展、成熟、衰退乃至灭亡的过程。

（一）创业过程的含义

创业过程是指创业者发现、评估商机，将商机转化为企业，创业者对新创企业进行成长管理的过程。企业的成长是一个连续的过程，大致可以将创业过程分为创业机会识别、创业资源整合、创建企业和新企业的成长管理四个阶段。

（二）创业过程理论

在有关创业过程的理论研究方面，比较著名的有蒂蒙斯（Timmons）、加特纳（Gartner）等人的创业过程模型。

1. 蒂蒙斯的创业过程模型

蒂蒙斯是美国创业学教育和研究的领袖人物之一，在创业管理、新企业创建、创业融资、风险投资等领域颇有建树，是世界公认的权威。1999 年，蒂蒙斯的《新企业的创建》一书出版。他在书中提出，成功的创业活动需对机会、创业团队和资源三个方面进行最适当的匹配，并不断进行动态平衡。蒂蒙斯认为，机会是创业过程的核心要素，必须识别、利用创业机会才能实施创业。创业团队是实现创业目标的关键组织要素，创业者或创业团队必须具备较强的学习能力、创造能力、领导能力和沟通能力等，要能够适应市场环境的变化。资源是创业过程不可或缺的要素，创业者需要制订创业战略、创业计划来合理利用和控制资源。

蒂蒙斯的创业过程模型（见图 4–1）是一种商业模型，其中，机会、资源和创业团队构成一个倒三角形，创业团队位于这个三角形的底部。在创业初始阶段，机会大但资源稀缺，三角形向左倾斜；随着企业的发展，资源增多但机会有限，再次导致三角形不平衡。创业者必须不断寻求更大的机会，合理整合资源，促使企业不断动态调整，最终实现动态平衡。

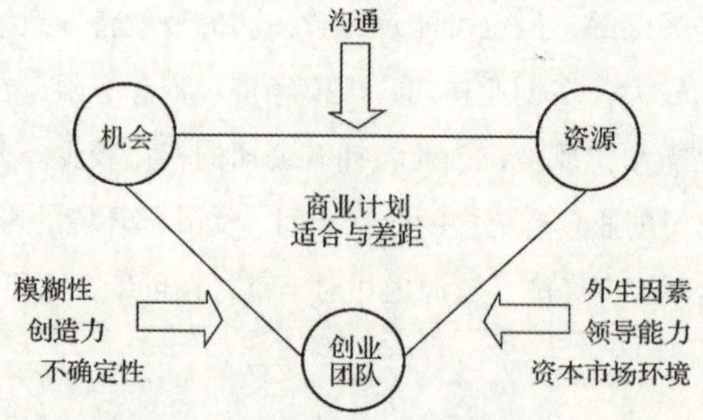

图 4-1　蒂蒙斯的创业过程模型

2. 加特纳的创业过程模型

加特纳认为，创业主要包括个人、组织、环境和过程四个维度。个人是指创立新企业的个人，个人需要具备一系列特质，如获取成就感的强烈意愿、善于冒险、丰富的经历等。组织是指创业者及他们所创建新企业的类型等，这里的组织包括内部的机构及组织战略选择等。环境是指新企业所面临的环境，主要包括技术因素、供应关系、政府因素、交通因素、教育因素、人口因素等。过程是指新企业创立的过程，主要包括发现商业机会、整合资源、生产产品、建立及管理组织等。

在加特纳看来，任何新企业的创立都是这四个维度相互作用的结果。加特纳的创业过程模型不仅描述了新企业的创建，还可用于个人创业行为。这是一种为新企业的创立提出的可供参考的动态发展模型。

（三）创业过程的特点

创业是一项充满挑战的事业，也是一个不断探索的过程，创业过程具有发展性、系统性和学习性等特点。

1. 发展性

创业过程是一种生产活动，它以提供产品或服务为活动的直接结果。创业区别于一般生产活动的特征就在于它的发展性。就创业本身而言，既可以是从无到有的创造，也可以是在现有基础上的革新，但不论是创造还是革新，创业的内涵都是一个从无到有、从弱到强、从幼稚到成熟的过程。发展性是创业过程最重要的特性，成功的创业都有快速稳健的发展过程，维持新创企业的健康发展是创业重要而基本的任务。

创业过程的发展性还在于它的增值效果，增值是生产的必然属性。没有增值，生产就没有意义。利润是市场法则，没有利润，企业就不能生存。在市场环境下，利润和增值是事物的现象和本质，是形式和内容的关系，但二者往往不一致。利润必须以增值为基础，

才有可能长久存在和发展，增值必须通过利润来体现才能持续。创业需要相关资源，资源是创业的基础；创业的直接结果是产出，产出可以是产品，也可以是服务，但都必须是有用的，或者说是有使用价值的。创业必须增值，作为市场行为，创业必须获取利润；创业的直接目的是增值，没有增值，创业过程就没有意义。

2. 系统性

创业过程是一个系统工程。创业的实现是一个复杂的过程，创业者创立的企业是一个投入产出系统，即投入资源，产出产品或服务。创业过程就是不断地投入资源，以连续提供产品与服务的过程。能否以最少的资源获得最大的产出，使企业具有竞争力并盈利，是衡量创业活动成败的标准之一。

创业是由商机、创业团队和资源三个要素保证的。创业过程始于机会而不是钱、战略网络、团队或商业计划。在创业一开始，真正的商机要比团队的才干和能力或适宜的资源更重要。创业团体的作用就是利用自己的创造力，在模糊、不确切的环境中发现商机或者创造商机，并利用资本市场、环境、外生因素等组织资源领导企业来实现商机的价值。在这个过程中，资源与商机是“适合—存在差距—适合”的动态过程。商业计划的作用是提供沟通这三个要素质量和相互之间匹配和平衡状态的语言与规则。

3. 学习性

创业过程是一个不断学习的过程。创业活动的模糊性、不确定性和风险性使创业团队一开始就要注重学习，学习掌握市场规律，学习组织协调创业资源，学习生产经营管理，学习塑造企业文化，等等。学习的目的在于提高创业团队的素质，使他们不仅有能力对机会和挑战做出反应，而且能根据这种反应的结果来修正和调整未来的思路。成功的创业过程必然是一种不断向社会和他人学习的过程，有作为的、与时俱进的创业团队必然是一个学习型组织。

案例链接

从“土老板”到创业家

2021 年 12 月 27 日，云南青年盛某某一直在开车赶路，为自己的甜“蜜”事业奔波。两年前，他凭借养蜂项目在这场赛事中获得一等奖，赛后有人找到他，要给他投资 3 000 万元。那是盛某某创业之路上的高光时刻。彼时的他还没有意识到，那场比赛给他的“馈赠”远比 3 000 万元要宝贵得多。

盛某某创业始于一次偶然。读高中时，他花 200 元从一个养蜂人手里买下一个蜂王和一些养蜂设备。一个月后，被他丢在阳台上的蜂箱引来了一群群蜜蜂，甘醇的蜂蜜注满蜂巢。盛某某由此找到了快速致富的途径——养蜂，投资小、利润高。这个念头一产生，就在他心里扎了根。他开始没日没夜地研究养蜂技术——如何分蜂？蜂群怎么越冬？如何防止盗蜂？……蜂群酿的蜜自己吃不完，送亲友，在微信朋友圈售卖，还注册了蜜思优蜂公司，打进云南当地超市，盛某某养蜂第一年的营收就超过百万元。

2017 年，他听说云南某学院里有个创新创业学院，就奔赴而来。第二年，中华职业教育创新创业大赛启动，盛某某报了名。第一轮是校赛。盛某某突然发现自己什么也不懂：商业计划书是什么？PPT 该怎么写？他拿着自己东拼西凑出来的三页 PPT，毫无悬念地首轮出局。

比赛失利，他不在乎。但他视若生命的养蜂事业也遇到了麻烦，这让他很是苦恼。刚开始养蜂的时候，盛某某通过“养蜂—卖蜂蜜—买更多的蜂王、设备甚至是蜂场养蜂”的策略，生意越做越大。但是两三年后，他发现这个法子不灵了，蜂场越建越多，管理成本越来越高，但消费市场和蜂蜜产出却并未像他预期的那样成倍增大。

与此同时，盛某某的事业开始接连遭到打击。河南的蜂场被大水冲了，一夜之间损失 80 多万；合伙养蜂的人因车祸身亡，他被纠纷牵涉。盛某某的困境被创新创业学院焦院长看在眼里。他欣赏盛某某的踏实、肯吃苦、能钻研，愿意陪着他去解决眼前的一个个难题，把创业思维、企业管理理念一点点地输进这个迷茫青年的脑子里。

2019 年，中华职业教育创新创业大赛开始招募。焦院长鼓励学生积极报名，在他看来，名次无所谓，重要的是锻炼的机会。学生们在参加比赛的过程中，会对项目进行更深入的思考，进而优化商业模式；如果能跻身总决赛，不仅可以见识全国顶尖的学生创业项目，还能当面接受评委的指导，机会难得。

盛某某鼓起勇气再战。这次，他从校赛到省赛一帆风顺。他到合肥参加全国总决赛，当看到有选手跟机器人一起并肩走进赛场时，突然发现别人的项目都好“潮”，低头看看自己，带着蜂蜜、蜂箱，大筐、小筐，土得掉渣。

焦院长却对盛某某很有信心。“大学生的创业项目，很多还停留在设想阶段，在实际操作中很难落地，而盛某某的项目已经开始做了！”

结果正如焦院长所料，盛某某的蜜思优蜂项目最终捧回了一等奖。盛某某很开心，但更多的是感慨——一场比赛让他完成了从创业者到创业家的蜕变。“当初我研发出养蜂技术，最怕被别人学了去。后面我参加创业比赛，经过焦院长的指导，才发现真正重要的不是你挣多少钱，而是你对养蜂行业的贡献有多少。”他愿意把自己的蜂群培养技术教给蜂农。

盛某某在创新创业大赛中悟到的道理在2020年得到了检验。这一年，当他的9所蜂场连带仓库里的蜂蜜都被困在云南时，从盛某某这里得到过技术指导的蜂农们纷纷伸出援手，自发帮他卖蜜。盛某某有惊无险地渡过了难关。

资料来源：http://www.zhzjs.org.cn/shfw/94256.jhtml.（有改动）

任务二　熟悉创业者的素质和创业精神

一、创业者的素质

创业者是创业的主体，是创业活动的推动者，他们胸有抱负、充满激情，勇担风险、敢为人先，善于发现、充满好奇，执行力强、果敢实干，不怕失败，意志坚强。创业的过程不可能一帆风顺，必定会遇到各种各样的困难，这时创业者的素质和能力就显得格外重要。素质是创业者进行创业行动所需要的主体要素，主要包括知识、技能、人格品质等。

（一）知识

创业者所具有的知识是创业活动能否成功的关键。创业者要想成功创业，必须具备丰富的人文社科知识、科学技术知识和企业管理知识。

1. 人文社科知识

任何组织都是社会的“细胞”，在社会的大环境中生存和发展，与社会有着千丝万缕的联系。创业者应丰富自己的人文社科知识，特别是哲学、政治、文化、道德、法律和历史等方面的知识，以确保做出正确的决定并有效实施。尤其是一些大型项目的创业者，必须能够从政治上看问题，从哲学上思考问题。

2. 科学技术知识

科学技术是第一生产力，科技发展日新月异，谁掌握了先进的技术，谁就能在竞争中稳操胜券。创业者应掌握与本行业相关的科学技术知识，依靠科技进步增强竞争能力。习近平总书记指出，企业是科技和经济紧密结合的重要力量，应该成为技术创新决策、研发投入、科研组织、成果转化的主体。创业者创建的高科技企业是建设现代化经济体系的重要生力军。

3. 企业管理知识

管理是科学，也是艺术。现代管理理论是一切领导者的必学科目，也是创业者的“护身法宝”。在实践中创造性地应用管理知识，就会形成独具特色的领导艺术。

法律纠纷频发　创业路上亮红灯

“创业路上艰辛多，而让我倍感苦恼的是法律纠纷。”2021 年，刚毕业的贵州姑娘小王通过各种渠道了解到南通一家销售智能快递柜的科技公司在寻求合作人，为了寻求创业机会，她怀揣梦想与积蓄，从家乡不远千里赶赴南通，与该公司签署“技术转让协议”。协议约定，科技公司向小王提供智能快递柜和相应的技术服务，小王则一次性支付了全部合同款 58 000 元。

协议签订后，小王满心欢喜地回到贵州着手准备前期工作，可左等右等，快递柜却未能如期发货。小王多次与科技公司联系，公司负责人屡屡推脱。眼看创业梦想一步步破灭，小王非常焦虑，心理状况也受到了很大影响。

2022 年 2 月，小王就此事向当地市场监管部门进行了反映，市场监管部门要求科技公司尽快将快递柜提供给小王，但该公司仍然未发货。无奈之下，小王找到律师寻求帮助，通过网上立案，于当年 5 月底将科技公司诉至南通市崇川法院。

几经波折，小王最终与科技公司达成了分期返还合同款及违约金合计 61 500 元的调解协议。

“由于对相关法律法规的不熟悉、不了解，我的维权路异常坎坷与艰辛，虽然拿回了钱款，但这极大地打击了我创业的积极性。”小王表示，作为初次创业者，应该提前熟悉相关法律法规，对自己将要面临的创业风险有一个清醒的认识，并拥有应对风险的心理准备，必要之时向法律机构寻求帮助或援助，维护自己的权益。

同样因法律纠纷而终止创业梦的大学生，还有来自河北某地的大学生盛某。

盛某是某大学大三的学生，他与另外三位有创业想法的同学一拍即合，每人投资 4 000 元准备开店。经过考察，他们看中了校园附近的一家闲置店面，承租者是一位孙姓老板，他同意以 1.2 万元的价格转让这个店面两年的使用权，但要求不能让房东知道。盛某几人虽然知道孙老板不是房东，但涉世未深的他们并不知道租房要通过房东，以为签了协议就有保障。在盛某等人对店面进行装修时，房东前来阻挠，并在店门上上了锁，锁死了盛某等人的创业之路。

小王、盛某等人创业梦的破碎，给更多心怀创业梦的大学生敲响了警钟。凡事多问“为什么”，切莫轻信大意。

“创业初，创业者就必须注意创业法律风险防范，加强风险管理意识。”中国维权工委委员、贵州省人民政府立法咨询专家、贵州贵达律师事务所高级合伙人毕健介绍，大学生创业者涉及的法律主要有民商事法律、行政法律、刑事法律及其他专门法律，有创业想法的大学生首先要对这些法律有一个初步的了解。

资料来源：钟明秀.避免“大单”成“大坑”——大学生创业者要警惕法律风险[EB/OL].（2023-03-29）[2024-02-05].https://baijiahao.baidu.com/s?id=1761699840917205023&wfr=spider&for=pc.（有改动）

（二）技能

创业者要成功创业，需要多种技能，主要包括创新能力、战略识别能力、经营管理能力、人际交往能力、学习能力等。

1. 创新能力

从一定意义上来讲，创业者所具有的创新能力是指不断反思追问的能力，它是创业者在公平竞争环境下最有力的利器。具有创新能力的创业者能够突破成规，实现“柳暗花明又一村”的新局面。

案例链接

以创新拓宽创业之路

以古代建筑独特的抬梁式构架为基础，按照榫卯结构的连接方式，玩家可以根据绘本图纸的指导，用积木拼出自己心中的亭台楼阁。这是上海重溯文化创意有限公司推出的原创“古建积木”系列产品，其提供的拼装玩法对传统榫卯工艺的传承推广进行了创新尝试。

把爱好和专业变成创意项目，正成为越来越多年轻人的创业动力。以文化传承和技术应用为导向，创新创业之路有了更多元的选择路径和更广阔的想象空间。

讲好非遗文化新故事

“我们团队从年轻化视角灵活运用非遗元素进行设计，今年还带着新产品参加了线下的淘宝造物节，希望能让更多年轻人了解和喜爱非遗产品。”拓物文创创始人孔万强说。在充分保留非遗文化精髓的基础上，孔万强带领主创团队尝试将拨浪鼓、皮影戏、榫卯结构等要素与非遗技艺鳌鱼灯相融合，推出了非遗鳌鱼灯手作盲盒，消费者花 5 分钟就能体验到非遗技艺的乐趣。

同样在努力推广非遗文化的，还有绒创斋巧娘工作室的创始人蔡志伟。2022 年年初，历经十几道工序制成的绒花出现在北京冬奥会室外颁奖礼的礼服帽子上。头饰、发簪、胸针……蔡志伟和他的团队将具有历史传承的绒花制作融入许多日常化、现代化的产品中，受到众多年轻消费者的关注。

“新的积木以传统四合院为原型，拼装过程也是让大家了解建筑文化的过程。”重溯文创公司的建筑设计师涂燚介绍，公司也在尝试拉近榫卯技术与消费者的距离。耗时 5 年，涂燚前往十余个省份实地观摩测量中国经典古建筑，研发出“古建积木”产品，将榫卯技术与自由拼装的玩法相结合，助力中国非遗技艺国际化。

为传统工艺注入新动能

在广西桂林市龙胜各族自治县，芽小七手创品牌创始人刘思蔚将自己的事业扎根在了深山。凭借着对布艺制品的浓厚兴趣和在设计领域的专业学习，刘思蔚毕业后回乡创业，开起了淘宝店，利用当地居民擅长编绣工艺的优势，成立工厂并招聘待业的绣娘，向公司化管理运营方向发展。

“我现在不用再靠亲戚朋友接济，自己做手工就能有收入。”来自江底乡的胡大姐说。经残联介绍，2021 年，胡大姐来到刘思蔚的工厂就业，现在已经能够靠自己工作减轻家里的负担。目前，刘思蔚的店铺已带动 200 多位绣娘就业，月销售额达百万元，设计制作的手工包和帽子将传统文化与现代动漫元素相结合，产品销往海内外。

作为国潮系列的创新尝试，芽小七手创旗下的醒狮系列和虎头系列产品，打造出具有传统特色的潮流穿戴路线，备受年轻消费者的欢迎。

不仅是工艺品制作，历史悠久的醒狮元素还被用于食品研发。作为老字号餐饮品牌，广州酒家以醒狮的形象为灵感，邀请糕点大师参与研发新品“醒狮酥”。传统形象与糕点制作技艺相结合，在提供美味的同时，也弘扬了优秀传统文化，帮助老字号品牌实现了创新发展。

试水科技创业主赛道

“观众佩戴相关设备就能体验‘脑机绘梦’功能，很多人来到我们的淘宝造物节摊位进行体验，拿到了用自己脑电波生成的抽象画。”清华大学未来实验室“梦境可

视化”项目负责人陈赟冰说。

体验者佩戴脑机设备进入梦乡后，系统自动捕捉记录人的脑电波数据，不一会儿，脑电波数据生成一幅抽象的画面……这个前瞻性的项目除了提供一种新的艺术创作可能性，还希望通过脑机交互探索新的疗愈模式，为抑郁症患者、孤独症儿童等群体提供服务。

据介绍，“梦境可视化”项目团队人员年轻化、学科多元化，以计算机、脑科学、艺术设计等专业为主，主打的就是创新牌。

在科技赛道试水的上海创屹科技有限公司，也拥有一支类似的创新团队。高约1米、重约70千克的“庞伯特”乒乓球发球机，就是创屹科技团队研发的一款发球机器人。

创屹科技研发团队在为中国乒乓球学院设计智能化训练方案时，发现将乒乓球练习中的学、玩、练、评功能融为一体，可以做出一款衍生产品，于是便有了“庞伯特”。

基于多年的技术经验积累，创屹科技研发团队充分利用5G超大带宽、超低时延的优势，结合人工智能的强大算力，对机器人进行多层人工神经网络的训练，力争在速度、力度和准确性方面更接近赛场上运动员的表现，助力实现乒乓球训练的现代化和智能化。

资料来源：焦含.借助新技术、新创意发展壮大传统产业 以创新拓展创业之路[N].人民日报，2022-09-06（12）.（有改动）

2. 战略识别能力

创业环境是复杂的，任何方案都不是完备和确定的，这就需要创业者具有全局的战略眼光和战略决断能力。

3. 经营管理能力

在创业能力中，经营管理能力是一种较高层次的能力。它从以下几个方面直接影响创业活动。

一是涉及创业活动的每个环节，包括规划、决策、实施、管理、评估和反馈等。

二是涉及创业活动中人的选择、组合和优化，以及群体控制的各个方面。

三是涉及创业活动中资金的分配、使用、流动、培植等环节和过程。

因此，经营管理能力是运筹性能力，可以直接提供效率和效益。

4. 人际交往能力

一个企业是社会的一个“细胞”，与社会的方方面面都有千丝万缕的联系，企业的发展离不开社会各界的支持与帮助。例如，企业需要与工商、税务、银行等部门打交道，其发展必须得到这些部门的支持。创业者只有具备较强的沟通协调能力，妥善处理各种社会关系，才能促使创业成功。

5. 学习能力

在信息化时代，创业者具备多少知识和能力已经不再是影响创业的关键要素，创业者的学习能力更为重要。创业者需要具备较强的学习能力，才能够具备适应社会变化的能力和习惯，使企业跟上市场的变化。

案例链接

“不断学习、创新，让我在创业中‘反败为胜’”

“好板材，才有好衣柜！”2022年7月18日上午，在湖南晨枫家具有限公司内，订单源源不断，员工们忙得不可开交，36岁的张泽西边巡厂边不断嘱咐，尤其对老客户最新一笔50多万元的订单，更是反复交代，材质、工艺、服务都必须上乘。

张泽西说，如今他主营的板材和家具加工厂年产值达6 000多万元，但他仍丝毫不敢松懈。他不敢忘记，7年前，他还在生意长期亏损的“泥沼”中苦苦挣扎。短短几年，他是如何扭亏为盈的？创业路上，又有着怎样不为人知的故事呢？

初出茅庐，屡败屡战

张泽西出生于湘潭市雨湖区昭潭街道，父亲中风，母亲来自农村，家庭条件不太好。为了生计，张妈妈在砂子岭建材市场经营着木方、板材生意，但一直不旺。

2007年，张泽西大学毕业后，决定助妈妈一臂之力。3年后，他正式接手经营，但小本生意进货贵，生意还是不温不火，他想做批发的念头越来越强烈。

为了拓展业务，2011年冬天，从未出过远门的他借遍了所有亲朋好友，筹集到40万元，决定和表弟一起“闯”山东找货源。当时，他们仅凭一通货运站的电话就前往河北，几经辗转才来到真正的货源地山东临沂。

“还没赚钱，哪敢花钱啊！”为了省钱，张泽西带着表弟吃泡面、住网吧，可意外却接连发生，手机被盗、货物被调包，亏损严重，借款都打了水漂。

庆幸的是，张妈妈一直支持儿子的每一个决定，从不埋怨他，“没关系，跌倒了重新再来，大不了卖掉老屋还债”。

张泽西也没有灰心，他千方百计优化服务，不仅免费送货，还主动帮客户卸货。

记忆中，他总是早上5点起床装货、送货、卸货，回家已是凌晨2点多。

“太苦太累，还赚不到钱。”张泽西一直在思变，从零售到批发，再从批发到零售，几经折腾，到2014年，张泽西还是亏了30多万元。

抓住风口，厚积薄发

“当时长沙和湘潭同行个个生意好，为什么我总是亏损？”张泽西百思不得其解，他反复到长沙看市场、虚心向人讨教。2015年上半年，经朋友介绍，他再次前往长沙“拜师学艺”，寻找新出路。

“你做杂牌，利润低，没有竞争优势。不妨做品牌试试，头两年挺过来就好。”经师父指点，2015年底，张泽西尝试转型做品牌。

当时，张泽西看中了一个以一线城市为主要市场的板材品牌，该品牌在湖南份额不大，张泽西以低加盟费成了分销商。这一年，他跟着师父走南闯北，学会了找厂、识货，生意越做越好，销售额翻倍，达到了80多万元。

2016年，品牌改革，取消省级代理，改为市级代理。因为之前累积的人脉，张泽西成功拿到了湘潭市代理权。这一年，他的销售额翻了10倍，突破800万元。

开拓创新，锐意进取

近几年来，张泽西的生意一路高歌猛进，如今在湘潭市区有5家专卖店，在乡镇还有6家分销店。生意越来越红火后，张泽西没有停止思考。

2020年，面对突如其来的新冠疫情，他一边投身爱心抗疫，一边思考如何危中求机。“板材是半成品，要做成成品，业主还要请木工制作，费钱费力，我们何不尝试定制业务？”这一年，张泽西聘请了专业的设计团队，在伍家花园办起了5 000多平方米的家具加工厂，从板材到衣柜等家具，一条龙服务，量身定制。

事实证明，他这一步走对了。近两年来，购买板材的业主80%选择了定制。由于诚信经营，产品材质好、工艺佳、服务优、价格适宜，在疫情常态化冲击下，他的板材生意逆势上扬，稳步增长。

张泽西成功的密码究竟是什么？“努力，拼搏，诚信，吃苦，上进，创新。”张泽西说，这是他的生意信条。为了让生意行稳致远，他一直坚持学习。他相信，只有不断学习创新，才能立于不败之地。

资料来源：廖艳霞，吴可欣．“不断学习、创新，让我在创业中‘反败为胜’”[EB/OL].（2022-07-26）[2024-02-06].https://baijiahao.baidu.com/s?id=1739378006778569138&wfr=spider&for=pc.（有改动）

（三）人格品质

1. 诚实守信

诚实守信是为人处世的基本准则，也是一个企业从事经营活动的基本准则，更是创业者对社会、对人民所承担的义务和责任。诚实是指表里如一，说老实话、办老实事、做老实人。守信是指信守诺言、讲信誉、重信用、忠实履行自己的义务。随着社会主义市场经济的发展，市场竞争愈趋激烈，创业者的行为不但要符合法律，而且要符合职业道德，必须做到诚实守信、公平竞争；否则就会出现不正当竞争现象，导致市场活动无序，造成社会经济活动混乱。

2. 果敢坚毅

坚毅是激情，是对长期目标的坚持不懈；坚毅是有耐力，是坚持未来目标，日复一日，年复一年，非常努力地使未来目标变成现实。在创业过程中，创业者会遇到各种艰难险阻，会经历各种挫折失败，果敢坚毅的性格和永不言弃的精神是他们坚持的精神力量，是成功创业的必要支撑。

3. 直觉敏锐

直觉是运用自己已有的知识和经验，对问题从总体上加以认识和把握，以一种高度简练的方式洞察问题的实质，并迅速解决问题或对问题做出某种猜测的思维形式。创业者敏锐的商业意识是兴企之本，成功的创业者大多数具有敏锐的直觉。在资源、市场等条件相同或相近的情况下，是否具有对商机、市场的敏锐直觉，是创业者取得成就大小、收益多少的一个重要因素。

4. 把握机遇

机遇稍纵即逝，往往是留给那些有准备的人的。在创业过程中，具有把握机遇素质的创业者往往能够把握住机会，成就一番事业。进入新时代，社会、经济、科技等发展日新月异，机会很多，但许多人往往因瞻前顾后、犹豫不决而错失机会，而创业者成功创业的关键在于比他人更能把握机遇。

5. 终身学习

终身学习是指个体为适应社会发展和实现个体发展的需要，贯穿其一生的、持续的学习过程。在信息化时代，终身学习已成为人们生存与发展的第一要务。对创业者而言，他们更需要不断提升自身的能力和素养，这样才能适应事业发展和社会发展的需要。

6. 团队意识

一个独立奋斗的创业者可以解决自己谋生的问题，而优秀的团队缔造者能够带领一群

有着共同奋斗目标的团队成员，促使每个团队成员发挥自己的特长，既能实现不同团队成员的个人利益，又能创造出更大的社会价值。具有合作精神、立足于长远目标的创业团队能够在创业初期平安渡过危难，快速成长起来。此外，团队成员之间的互补和协调，以及与创业者之间的补充和平衡，能够使创业的风险大大降低。

以企业家精神领航创业新时代

党的二十大报告指出："完善中国特色现代企业制度，弘扬企业家精神，加快建设世界一流企业。"企业家精神是中国共产党人精神谱系的重要组成部分，是建设社会主义市场经济的力量源泉，也是青年企业家领航创业新时代的精神内核。

对青年创业者来说，企业家精神是一种艰苦奋斗的创业精神。创业的风险极高，它从来不是一种盲目选择，而是在创业者立足现有情况，经过理性分析后才付诸实践的结果。有时即使走对方向，也未必一定成功。因此，"谋定而后动"应是青年创业者们的从业前提。同时，创业的过程非常艰苦，走在创业道路上的青年们，在面临诸多难题时要忍得住折磨，耐得住寂寞，经得起波折。艰苦奋斗不仅是对吃苦的坚持不懈，而且是在吃苦之余要学会"善变"，始终以一种变化的心态去应对市场的变化。但不变的是，政府倡导的、市场需求的、人民群众需要的，一直是青年创业者创新创业的方向所在。

对青年创业者来说，企业家精神是一种勇于开拓的创新精神。创业不仅是立足眼前，还必须放眼未来。青年创业者的眼光务必放长远。当今是互联网极度发达的时代，每天都有新变化，创新是整个社会进步的关键。创新，顾名思义，就是创造新的事物，新的事物与"旧"事物注定不同，无论是在以前的东西上做加法还是做减法，它都会有这样或那样的不同。因此，作为时代"弄潮儿"的青年创业者，要敢于吃"螃蟹"，勇于引领潮流，依靠创新创造赢得市场。同时，因其情感表达的自主意识更加强烈，所以更善于用科技触动情感，用感性思维提升商品的购买力，在主动创造差异化、尽量避免同质化方面是佼佼者。

对青年创业者来说，企业家精神是一种精益求精的工匠精神。市场竞争日趋激烈，除了产品创新、技术创新、应用和商业模式创新等竞争外，精益求精的工匠精神更为重要。创业既是大胆创新驱动的过程，更是工匠精神驱动的过程：在产品方面，追求极致的用户体验；在技术方面，追求易用的科技驱动；在运营方面，追求精进的工作效率。唯有如此，才能形成并保持创业项目在市场中的相对竞争优势。几乎所有的青年创业者都不缺乏创新驱动的激情，但成功的青年创业者会更具备精益求精的工匠精神，他们善于和敢于在工作中不断精进、长期坚持、快速迭代，逐渐逼近完美，从而得到市场的认可，实现自身的价值。

对青年创业者来说，企业家精神是一种勇于负责的担当精神。他们心中会有自己的团队成员，也会有党和国家所赋予的时代使命和责任担当。无论外在环境如何变化，无论经历多少坎坷和挑战，青年们总能一事当前，勇挑重担、敢于负责。当任务、矛盾、困难、风险和挑战来临时，这份担当就能显现。勇于负责的担当精神是一种能力，更是一种社会责任感和正义感的体现。青年创业者在推动企业成长的同时，要为社会创造价值、提供就业岗位。除此之外还要致富思源，义利兼顾，把行动落到实处，加快企业发展步伐，自觉履行社会责任，做爱国敬业、守法诚信、回报社会的先进典范。

当前，世界百年未有之大变局加速演进，加快建设世界一流企业，推进中国式现代化的蓬勃生机，离不开具有鲜明时代特征、民族特色和世界水准的中国企业家队伍。对于青年创业者来说，企业家精神既是时代之需，更是发展之要。在人生经纬交织的轨迹上，不仅要实现向青年企业家的身份蜕变，还要带领企业战胜当前的困难，走向更辉煌的未来，在中国经济高质量发展中留下不平凡的印记。

资料来源：李川．以企业家精神领航创业新时代 [EB/OL].（2023-05-18）[2024-02-06]. https://baijiahao.baidu.com/s?id=1766219031606632378&wfr=spider&for=pc.（有改动）

二、创业精神

创业精神是指在创业者的主观世界中，那些具有开创性的思想、观念、个性、意志、作风和品质等。激情、积极性、适应性、领导力和雄心壮志是创业精神的五大要素。

创业精神有三个层面的内涵：一是哲学层次的创业思想和创业观念，是人们对于创业的理性认识；二是心理学层次的创业个性和创业意志，是人们创业的心理基础；三是行为学层次的创业作风和创业品质，是人们创业的行为模式。

（一）创业精神的特征

新时代创业者的创业精神具有如下特征。

1. 高度的综合性

创业精神是由多种精神特质综合作用而成的，诸如创新精神、拼搏精神、进取精神、合作精神等都是形成创业精神的特质精神。

2. 三维整体性

无论是创业精神的产生、形成和内化，还是创业精神的外显、展现和外化，都是由哲学层次的创业思想和创业观念、心理学层次的创业个性和创业意志、行为学层次的创业作风和创业品质三个层面所构成的整体，缺少其中任何一个层面，都无法构成创业精神。

3. 超越历史的先进性

创业精神的最终体现就是开创前无古人的事业，创业精神本身必然具有超越历史的先进性，想前人之不敢想、做前人之不敢做。

4. 鲜明的时代特征

不同时代的人们有着不同的物质生活和精神生活条件，创业精神的物质基础和精神营养各不相同，创业精神的具体内涵也就不同。

创业精神对创业实践有重要意义，它是创业理想产生的原动力，是创业成功的重要保证。

案例链接

心系他人，用创新创业成就无悔青春

2021 年，谷旭阳和团队的视障学生动画疗愈项目获得第七届中国国际“互联网 +”大学生创新创业大赛金奖。“作为新时代青年，我们应该积极在创新实践中锻炼、提升自己，用实际行动更好服务他人，为社会做贡献。”从小在盲校长大、母亲和爷爷都是特教老师的谷旭阳，被家人的无私奉献精神深深感染。他想，作为影视专业的学生，可以用动画制作的方式给孩子们带去欢乐。

谷旭阳把对视障孩子的牵挂化为创新实践的动力，成立旭日暖阳社会工作服务中心。自学软件、走访特教、联系专家……他和团队成员不断总结经验，工作逐渐有了起色。“正如总书记指出的，‘艰难困苦，玉汝于成’。我相信困难和挑战是成功的必由之路。”现在，中心制作团队已累计制作 300 多集无障碍精品动画，与 86 所特殊教育学校建立了合作关系，让近 3 万名特殊学生享受到动画片带来的欢乐。

“青年红色筑梦之旅”同样也激发了周良财的创新创业热情。因 3 岁时的一场意外致残，他一度意志消沉。2019 年，刚开始创业的他参加了“青年红色筑梦之旅”。这一次，他感受到了精神力量，找到了努力方向。“老一辈革命家的先进事迹和奋斗精神深深感染了我。我要迎难而上，耐得住寂寞吃得了苦。”红色之旅进一步坚定了他的信心。

创业在基层，创新为基层。2021 年，周良财牵头成立陕西信安长隆农牧科技发展有限公司，助力发展陕西羊奶产业。“‘扎根中国大地了解国情民情’，我们经营农产品，就一定要深入农村、服务农村。”创业过程中，他始终铭记总书记在回信中的殷殷嘱托。他的团队中有残障人士，有来自因病因残致贫家庭的孩子。他坚信：“大家互相鼓励，共同奋斗，一定会创造更美好的未来。”

资料来源：殷泽昊 . 用青春书写新时代华彩篇章 [EB/OL].（2022-10-03）[2024-02-06].https://m.gmw.cn/baijia/2022-10/03/36064657.html.（有改动）

（二）创业精神的内容

创业不是一件容易的事，需要创业者具备一定的创业精神。那么，创业者需要具备哪些创业精神呢？

1. 创新精神

创业者需要具备创新精神，不断寻找新的商业机会，开拓新的市场。创业者只有不断地思考，寻找新的商业模式，不断创新，才能在激烈的市场竞争中立于不败之地。

2. 冒险精神

创业是一种冒险，需要创业者具备冒险精神。创业者需要敢于冒险，敢于尝试新的事物，敢于承担风险，这样才能在创业的道路上走得更远。

3. 坚韧精神

创业是一条漫长的路，需要创业者具备坚韧精神。创业者要不屈不挠，不断克服困难，不断前进，这样才能在创业的道路上走得更稳健。

案例链接

丰都新农人：创业路上不放弃　持之以恒创佳绩

在丰都县兴龙镇，有这样一位持之以恒、砥砺前行的新农人，创业路上的挫折和困难并没有让他停下脚步，他在创业路上不断学习、直面挫折，最终，他发展起了 112 亩的水产养殖和 300 多亩的林下种植，同时他也积极承担社会责任，造福家乡——他就是兴龙镇新农人黄国福。

黄国福从小在农村长大，对农村有着特殊的情怀。黄国福从学校毕业后就到重

庆打工，2012年回到老家兴龙镇返乡创业。

“当时养猪的行情比较好，我就开始养猪，但是自己并没有技术，亏得一塌糊涂。”黄国福说。

创业的道路不会是一帆风顺的，但初次创业的黄国福并没有因为养猪的失败而放弃。在2014年，黄国福开始转行修建水产养殖场，可由于中途合伙人撤资，黄国福债台高筑，情况十分艰难。

当时的黄国福，水产养殖场修起来了，鱼也养上了，但是没有资金，只能种草来喂鱼，每年把鱼卖了可以还一部分债。

眼看着情况好了起来，可是天不遂人愿。2018年3月份，黄国福建在鱼塘边的板房由于电线短路起火，火灾导致的直接经济损失达10万余元。当时黄国福拿不出钱来修理房屋，为了照看鱼塘，只能睡在车里。

屋漏偏逢连夜雨，同年6月，一场无情的洪水冲毁了鱼塘，眼看着就要变现的价值60万元的鱼全被冲跑了。

“当时心里的痛苦只有我自己才知道，精神上也受到了沉重的打击，在消沉一段时间后，我暗自告诫自己不能这样放弃。”黄国福说，下定决心后，自己卖掉了房子，找遍亲戚朋友借钱，把鱼塘重新修建了起来。

因为资金不足，黄国福只好找一家饲料厂合作，厂家同意让他预支饲料，把鱼卖了再支付饲料钱，但条件是黄国福要以每吨高出市场500元的价格购买饲料。就这样埋头苦干了几年，现在鱼塘养殖业才慢慢走上了正轨。

经历了这些困难和挫折，黄国福发展农业的心越来越坚定，“持之以恒、砥砺前行”也成了黄国福的座右铭。

资料来源：陈芷琦.丰都新农人：创业路上不放弃　持之以恒创佳绩[EB/OL].（2023-12-18）[2024-02-06].http://cq.people.com.cn/n2/2023/1218/c367889-40682398.html.（有改动）

4. 团队精神

创业不是一个人的事情，需要创业者具备团队精神。创业者需要与团队成员合作，共同打造企业的未来。创业者只有注重团队建设，打造高效的团队，才能更好地实现企业的目标。

案例链接

在创新创业中成长的“00后”大学生

李晨是重庆电子工程职业学院的大二学生。20岁的他，一边学习深造，一边创新创业。

一个偶然的机会下，长期关注环保产业的李晨，了解到目前国内锂电池废水处理常用的蒸汽机械再压缩技术（MVR）在控制流程中存在诸多问题。他决定结合自己所学的自动化智能控制技术专业知识在锂电池废水处理这个领域进行创新创业。

在家人和学校的支持下，李晨组建了创业团队，专门针对MVR技术关键问题进行攻关。在技术攻关中，李晨和团队的大学生们不但将所学专业知识与技能应用到项目开发中，还在与学校、行业顶尖专家的交流咨询中不断拓展视野、提高能力，他们最终研发出国产化率超过70%的锂电池废水处理MVR工艺智能控制系统。

产品质优价廉，受到市场欢迎，仅一年时间内签订的销售合同金额就超过了900万元，并直接带动就业30余人，间接带动就业约150人。

在李晨和他的创业团队成员眼中，这次创业和科技创新是成长的“催化剂”，他们希望在未来的追梦之路上继续保持创业的初心，不骄不躁，用环保的理念、智能的科技、精益求精的工匠精神护航绿水青山。

资料来源：刘潺.新华全媒+｜在创新创业中成长的“00后”大学生[EB/OL].（2022-06-24）[2024-02-12]https://baijiahao.baidu.com/s?id=1736504966088192870&wfr=spider&for=pc.（有改动。

5. 执行力

创业者需要具备执行力，将想法转化为行动。创业者需要制订详细的计划，并且按照计划执行，才能更好地实现企业的目标。

6. 创业激情

在创业的过程中，创业者不仅需要有坚定的信仰和目标，更要时刻保持自身对创业充满热情和激情，要对自己的事业充满信心，这样才能在创业的道路上走得更远，创造更大的价值。

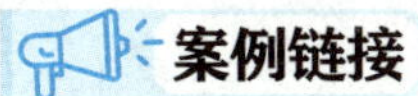

大学生返乡创业，助阵乡村振兴步履不停

王驰是一名“90后”，用他自己的话说，他是一个平凡人，可是平凡的他却有着不平凡的农业梦想。从陕西科技大学毕业后，他先是在一家世界100强的外企工作，但在看到农村发展的巨大潜力后，他毅然选择回到老家周至，当起了一个“不走寻常路”的农民。

2015年是王驰创业的起点，也是他接触农产品的第一年。当时他看到有乡党用冷冻的荠菜包饺子，便有了将秦岭荠菜销往外地的想法。在经过一系列市场调研之后，他率先选取了秦岭荠菜、野生洋槐花等投资小、竞争低的产品，并在周至县电商微商联盟的帮助下，将产品通过电商平台销售到了全国各地。

第一桶金的获取，让这位年轻人开始认真地审视自己的家乡：周至的乡下，农民们渐渐老了，而他们种出来的优质农作物，却因为信息不对等出现滞销……如何让这些好产品走出家乡，帮助农民获得收益，也让远方的朋友尝到不一样的秦岭味道，成了这个年轻人生活的主题。

于是王驰下决心成为一个真正的农民。2016年起，他与志同道合的伙伴着手打造自己“不平凡梦想农场”，种植了5个瓜果大棚，1个花卉大棚，10亩苗木，15亩猕猴桃和5亩果桑园。在一边学习种植、一边摸索电商的过程中，他对习近平总书记“爱农业，懂技术，善经营”这句话有了更深刻的体会。怎么卖出去？卖什么产品？怎么做到可持续输出？伴随着这三个问题，他成长为一个新时代农民。

加入周至县电商联盟，跟周至电商人一起交流电商创业心得，通过政府的帮助和自身的努力，王驰与团队们率先解决了怎么卖出去的问题。

而产品的选品与种植又是横亘在眼前的另一个问题。秦岭的特色季节性产品是电商渠道的一个重要组成，洋槐花、蒲公英、香椿等，为他们吸引着来自全国各地的饕客。

猕猴桃、樱桃、水蜜桃、黑布林等周至特色农产品则是团队的拳头产品，仅2018年一年，团队就帮助5户农户销售黑布林8万余斤，帮助30多户农户销售猕猴桃65万斤左右，为富余农村劳动力创造了超过6 000小时的劳动机会，更帮助15人走上了水果电商之路。与此同时，“铁杆”客户数量增加到1 000个，2019年全年销售额达185万左右，合作团队8个，活跃代理30个左右，还有5个线下店铺。

在电商同步发展的同时，王驰积极参加农业农村局组织的高素质农民培训。经过学习了解，与团队尝试种植“童年味道”的西红柿——普罗旺斯。在周至县农业农村局相关部门的帮助下，他先后多次去西北农林科技大学学习种植技术，并把优秀的产品放上了扶贫超市，得到了消费者的认可。

现在，王驰已经是周至县电商联盟核心成员，并获得了首届西安市农村电子商务大赛创业组第一名、第二届西安市丰收节第二名，荣获“陕西省技术能手”称号。对于这些荣誉，他觉得自己有了更大的使命感和责任，他的目标是成为一个能帮助更多乡党、带动家乡发展的高素质新农民。

在国家政策带动下，当地涌现出很多像王驰一样爱家乡、爱农业、爱学习的青年，他们用热情、真诚和智慧努力拼搏，在乡村振兴的道路上实现着自己不平凡的价值！

资料来源：陈东.全国农村创新创业带头人典型案例——王驰[EB/OL].（2020-12-09）[2024-02-12].http://www.moa.gov.cn/ztzl/scw/cyrhnc/202012/t20201209_6357804.htm.（有改动）

课后实训

创业自我评估

【实训目的】

进行创业自我评估，透视自己的创业素质，分析创业中需要考虑的问题。

【实训安排】

通过测试题对自己是否适合创业进行评估。测试题如表 4-1 所示。

表 4-1　创业自我评估试题

题　号	试　题	是	否
1	你是否曾经为了某个理想制订两年以上的计划，并且按计划进行直到完成？		
2	在学校和家庭生活中，你是否能在没有父母及师长的督促下完成分派的工作？		
3	你是否喜欢独立完成自己的工作，并且做得很好？		

（续表）

题号	试题	是	否
4	当你与朋友在一起时，你的朋友是否常寻求你的指导和建议？你是否曾被推举为领导者？		
5	求学时期，你有没有赚钱的经验？你喜欢储蓄吗？		
6	你是否能够专注地投入个人兴趣连续 10 小时以上？		
7	你是否有保存重要资料的习惯，并且能够井井有条地整理，以备需要时随时提取查阅？		
8	在平时生活中，你是否热衷于社区服务工作？你关心别人的需要吗？		
9	不论成绩如何，你是否喜欢音乐、艺术、体育活动课程？		
10	在求学期间，你是否曾经带动同学完成一项由你领导的大型活动，如运动会、歌唱比赛、海报宣传活动等？		
11	你喜欢在竞赛中看到自己表现良好吗？		
12	当你为别人工作时，发现其管理方式不当，你是否会想出适当的管理方式并建议改进？		
13	当你需要别人资助时，是否能充满自信地提出要求，并且说服别人来帮助你？		
14	当你需要经济支援时，是否能说服别人给你帮助？你在募款或义卖时，是不是充满自信而从不害羞的？		
15	当你要完成一项重要的工作时，你是否总是给自己足够的时间仔细完成，绝不会让时间虚度或者在匆忙中草率完成？		
16	在参加重要聚会时，你是否准时赴约？在平时生活中，你有时间观念吗？你是否能充分利用时间？		
17	你是否有能力安排一个恰当的环境，使自己在工作时能不受干扰，有效率地专心工作？		
18	在你交往的朋友中，是否有许多有成就、有智慧、有眼光、有远见、稳重的人物？		
19	你在社区或学校社团等团体中是不是受欢迎的人物？		
20	你认为自己是个好的理财人物吗？当储蓄到一定数额时，你是否能想出好的生财计划，钱生钱，赚出更多的利润？		
21	你愿意为钱辛苦工作吗？钱对你重要吗？你是否可以为了赚钱而牺牲个人娱乐？		
22	你有足够的责任感为自己完成的工作负起责任吗？你是否总是独自挑起责任的担子，彻底了解工作目标并认真执行工作计划？		

（续表）

题号	试题	是	否
23	在工作时，你是否有足够的耐心与耐力？		
24	你是否能在很短的时间内结交许多新朋友？你是否能使新朋友对你留下深刻的印象？		

1. 评分标准

选择“是”计 1 分，选择“否”计 0 分。

2. 结果分析

（1）0 ～ 5 分：不适合自主创业。

（2）6 ～ 10 分：需要别人的指导才有创业成功的机会。

（3）11 ～ 15 分：拥有自主创业的关键特质，但需要放慢创业的进度。

（4）16 ～ 24 分：个性中的特质与潜能能够促使你成功创业，只要看准了时机，就可以成为成功的创业者。

模块五 创业环境与创业机会

学习目标

（1）分析创业环境，了解目前国家对创新创业的政策支持，深入了解“大众创业，万众创新”，认识国家创新驱动发展战略。

（2）认识创业机会，掌握创业机会的含义与特征，了解创业机会的来源与分类，掌握创业机会的识别方法。

党的十八大以来，习近平总书记把创新摆在国家发展全局的核心位置，围绕深入贯彻创新发展理念、实施创新驱动发展战略、加快推进以科技创新为核心的全面创新，提出一系列新思想、新论断、新要求。

任务一 分析创业环境

在国家和政府的政策支持下，中国迎来了一个规模空前的创业热潮。“大众创业、万众创新”是我国经济发展到目前阶段的一个必然选择，中国经济要转型升级，向中高端迈进，关键是要发挥千千万万中国人的智慧，把人民的积极性更加充分地调动起来。

视频
创业环境总览

一、国家创新体系

在金融危机背景下，世界各国均不断出台鼓励科技创新的政策，提升科技创新能力，并以此作为应对金融危机、提高本国国际竞争力的一个主要手段。我国提出了建设创新型国家的战略目标，以科技创新支撑中国经济可持续发展。建设创新型国家，关键在于国家创新体系的构建，走出中国特色自主创新道路。目前，我国的国家创新体系建设已取得了显著成绩。从创建国家创新体系到建设创新型国家，并不是单纯地从创新客体向创新主体的转变，而是从整体上考察创新主、客体相互作用的结果。

（一）国家创新体系的概念

创新体系是指一个国家或地区在政府主导和社会共同参与下，科技和经济各部门及机构之间相互作用而形成的推动科技创新的网络系统。国家创新体系可以联系政府、学术界和产业界，沟通科学技术知识的生产、传播和应用，整合科学知识生产与制度创新、技术创新，是决定国家经济竞争力的关键因素，是政府、企业、大学与研究院所和中介机构之间寻求一系列共同的社会和经济目标而相互作用，并将创新作为关键驱动力的体系。建设创新型国家的关键在于形成结构合理、运行高效的国家创新体系，使创新体系各主体的作用得以充分发挥，形成创新的“合力”。我国新时期国家创新体系主要体现为在国家层面上推动持续创新，提升国际竞争力的组织与制度。国家创新体系中“创新”的概念主要包含科学发现和创造、技术发明和商业价值实现的一系列活动，即科学创新、技术创新。

（二）国家创新的基础

国家创新的基础包括基础研究、科学教育与科技人才、科学和数字基础设施等。

1. 基础研究

基础研究是国家创新体系的知识基础，基础研究的突破常常带来重大的技术创新，对企业技术进步有直接贡献，是培养高技能大学生的有效途径。基础研究的社会回报巨大，这是因为基础研究的成果可以广泛在科学家及工程师和技术人员中扩散，在不同的机构之间扩散，为整个社会利用新的科学知识做出贡献，在许多领域创造额外的发明和进行应用，从而推动社会和经济的发展。

2. 科学教育与科技人才

科技人才是国家创新体系建设的核心要素。现代科技发展和应用需要大批具有深厚专业知识和技能的人才。自主培养高素质科技人才，是科技自立自强的一个核心任务，也是一个极大的挑战，需要从战略上谋划和加强科学教育与科技人才培养的制度建设，优化青年科研人才成长的制度环境。

3. 科学和数字基础设施

科学和数字基础设施是创新体系的物质基础。科学的基础设施包括科学研究所需的工具、机器、计算机网络、仪器仪表和实验材料等，是科学事业自主发展不可或缺的基础。数字基础设施指诸如新一代超算、云计算、人工智能平台、宽带基础网络等新型数字技术构成的新型基础设施，拓展和提高了传统的科学基础设施。

（三）国家创新体系的内在构成

国家创新体系作为一种分析框架，其实质上是把构成和影响创新的诸多因素和要素都纳入对创新的理解框架范围内。创新是这些组织和制度要素互动作用和合力作用的结果，强调各要素的互动作用和相互依赖。国家创新体系的构成要素包括组织和制度，最终目标是通过构成要素间的互动作用推动和促进创新活动开展。组织定义为“有意识建立的具有

明确目的的正式结构”。

国家创新体系的内在构成要素主要包括研究机构（包括企业研究机构）、大学、企业、政府、各类行业和产业集群及中介机构等，其中，企业被认为是最重要的组织，是组织生产和创新及获取外部知识资源的渠道。各构成要素在一定的市场、法律法规、教育和创新文化等创新环境中，借助信息、资源、中介服务等支撑性因素相互作用，形成知识产生、传播、应用环流。知识产生、传播、应用环流的产生是创新网络化的核心问题。

新时期，国家创新体系由技术创新体系、知识创新体系、国防科技创新体系、区域创新体系和科技中介服务体系构成。

（四）中国特色国家创新体系建设的重点及趋势

中国特色国家创新体系建设的重点及趋势应该包括以下几点。

（1）建设以企业为主体、产学研相结合的技术创新体系。

（2）建设科学研究与高等教育有机结合的知识创新体系。

（3）建设军民结合、寓军于民的国防科技创新体系。

（4）建设各具特色和优势的区域创新体系。

（5）建设社会化、网络化的科技中介服务体系。

二、科教兴国战略

（一）科教兴国战略的含义

科教兴国战略是党中央、国务院按照邓小平理论和党的基本路线，科学分析和总结世界近代以来，特别是当代经济、社会、科技发展的趋势和经验，并充分估计未来科学技术特别是高新技术发展对综合国力、社会经济结构、人民生活和现代化进程的巨大影响，根据我国国情，为实现社会主义现代化建设三步走的宏伟目标而提出的发展战略。

科教兴国是指全面落实科学技术是第一生产力的思想，坚持教育为本，把科技和教育摆在经济、社会发展的重要位置，增强国家的科技实力及向现实生产力转化的能力，提高全民族的科技文化素质，把经济建设转移到依靠科技进步和提高劳动者素质的轨道上来，加速实现国家的繁荣强盛。科教兴国思想的理论基础是邓小平同志提出的关于科学技术是第一生产力的思想。

（二）科教兴国战略的提出

1977 年，邓小平就明确地提出把科技和教育的发展作为发展经济、建设现代化强国的先导。1978 年，在全国科学大会和全国教育工作会议上，邓小平深刻地论述了经济快速发展离不开科技进步，而科技进步又依赖教育的发展，从战略的高度强调大力发展科技和教育的重要意义。

1988 年，邓小平又深刻指出“科学技术是第一生产力”这一科学论断，创造性地发展了马克思主义关于生产力的学说。

根据邓小平的战略思想，党中央在 1985 年先后发布了科技体制改革的决定和教育体制改革的决定，分别确立了“经济建设必须依靠科学技术，科学技术工作必须面向经济建设”和“教育必须为社会主义建设服务，社会主义建设必须依靠教育”的战略方针。

1995 年，党中央和国务院首次正式提出了实施科教兴国发展战略。同年，党的十四届五中全会通过的《中共中央关于制定国民经济和社会发展“九五”计划和 2010 年远景目标的建议》中，把实施科教兴国战略列为之后 15 年直至 21 世纪加速我国社会主义现代化建设的重要方针之一。

1996 年，根据中共中央的建议，全国人大八届四次会议正式通过了《中华人民共和国国民经济和社会发展“九五”计划和 2010 年远景目标纲要》，科教兴国战略成为我国的基本国策。

（三）实施科教兴国战略的意义

科学技术是第一生产力，科技发展是经济发展的决定性因素，社会主义的根本任务是解放和发展生产力。实施科教兴国战略有助于实现两个根本性转变，调整、优化产业结构，培育新的经济增长点，提高企业经济效益，开拓新的市场空间，极大地促进生产力的发展。

我国政府实施科教兴国战略，是行使组织和领导社会主义经济建设、精神文明建设等职能的表现。国家实施这些职能，有利于促进经济的发展和社会的全面进步，提高人民的物质文化生活水平，实现社会主义的目的、目标；有利于巩固和发展社会主义制度，实现国家和社会的稳定；有利于增强我国的综合国力，提高我国的国际地位。

科教兴国战略是全面落实科学技术是第一生产力的思想，坚持教育为本，把科技和教育摆在经济、社会发展的重要位置，增强国家的科技实力及向现实生产力转化的能力，提高全民族的科技文化素质，把经济建设转移到依靠科技进步和提高劳动者素质的轨道上来，有利于实现国家的繁荣强盛。

这十年，看科技创新力量磅礴

这十年，“祝融”探火、“嫦娥”奔月、“天和”遨游星辰……

这十年，研发人员总量稳居世界第一、高被引论文数排名世界第二、全球创新指数

排名跃升至第12位……

一连串耀眼的成果和数据，勾勒出党的十八大以来我国科技创新发展的历史性、整体性、格局性重大变化。2022年6月6日，中共中央宣传部举行“中国这十年”系列主题新闻发布会，就“实施创新驱动发展战略 建设科技强国”介绍有关情况。

实力：中国成功进入创新国家行列

［数说］全社会研发投入从2012年的1.03万亿元增长到2021年的2.79万亿元，位居世界第二，研发投入强度从1.91%增长到2.44%，接近经合组织国家的平均水平。世界知识产权组织发布的全球创新指数排名显示，中国从2012年的第34位上升到2021年的第12位。

［突破］探月工程、火星探测计划、载人航天工程等顺利实施，悟空、墨子、慧眼等科学实验卫星成功发射；高性能装备、智能机器人、增材制造、激光制造等技术突破有力推动制造业升级发展，新能源汽车、新型显示产业规模居世界第一；超级计算、大数据、区块链、智能技术等加快应用，推动人工智能、数字经济蓬勃发展，移动支付、远程医疗、在线教育等新技术深刻改变生活方式。

解读

科技部部长王志刚：党的十八大以来，以习近平同志为核心的党中央把创新作为引领发展的第一动力，摆在党和国家发展全局的核心位置，立足中国特色，着眼全球发展大势，把握阶段性特征，对新时代科技创新谋篇布局。在目标上，我们建设创新型国家和科技强国；在摆位上，把科技自立自强作为国家发展的战略支撑；在战略上，我们持续深入实施创新驱动发展战略；在路径上，我们坚定不移走中国特色自主创新道路。我国科技事业发生了历史性、整体性、格局性重大变化，成功进入创新国家行列，走出了一条从人才强、科技强，到产业强、经济强、国家强的发展道路。中国在全球创新版图中的地位和作用发生了新的变化。中国既是国际前沿创新的重要参与者，也是共同解决全球性问题的重要贡献者。

底气：基础研究重大成果持续涌现

［数说］基础研究经费是十年前的3.4倍，占R&D经费比例预计为6.09%，达到历史最高值。2021年高被引论文数为42 920篇，排名世界第2位，是2012年的5.4倍。

［突破］我国的化学、材料、物理、工程等学科整体水平明显提升，在量子信息、干细胞、脑科学等方向实现重大突破；首次观测到三维量子霍尔效应，首次实现原子级石墨烯可控折叠，研发出世界首款异构融合类脑计算芯片“天机芯”。铁基高温超导、纳米限域催化、量子计算原型机、二氧化碳人工合成淀粉等一批高水平的重大原创成

果，引领我国的凝聚态物理、分子科学、纳米材料、干细胞等一批重要前沿方向进入世界第一方阵。

解读

中国科学院院长侯建国：在衡量基础研究水平的自然指数排名中，中科院已经连续9年位列全球科教机构的首位。十年来，中国科学院科研人员坚守使命定位，践行"率先实现科学技术跨越发展，率先建成创新人才高地，率先建成国家高水平科技智库，率先建设国际一流科研机构"，攻坚克难、勇攀高峰，产出了一批具有标志性、引领性的重大创新成果：紧扣国家战略需求，在保障国家重大工程、突破"卡脖子"技术等方面发挥关键作用；瞄准科技前沿加强基础研究，持续提升原始创新能力，加快打造原始创新策源地；推动科研成果走出实验室，近十年累计向社会转化了约11万项科技成果，助力我国高质量发展；持续深化科技体制改革，努力让机构、人才、装置、资金、项目等要素充分活跃起来，形成创新发展的强大合力。

国家自然科学基金委主任李静海：党的十八大以来，以习近平同志为核心的党中央高度重视基础研究，自然科学基金委党组深刻认识到深化科学基金改革，不断提升资助效益，是我们必须肩负的历史使命和时代责任。为此，我们坚持科学性是根本、公正性是生命的理念，确立了以"构建理念先进、制度规范、公正高效的新时代科学基金治理体系"为目标，以"明确资助导向、完善评审机制、优化学科布局"三项任务为核心的系统性改革方案。通过近五年的持续努力，改革成效逐步显现，科研人员选题质量显著提升，"杰青"项目每年资助量由200项增加到315项，"优青"项目由400项增加到630项，青年项目过去4年间共资助7.5万项，一大批年轻人在项目的支持下进入了基础研究领域。

速度：工程科技进步最大、实力提高最快

[数说] 中国工程院的旗舰期刊 Engineering 在全球近百种高水平工程综合性期刊中排名第一位；2012—2021年，我国制造业增加值由16.98万亿元增长到31.401万亿元，稳居世界首位；制造业增加值占全球比重提高到29.31%，在世界各主要经济体中位居首位。

[突破] 特高压输电技术进入世界先进行列、北斗导航卫星全球组网、复兴号高速列车投入运行……一系列重大工程由重大技术突破带动形成；"深海一号"钻井平台研制成功并正式投产，标志着我国海洋石油勘探开发进入1 500米超深水时代；中国高铁、中国大坝、中国桥梁、中国港口成为世界响亮的"中国名片"。

解读

中国工程院院长李晓红：可以说，这十年是我国工程科技进步最大、科技实力提高最快的十年。由中国科技铸就的大国工程，发挥了中国独特的新型举国体制优势。同时，在助力突破重大科技攻关方面，不管是中国制造、未来车、数据港，还是产业链供应、5G、北斗导航、新能源、先进核能、特高压等，都有我们工程院院士们的身影。在保障粮食安全、人民生命健康和打赢蓝天碧水净土保卫战、有力支撑生态环境持续改善等方面，也作出了重要的贡献。

氛围：公民具备科学素质比例大幅提升

［数说］我国公民具备科学素质的比例由2015年的6.2%，提升到2020年的10.56%。

［突破］我国实体科技馆从2012年的118座，增长到目前的408座。流动科技馆累计巡展4944站，科普大篷车行程里程超过5 000万千米，农村中学科技馆累计建设1 112所，中国数字科技馆的用户达1 500多万，中国特色的现代科技馆体系服务线下公众超过8.5亿人次。

解读

中国科协分管日常工作的副主席、书记处第一书记张玉卓：过去十年，得益于科学普及的推广，公民具备科学素质的比例大幅提升。这主要得益于科学普及的组织力不断提高。我们构建了一个省域统筹政策和机制、市域构建资源集散中心、县域组织落实，以新时代文明实践中心、党群服务中心、社区服务中心作为阵地，以科技志愿服务为手段的基层科普组织动员体系，打造“六位一体”的工作体系。科普品牌“科普中国”平台资源总量超53TB，各类传播渠道达715家，传播量416亿人次，目前已成为国内最权威的科普平台。同时，中国特色的现代科技馆体系发展迅速，国际合作持续深化。

资料来源：杨舒．这十年，看科技创新力量磅礴[EB/OL].（2022-06-07）[2024-02-13].https://www.gov.cn/xinwen/2022-06/07/content_5694365.htm.（有改动）

三、大众创业、万众创新

推进“大众创业、万众创新”，是经济发展的动力之源，也是富民之道、公平之计、强国之策。2015年，中央经济工作会议明确提出，坚持深入实施创新驱动发展战略，推进“大众创业、万众创新”，依靠改革创新加快新动能成长和传统动能改造提升。

（一）“大众创业、万众创新”的意义

推进“大众创业、万众创新”是党中央、国务院在经济新常态下作出的重要战略部署，将其提升到中国经济转型和保增长的“双引擎”之一的高度，显示出政府对创业和创新的重视。“大众创业、万众创新”是推动中国经济结构调整、打造发展新引擎、增强发展新动力、走创新驱动发展道路的动力之源，是中国实现稳增长、保公平、促民生目标的根本所在。其具体意义如下。

1. 为创新创业理论和实践研究开辟了崭新的天地

“大众创业、万众创新”的提出把创新创业与人、企业三个关键要素紧密结合在一起，不仅突出要打造经济增长的引擎，而且突出要打造就业和社会发展的引擎；不仅突出要精英创业，而且突出要草根创业、实用性创新。

2. 大众创新创业是实现我国经济迈向中高端水平的新动力

大众创新创业能够提供多样化消费需求的产品与服务，培育新的经济增长点；新技术、新产品、新业态会催生出一大批中小企业；依靠技术创新、管理创新、生产组织模式创新等，可加快实现要素投入和生产环节的发展动力转换，提升企业质量效益和竞争力。

3. 有利于拓展就业渠道

推进大众创新创业有利于打破“玻璃天花板”的体制性障碍，有利于促进社会资源和社会财富的自由分配，让有能力、想创业的人员充分释放活力，让社会底层群众和年轻人有更多发展的上升通道。大众创新创业既能增加更多的市场主体，又能为社会提供更多的就业岗位，促进社会和谐稳定。

4. 有利于创新产业组织

互联网、开源技术平台等对大众创业者的普及，开放社交网络的发展，以及“众筹”“众包”“众创”等融资模式和生产方式的出现，促进了智力资源、产业资源、社会资本的自由流动，推动了产业资源优化配置，使传统大规模生产逐渐向柔性化、智能化、专业化、个性化的方向发展，去中心化的按需生产、规模定制的新业态和新商业模式不断涌现。

5. 有利于促进社会公平、正义

通过完善法治环境和加大简政放权，有利于政府不断加强自身建设，提高现代治理能力，增强执行力和公信力，扫除制约人民群众创新创造的政策制度障碍（尤其是有权者滥用职权的现象），促进人才红利释放与个人价值实现的最佳结合。

（二）“大众创业、万众创新”的重要推动措施

2015 年，国务院第 93 次常务会议审议通过了《国务院关于大力推进大众创业万众创

新若干政策措施的意见》，这是推进“大众创业、万众创新”的一个系统性、普惠性政策文件，是迎接“创时代”、推进“双创”工作的顶层设计。《国务院关于大力推进大众创业万众创新若干政策措施的意见》从创新体制机制、优化财税政策、搞活金融市场、扩大创业投资、发展创业服务、建设创业创新平台、激发创造活力、拓展城乡创业渠道 8 个领域提出了 27 个方面 93 条具体政策措施，可概括如下。

（1）在“创新体制机制，实现创业便利化”方面，提出了完善公平竞争市场环境、深化商事制度改革、加强创业知识产权保护、健全创业人才培养与流动机制 4 个方面的措施。这些措施优化了创新创业市场环境，从破除制约创新创业的制度障碍入手，努力营造适应创新创业的体制机制，促进创业便利化。

（2）在“优化财税政策，强化创业扶持”方面，提出了加大财政资金支持和统筹力度、完善普惠性税收措施、发挥政府采购支持作用 3 个方面的措施，意在通过各级财政资金的支持、普惠性税收政策环境的鼓励和引导，强化创业政策扶持。

（3）在“搞活金融市场，实现便捷融资”方面，提出了优化资本市场、创新银行支持方式、丰富创业融资新模式 3 个方面的措施，以加快便捷融资的实现。

（4）在“扩大创业投资，支持创业起步成长”方面，提出了建立和完善创业投资引导机制、拓宽创业投资资金供给渠道、发展国有资本创业投资、推动创业投资“引进来”与“走出去”4 个方面的措施，助力创业起步与成长。

（5）在“发展创业服务，构建创业生态”方面，提出了加快发展创业孵化服务，大力发展第三方专业服务，发展“互联网 +”创业服务，研究探索创业券、创新券等公共服务新模式 4 个方面的措施，以提升创业服务能力。

（6）在“建设创业创新平台，增强支撑作用”方面，提出了通过打造创业创新公共平台、用好创业创新技术平台和发展创业创新区域平台 3 个方面的措施，为创业创新增强支撑和保障作用。

（7）在“激发创造活力，发展创新型创业”方面，提出了支持科研人员创业、支持大学生创业、支持境外人才来华创业 3 个方面的措施，支持高端人才创业。

（8）在“拓展城乡创业渠道，实现创业带动就业”方面，提出了支持电子商务向基层延伸、支持返乡创业集聚发展和完善基层创业支撑服务 3 个方面的措施，支持基层和返乡务工人员创业。

（9）在“加强统筹协调，完善协同机制”方面，提出了加强组织领导、加强政策协调联动、加强政策落实情况督查 3 个方面的措施，确保各项政策措施落地生根。

四、创新驱动发展战略

图文
创新驱动发展战略：为建设科技强国奠基

创新驱动发展战略必须摆在国家发展全局的核心位置。这是中央在新的发展阶段确立的立足全局、面向全球、聚焦关键、带动整体的国家重大发展战略。

（一）创新驱动发展战略的提出背景

创新驱动就是创新成为引领发展的第一动力，科技创新与制度创新、管理创新、商业模式创新、业态创新和文化创新相结合，推动发展方式向依靠持续的知识积累、技术进步和劳动力素质提升转变，促进经济向形态更高级、分工更精细、结构更合理的阶段演进。创新驱动是国家命运所系。国家力量的核心支撑是科技创新能力。创新强则国运昌，创新弱则国运殆。我国近代落后挨打的重要原因就是与历次科技革命失之交臂，导致科技弱、国力弱。实现中华民族伟大复兴的中国梦，必须真正用好科学技术这个有力杠杆。

创新驱动是世界大势所趋。全球新一轮科技革命、产业变革和军事变革加速演进，科学探索从微观到宏观各个尺度上向纵深拓展，以智能、绿色、泛在为特征的群体性技术革命将引发国际产业分工重大调整，颠覆性技术不断涌现，正在重塑世界竞争格局、改变国家力量对比，创新驱动成为许多国家谋求竞争优势的核心战略。我国既面临赶超跨越的难得历史机遇，也面临差距被拉大的严峻挑战。唯有勇立世界科技创新潮头，才能赢得发展主动权，为人类文明进步做出更大贡献。

创新驱动是发展形势所迫。我国经济发展进入新常态，传统发展动力不断减弱，粗放型增长方式难以为继，必须依靠创新驱动打造发展新引擎，培育新的经济增长点，持续提升我国经济发展的质量和效益，开辟我国发展的新空间，实现经济保持中高速增长和产业迈向中高端水平“双目标”。

当前，我国创新驱动发展已具备发力加速的基础。经过多年努力，科技发展正在进入由量的增长向质的提升的跃升期，科研体系日益完备，人才队伍不断壮大，科学、技术、工程、产业的自主创新能力快速提升。经济转型升级、民生持续改善和国防现代化建设对创新存在着巨大需求。庞大的市场规模、完备的产业体系、多样化的消费需求与互联网时代创新效率的提升相结合，为创新提供了广阔空间。中国特色社会主义制度能够有效发挥集中力量办大事和市场配置资源的优势，为实现创新驱动发展提供根本保障。

同时也要看到，我国许多产业仍处于全球价值链的中低端，一些关键核心技术受制于人，发达国家在科学前沿和高技术领域仍然占据明显的领先地位，我国支撑产业升级、引领未来发展的科学技术储备有待加强。适应创新驱动的体制机制有待建立健全，企业创新动力不足，创新体系整体效能不高，经济发展尚未真正走上依靠创新的轨道。科技人才队伍大而不强，领军人才和高技能人才缺乏，创新型企业家群体急需发展壮大。激励创新的市场环境和社会氛围仍需进一步培育和优化。

在我国加快推进社会主义现代化、实现第二个百年奋斗目标和中华民族伟大复兴中国梦的关键阶段，必须始终坚持抓创新就是抓发展、谋创新就是谋未来，让创新成为国家意志和全社会的共同行动，走出一条从人才强、科技强到产业强、经济强、国家强的发展新路径，为我国未来十几年甚至更长时间创造一个新的增长周期。

（二）创新驱动发展战略的指导思想、基本原则和战略目标

1. 创新驱动发展战略的指导思想

以邓小平理论、“三个代表”重要思想、科学发展观为指导，深入贯彻习近平新时代中国特色社会主义思想，按照“四个全面”战略布局的要求，坚持走中国特色自主创新道路，解放思想，开放包容，把创新驱动发展作为国家的优先战略，以科技创新为核心带动全面创新，以体制改革激发创新活力，以高效率的创新体系支撑高水平的创新型国家建设，推动经济社会发展动力根本转换，为实现中华民族伟大复兴的中国梦提供强大动力。

2. 创新驱动发展战略的基本原则

（1）紧扣发展。坚持问题导向，面向世界科技前沿，面向国家重大需求，面向国民经济主战场，明确我国创新发展的主攻方向，在关键领域尽快实现突破，力争形成更多竞争优势。

（2）深化改革。坚持科技体制改革和经济社会领域改革同步发力，强化科技与经济对接，遵循社会主义市场经济规律和科技创新规律，破除一切制约创新的思想障碍和制度藩篱，构建支撑创新驱动发展的良好环境。

（3）强化激励。创新驱动的实质是人才驱动，落实以人为本，尊重创新创造的价值，调动各类人才的积极性和创造性，加快打造一支规模宏大、结构合理、素质优良的创新型人才队伍。

（4）扩大开放。坚持以全球视野谋划和推动创新，最大限度地用好全球创新资源，全面提升我国在全球创新格局中的位势，力争成为若干重要领域的引领者和重要规则制定的参与者。

3. 创新驱动发展战略的战略目标

（1）到 2020 年进入创新型国家行列，基本建成中国特色国家创新体系，促成全面建成小康社会目标的实现。

① 创新型经济格局初步形成。若干重点产业进入全球价值链中高端，培育一批具有国

际竞争力的创新型企业和产业集群。科技进步贡献率大于 60%，知识密集型服务业增加值占国内生产总值的 20%。

② 自主创新能力大幅提升。形成面向未来发展、迎接科技革命、促进产业变革的创新布局，突破制约经济社会发展和国家安全的一系列重大瓶颈问题，初步扭转关键核心技术长期受制于人的被动局面，在若干战略必争领域形成独特优势，为国家繁荣发展提供战略储备，拓展战略空间。研究与试验发展（R&D）经费支出占国内生产总值的比重达到 2.5%。

③ 创新体系协同高效。科技与经济融合更加顺畅，创新主体充满活力，创新链条有机衔接，创新治理更加科学，创新效率大幅提高。

④ 创新环境更加优化。激励创新的政策法规更加健全，知识产权保护更加严格，形成崇尚创新创业、勇于创新创业、激励创新创业的价值导向和文化氛围。

（2）到 2030 年，跻身创新型国家前列，发展驱动力实现根本转换，经济社会发展水平和国际竞争力大幅提升，为建成经济强国和共同富裕社会奠定坚实基础。

① 主要产业进入全球价值链中高端。不断创造新技术和新产品、新模式和新业态、新需求和新市场，实现更可持续的发展、更高质量的就业、更高水平的收入、更高品质的生活。

② 从总体上扭转科技创新以跟踪为主的局面。在若干战略领域由并行走向领跑，形成引领全球学术发展的中国学派，产出对世界科技发展和人类文明进步有重要影响的原创成果。攻克制约国防科技的主要瓶颈问题。研究与试验发展经费支出占国内生产总值的比重达到 2.8%。

③ 国家创新体系更加完备。实现科技与经济深度融合、相互促进。

④ 创新文化氛围浓厚，法治保障有力，全社会形成创新活力竞相迸发、创新源泉不断涌流的生动局面。

（3）到 2050 年，建成世界科技创新强国，成为世界主要科学中心和创新高地，为我国建成富强、民主、文明、和谐、美丽的社会主义现代化强国，实现中华民族伟大复兴的中国梦提供强大支撑。

① 科技和人才成为国力强盛最重要的战略资源，创新成为政策制定和制度安排的核心因素。

② 劳动生产率、社会生产力提高主要依靠科技进步和全面创新，使经济发展质量高，能源资源消耗低，产业核心竞争力强。国防科技达到世界领先水平。

③ 拥有一批世界一流的科研机构、研究型大学和创新型企业，涌现出一批重大原创性科学成果和国际顶尖水平的科学家，成为全球高端人才创新创业的重要聚集地。

④ 创新的制度环境、市场环境和文化环境更加优化，尊重知识、崇尚创新、保护产权、包容多元成为全社会的共同理念和价值导向。

（三）创新驱动发展战略的重大意义

1. 创新发展是我国发展的形势所迫

当前，我国经济发展进入新常态，基本特点是速度变化、结构优化和动力转换，其中动力转换最为关键，其决定着速度变化和结构优化的进程和质量。从国际经验来看，第二次世界大战后只有少数经济体从低收入成功迈向高收入行列，迈过“中等收入陷阱”，实现了现代化。其中一条重要经验是仅仅依靠科技创新打造了竞争的新优势，从而提升了自身在全球价值链条中的位势。未来几年是全面建成小康社会的决胜阶段，能否成功转变发展方式、能否成功推进产业升级、能否成功跨越“中等收入陷阱”，关键是看能否依靠创新打造发展新引擎，能否创造一个新的更长的增长周期。

2. 创新发展是国际竞争的大势所趋

当前，世界范围内新一轮科技革命和产业变革蓄势待发，信息技术、生物技术、新材料技术、新能源技术广泛渗透，带动以绿色、智能、泛在为特征的群体性技术突破，重大颠覆性创新不时出现，对国际政治、经济、军事、安全、外交等产生深刻影响，甚至改变着国家力量对比，是重塑世界经济结构和竞争格局的关键。世界各大国都在积极强化创新部署，如“再工业化”战略、“工业 4.0”战略、低碳经济发展战略、新成长战略、高技术战略等应运而生。创新已经成为大国竞争的新赛场，谁主导创新，谁就能主导赛场规则、比赛进程。我国既面临赶超跨越的难得历史机遇，又面临差距被进一步拉大的风险，只有努力在发展中进行新部署、实现新突破，才能跟上世界发展大势，把握发展的主动权。

3. 创新发展是民族复兴的国运所系

一个国家是否强大不仅取决于经济总量、领土幅员和人口规模，还取决于它的创新能力。近代以来，世界经济中心几度转移，其中有一条清晰的脉络，就是科技中心一直是支撑经济中心地位转移的强大力量。领先科技和尖端人才流向哪里，发展的制高点和经济的竞争力就转向哪里。近 500 年以来，世界经历了数次科技革命，一些欧美国家抓住了蒸汽机革命、电气革命和信息技术革命等重大机遇，一跃成为世界大国和强国。面向未来，只有真正用好科学技术这个有力杠杆，走出一条从人才强、科技强到产业强、经济强、国家强的发展路径，才能实现中华民族的伟大复兴。

4. 创新发展是我国科技创新的必然选择

自中华人民共和国成立以来，经过几代人的艰苦努力，我国科技创新能力显著增强，科研体系日益完备，在基础科学、前沿科学和战略高技术领域，取得了一批具有国际影响力的重大研究成果。企业创新能力快速提升，截至2023年底，我国国内（不含港澳台）发明专利拥有量达到401.5万件，同比增长22.4%，成为世界上首个国内有效发明专利数量突破400万件的国家。产业的技术含量不断提升，高速铁路、核电、第五代移动通信、特高压输变电等一系列重大技术取得突破，带动我国产品和装备走向世界。我国巨大的市场规模、完备的产业体系、多样化的消费需求，与移动智能时代创新效率提升相结合，为技术、产品和产业创新提供了广阔空间，使我国创新驱动具备了动力转换、发力加速的基础。同时我们也要看到，科技储备还有待加强，高端人才仍然十分紧缺，关键核心技术受制于人的局面尚未得到根本性的解决，制约创新发展的思想观念和体制的障碍迫切需要革除。

站在新的历史起点上，面对新的现实挑战，今天的中国比历史上任何时候都更加需要确立创新发展理念、实施创新驱动发展战略，这是关系我国发展全局的重大抉择。

“不创新不行，创新慢了也不行。”我国有改革开放40多年来积累的坚实物质基础，有持续创新形成的系列成果，是实施创新驱动发展战略的良好条件。实施创新驱动发展战略是一项系统工程，要弘扬创新精神，深化改革创新，着力推动科技创新与经济社会发展紧密结合，着力增强自主创新能力，着力完善人才发展机制，着力营造良好政策环境，着力扩大科技开放合作。只有这样，才能发挥创新激励高质量增长的“乘数效应”，努力实现从量的增长向质的提升转变，真正实现创新价值，实现创新驱动发展。

图文
河南省教育厅等五部门关于支持推动高等院校创设大学生创业园的指导意见

河南发文！支持高等院校创设大学生创业园，鼓励社会力量设立天使投资基金

2023年12月21日，河南省教育厅等五部门发布关于支持推动高等院校创设大学生创业园的指导意见。指导意见明确，到2025年，实现全省高校大学生创业园全覆盖，培育一批大学生创业园建设典型案例，选树一批大学生创新创业典型；组建金牌创业导师团，推广一批创业指导服务优秀案例；扶持200个优秀大学生创业“雏鹰”“飞鹰”“雄鹰”项目，形成“创响中原”河南省大学生创业项目培优行动品牌；每年组织参加创新创业培训的在校生比例不低于5%。

指导意见提出，遴选知名科学家、政府部门工作人员、创业成功者、企业家、风险投资人等各行各业优秀人才担任创业导师，并科学统筹管理。

鼓励有行业背景和专业特长的天使投资人、法人机构及专业投资管理机构等社会力量设立天使投资基金，构建多层次的大学生创业天使投资机制，根据大学生创业不同阶段的发展需求提供资金支持。

要积极争取各级各类创业载体支持政策，帮助创业大学生落实创业担保贷款、大众创业扶持项目补助、开业补贴、运营补贴、中小企业发展专项资金、技术转移转化后补助、研发费用后补助、科技创新券申领兑付、税费减免等各项优惠政策。

资料来源：大河财立方.河南发文！支持高等院校创设大学生创业园，鼓励社会力量设立天使投资基金[EB/OL].（2023-12-21）[2024-02-12].https://www.dahecube.com/article.html?artid=185070.（有改动）

任务二 识别创业机会

准确识别市场需求、有效获取并整合资源及合理的决策是创业成功的基本保证。创业机会并不是一般意义上的商业机会，属于广义的商业机会范畴。借助价值创造流程中的手段—目的关系，可以更好地理解创业机会的独特性。

一、创业机会的含义

创业机会是未明确的市场需求或未充分使用的资源或能力，不同于有利可图的商业机会。创业机会的特点是发现甚至创造新的目的—手段关系来实现创业，它对“产品、服务、原材料或组织方式”有极大的革新。

大多数创业者都是把握了商业机会从而成功创业的。蒙牛创始人牛根生看到了乳业市场的商机，从而创立了蒙牛；好利来创始人罗红看到了蛋糕市场的商机，从而创立了好利来。在现实生活中，这样的例子不胜枚举。一旦创业成功，不仅能够改变人们的生活和休闲方式，甚至能够创造出新的产业。随着人们对创业机会价值潜力的探索，一系列商业机会逐渐衍生出来，从而产生更多的创业活动。

二、创业机会的种类

视频

青年学生要关注哪些创业机会

好的创业机会必然具有其特定的市场定位，专注于满足消费者需求，同时能为消费者带来增值效应。创业需要机会，而获得创业机会要靠发现。一般来说，创业机会有以下几种类型。

（一）现有市场机会和潜在市场机会

现有市场机会是市场机会中明显未被满足的市场需求，往往发现者多，进入者也多，竞争激烈。潜在市场机会是隐藏在现有需求背后、未被满足的市场需求，不易被发现，识别难度大，往往蕴藏着极大的商机。

（二）行业市场机会和边缘市场机会

行业市场机会是在某一个行业内的市场机会，发现和识别的难度系数较小，但竞争激烈，成功的概率低。边缘市场机会是在不同行业的交叉结合部分出现的市场机会，处于行业与行业之间出现“夹缝”的真空地带，难以发现，需要创业者有丰富的想象力和大胆的开拓精神，一旦机会得到开发，成功的概率就比较高。

（三）目前市场机会和未来市场机会

目前市场机会是指那些在目前环境变化中出现的机会。未来市场机会是指通过市场研究和预测分析，将在未来某一时期内出现的市场机会。若创业者提前预测到某种机会的出现，就可以在未来市场机会到来前做好准备，从而获得领先优势。

（四）局部市场机会和全面市场机会

局部市场机会是指在一个局部范围或细分市场出现的未被满足的需求。全面市场机会是在大范围市场出现的未被满足的需求。创业者在大市场中寻找和发掘局部或细分市场机会，见缝插针，拾遗补阙，就可以集中优势资源投入目标市场，有利于增强主动性，减少盲目性，提高创业成功的概率。

案例链接

自贸港青年许振发的创业故事

“要勇敢地去尝试，不要给自己的青春留下遗憾！”许振发谈及个人创业经历时这么说道。他大一时开始自我创业，大二时组队参加第五届海口市大学生市场营销大赛并获得冠军，成了他人生的转折点。找准了创业梦的目标，以“驾照培训”为方向，在社会、学校及合作伙伴的支持下，闯出了自己的一片天地。

许振发，1998 年出生，海南琼海人，2019 年毕业于海南职业技术学院，现任海口海青创信息咨询服务有限公司的市场总监。许振发出生在一个普通农民家庭，他早早就承担起了照顾家庭的责任。父母起早贪黑、寒来暑往务农的辛劳与不易他都看在眼里。

胆大心细的许振发在大一时便观察到身边的商机，“大部分年轻人都爱买零食吃，但为了买零食专门下一趟楼去超市又打消了很多同学的想法，我便想到那为什么不把零食铺开进宿舍里呢？”于是许振发的创业初试就这样开始了，宿舍零食铺开展得很成功，他又继续大胆尝试了其他项目，如支付宝付款码校园推广等。一步一个脚印的努力，让他一点一点积攒了经验和信心。

大二时，他又与同学好友一起报名参加了第五届海口市大学生市场营销大赛。大赛历时半年，在许振发的带领下，团队一路过五关斩六将，最终进入总决赛，并以优异的实战表现从十支高校代表队中脱颖而出，获得冠军和2万元的奖金。当时驾培招生是比赛中的一项项目产品，也因为这个，他开始接触驾培行业、了解驾培项目。当记者问起为什么选择驾培行业时，许振发表示自己其实是喜欢多去尝试的人，在毕业后他也尝试做过其他的项目，但最终还是选择了驾培，一方面是更适合他，另一方面是在这份工作中自己获得了很多肯定。

“有一回我的学弟学妹在其他驾校报名学习却遭遇了驾校跑路、投诉无门的窘境。我了解情况后，帮他们联系了校方和相关部门一同解决了这件事，后来帮助他们在我们的驾校中学习，并完成了驾考。那一帮学弟学妹到现在都很感谢我，其实我们公司帮助了不少学弟学妹在驾培这事上避坑避雷，这也让我们再次坚定了创业的初心。”

2017年，海南职业技术学院大学生创业孵化基地设立，学校专门培育了一支创新创业师资队伍，让专业导师帮助学生做好就业创业工作。海南职业技术学院副校长符兴干表示，搭建学生的就业创业能力培养实践平台，支持大学生创业、提升学生就业质量，是职责所在。很快许振发和其他合伙人组成团队，创立校园合伙人品牌——海青创，将眼光投向驾培招生，从所处的校园出发，整合利用校园资源，接下了校内驾培招生业务。有了明确的创业方向，团队成员便在校内广泛开展驾校招生，得到了学校领导和创业导师的大力支持。

在创业初期，小小的创业队伍遭遇了资金危机，但是许振发与其他合伙人并没有放弃，而是马上成立个人驾校，买教练车自己培训学员，将危机点转化为上升点，获得了学校的认可与支持。

目前驾培的市场业务基本交由许振发负责，合伙人张锦鑫表示许振发个人招生业绩最多时可以做到一个月100多单，成交金额高达50万元左右。在学校开学、学生返校的驾校报名高峰，为了与客户对接，许振发曾经熬了5个通宵没有休息，独自加班加点，只为抓住招生的最好时机。许振发从不松懈自我，时刻保持着高度警惕，敢拼敢闯，是当之无愧的“销售冠军”。

经过几年的发展，公司的资产已超过百万元，这对求学时期的他是不可想象的。学校为初创期企业免除房租，3 年下来大约为其省下了 10 万元。除了解决场地问题，学校还为他们提供技术指导、人员指导、设备办公以及税务、工商等方面的培训。站稳脚跟后，公司招生培训越来越顺利，从最初的 3 人发展到现在的 40 人，合伙人遍及海口六所高校，2023 年公司的年收益已突破 600 万元，预计 2024 年将突破千万元。

资料来源：海口网 . 自贸港青年许振发的创业故事：胆大心细敢闯敢拼，不给青春留下遗憾 [EB/OL].（2024-03-06）[2024-03-10].https://www.bjnews.com.cn/detail/170973327719673.html.（有改动）

三、创业机会的来源

随时变化的环境能给各行各业带来机遇，也能给各行各业造成威胁。创业者可通过对环境的分析，认清宏观的、微观的、行业的环境因素及其发展趋势，从创造发明、新技术、新问题和竞争中寻找创业机会，努力抓住机遇成功创业。

总的来说，创业机会的来源有以下几个。

（一）来自问题

创业的根本目的是满足消费者需求，而消费者需求被满足前就是问题。寻找创业机会的一个重要途径是善于发现和体会自己和他人在需求方面的问题或生活中的难处。

（二）来自变化

创业的机会大多产生于不断变化的市场环境，环境变化了，市场需求、市场结构必然发生变化，这就给各行各业带来了商机。变化是创业机会的重要来源，人们通过这些变化，常常会发现新的创业机会。变化主要包括技术变革、政治和制度变革、社会和人口变革、产业结构变革等。

（三）来自创造发明

创造发明提供了新产品、新服务，更好地满足消费者需求，同时也带来了创业机会。在人类发展史上，每次重大的发明创造都引起了产业结构的重大变革，产生了无数的创业机会。

（四）来自竞争

如果能弥补竞争对手的缺陷和不足，就抓住了创业机会。

（五）来自新知识、新技术

新知识可以改变人们的消费观念，新技术可以进一步满足人们的需求，甚至使人们产生新的需求，进而引导消费。

四、创业机会的识别

（一）创业机会识别的影响因素

创业机会的识别受先前经验、认知、社会关系网络、创造性等诸多因素的影响。

1. 先前经验

在特定产业中的先前经验有助于创业者识别创业机会，我们称之为走廊原理。它是指创业者一旦创建企业，就开始了一段旅程，在这段旅程中，通向创业机会的“走廊”将变得清晰可见。这个原理提供的见解如下：某个人一旦投身于某产业创业，就比那些从产业外观察的人更容易看到产业内的新机会。

2. 认知

机会识别可能是一项先天技能或认知过程。有些人认为，创业者有“第六感”，这使他们能看到别人错过的机会。多数创业者以这种观点看待自己，认为他们比别人更警觉。警觉在很大程度上是一种习得性的技能，拥有某个领域更多知识的人，比其他人对该领域内的机会更警觉。

3. 社会关系网络

社会关系网络能带来承载创业机会的有价值信息，个人社会关系网络的深度和广度影响着机会识别。研究发现，社会关系网络是个体识别创业机会的主要来源，与强关系相比，弱关系更有助于个体识别创业机会。

4. 创造性

创造是产生新奇或有用的创意的过程。从某种程度上讲，机会识别是一个创造过程，是不断反复的创造性思维过程。

（二）创业机会的识别过程

创业者从繁杂和梦幻般的创意中选择了他心目中的创业机会，随之而来的是组织资源着力开发这一机会，使之成为真正的企业，直至最终收获成功。在这一过程中，机会的潜在预期价值及创业者的自身能力得到反复的权衡，创业者对创业机会的战略定位也越来越明确，这一过程称为机会的识别过程。机会的识别过程可分为机会搜寻阶段、机会识别阶段和机会评价阶段。

1. 机会搜寻阶段

在机会搜寻阶段，创业者对整个经济系统中可能的创意展开搜索，如果创业者意识到某一创意可能是潜在的创业机会，具有潜在的发展价值，就将进入机会识别阶段。创业者在机会搜寻阶段需要从各种途径尽可能地搜寻更多的创业点子与想法，先不急于评价点子的优劣，只需把所有的想法都记录下来。

2. 机会识别阶段

机会识别是指从创意中筛选合适的机会，这一阶段包括两个步骤：一是通过对整体的市场环境的分析及对一般行业的分析，判断该机会在广泛意义上是否属于有利的商业机会，即机会的标准化识别阶段；二是考察对于特定的创业者和投资者来说，这一机会是否与创业者的资源和能力相吻合，是否与投资者的兴趣和价值期望相一致，即个性化的机会识别阶段。

3. 机会评价阶段

机会评价相对正式，考察的内容主要是各项财务指标的预测分析、创业团队和资源的酝酿等。通过机会评价，创业者决定是否正式组建企业和吸引投资。通常，机会识别和机会评价是同时存在的，创业者在对创业机会进行识别时也有意无意地进行评价活动。在机会识别的初始阶段，创业者可以非正式地调查市场需求、所需的资源，直到断定这个机会值得考虑或进一步深入开发。在机会开发的后期，这种评价变得较为规范，并主要集中于考察一些资源的特定组合是否能够创造出足够的商业价值。

案例链接

“95后”大学生葡萄园里种梦想

一个1996年出生的陕北小伙，大学毕业后来到鄠邑区当一个新农民，不仅承包了30亩葡萄，还和校友一起成立了鄠邑青农种养殖专业合作社，帮果农管理200余亩葡萄园。他们利用网络帮果农卖葡萄，每天经他们手卖出去的葡萄有1 200多千克。

记者在鄠邑区庞光镇化西村见到了张宇浩，他正在合作社和搭档配合，给葡萄抽真空、包装入箱。3个小伙子穿着短袖、短裤和拖鞋，露在外面的脸、胳膊、腿都晒得黝黑。他们还有一个共同点，因长期在地里干活，腿上布满了蚊子包。买的午

饭回来了，张宇浩笑笑说："为了保证葡萄新鲜，从 8 月 12 号开始，我们每天 5 时 30 分起来，和果农一起去园子采摘葡萄，今天摘了 180 箱；7 时 30 分回来后忙着修剪、包袋、装箱，大家一刻没停，等送走发货车，才吃上第一顿饭。"说完，他狼吞虎咽吃起来。

吃完饭后，他带记者参观他们的合作社——3 间简易的小平房，小一点的房间放着 6 个架子床，是他们的宿舍，大一点的房间是工作间兼库房，外面是一个小厨房。这个狭小却温馨的空间是他们的安乐窝，更是他们梦想起航的地方。

为何会选择到农村种葡萄？张宇浩说，他老家是陕北的，父母都是农民，他从小帮家里干农活。上大学来到鄠邑区，大二的时候他就尝到了鄠邑葡萄的"甜头"。他当时从农户手里批发葡萄自己包装后，在校园里卖，给他赚了不少生活费。他从 2017 年年底开始，在西安找工作、实习，但一直不理想，后来就想回鄠邑区创业种葡萄，他的想法很快得到校友的支持。2018 年 3 月，他和两名校友一起开启了创业生涯。

张宇浩回忆起第一次来到合作社的场景：一推开门，里面堆着杂物，边角挂着蜘蛛网，后院也长满杂草，很荒凉。当天买的床没回来，晚上打扫完屋子，他们就睡在木板上。接下来几天，收拾屋子、整理葡萄园，很快这里焕然一新。

正说着，新来了 27 个西安的订单，他赶快给合作社果农打电话，让他们采摘好葡萄送过来，因为要赶在 6 点前送到客户手里。等葡萄的间隙，他们也不闲着，先是核对网上订单信息，然后坐在外面的地上折包装的箱子。等果农送来葡萄后，他们又是挨个看、仔细挑，不允许有一颗坏的、破损的装在里面。张宇浩说："我们现在就是做质量和口碑，争取做到零投诉，绝不能让一颗坏葡萄影响了葡萄的整体质量。"

为了给客户留个好印象，在送葡萄前，他们专门洗了头发，换了干净的衣服和鞋子。看着一箱箱葡萄装车离开，张宇浩核对好钱数，一分不差转给果农。

说到辛苦，张宇浩笑笑说："其实习惯了就好，毕竟我们都年轻，吃点苦没什么。我觉得歉疚的是，陪父母太少。因为没有周末、节假日，我从大年初三离开家，还没有回去过。"说着，他又像在自我鼓励："没关系，会好起来，好男儿志在四方。等将来好起来，就把父母接来一起生活。"

资料来源：高瑞．承包 30 亩 日销 2400 余斤！ 95 后大学生葡萄园里种梦想 [EB/OL].（2019-08-19）[2024-03-16].https://baijiahao.baidu.com/s?id=1642286286023193187&wfr=spider&for=pc.（有改动）

五、创业机会的评估

（一）创业机会的评估标准

1. 盈利时间

有价值的创业机会可能使项目在 2 年内盈亏平衡或取得正现金流。如果取得盈亏平衡和正现金流的时间超过 3 年，对创业者的要求就高了，因为大多数创业者支撑不了这么长时间，其他投资人和合作伙伴也没有这么长时间的耐心，这种创业机会的吸引力会大大降低。除非有其他方面的重大利好，一般要求创业机会具有较短的获得盈利时间。

2. 市场规模和价值

如果市场规模和价值小，往往不足以支撑企业长期发展。而创业者若进入一个规模巨大而且不断发展的市场，即使占有很小的份额，也能够生存下来并度过发展期。即使存在竞争对手也不用担心，因为市场足够大，竞争对手对自己构不成威胁。一般来说，市场规模和价值越大，创业机会就越有价值。

3. 资金需要量

大多数有较大潜力的创业机会需要相当大的资金来启动，只需少量或不需要资金的创业机会是极其罕见的。如果需要过多的资金，这样的创业机会就缺乏吸引力；有着较少或中等程度的资金需要量的创业机会是比较有价值的。创业者应根据自身的资金实力和可以动用的资源来评估创业机会，对超出自己能力范围的创业机会不予考虑。

4. 投资收益

创业的目标就是获得收益，这就要求创业机会有合理的盈利能力，包括较高的毛利率和市场增长率。毛利率高说明创业项目的获利能力强，市场增长率高表明市场的发展潜力能使投资的回报增加。如果每年的投资收益率能够保持在 25% 以上，这样的创业机会就很有价值；而如果每年的投资收益率低于 15%，这样的创业机会就不能对创业者和投资人产生很大的吸引力。

5. 成本结构

竞争优势的来源之一就是成本，较低的成本会给创业机会带来较大的竞争优势，使该创业机会的价值较高。靠规模来达到低成本是比较可行的方法，低成本的优势大多来自技术和工艺的改进及管理的优化。创业机会如果有这方面的特质，对于创业者来说是非常有利的。

6. 进入障碍

创业机会如果面临进入市场的障碍，就不是一个好的创业机会。资源的限制、政策的限制、市场的准入控制等都可能成为进入市场的障碍，进而削弱创业机会。但是，对进入障碍要进行辩证分析，进入障碍的大小是针对创业者自身情况而言的。如果创业者进入市场以后，不能够阻止其他企业进入市场，那么这就不是一个好的创业机会。

7. 退出机制

有吸引力的创业机会应该有比较理想的获利和退出机制，便于创业者和投资人获得资金及收益。没有任何退出机制的创业企业和创业机会是没有太大吸引力的。

8. 控制程度

如果能够对渠道、成本或价格有较强的控制，这样的创业机会就比较有价值。如果市场上不存在强有力的竞争对手，自己控制的程度就比较大；如果竞争对手已有较强的控制能力，如把握了原材料来源、独占了销售渠道、取得了较大的市场份额、对价格有较大的决定权等，那么新创企业的发展空间就很小，除非这个市场的容量足够大，或主要竞争者在创新方面行动迟缓或时常损害客户的利益。

9. 致命缺陷

创业机会不应该有致命缺陷，如果有一个或多个致命缺陷，将变得没有价值。

（二）创业机会的评估方法

国内外的学界和业界提出了许多评估创业机会的具体方法，大致可以分为定性分析、定量分析、定性与定量相结合等方法。

定性分析是指创业者依靠经验、直觉、商业敏感性等能力对创业机会快速做出主观判断，然后采取行动。定性分析侧重于考虑创业机会所需的成功条件，创业者在该创业机会上拥有的优势，创业者所拥有的竞争优势，创业机会与期望的发展方向和目标是否一致等内容。定量分析主要是进行商业分析中的经济效益分析，其任务是在初步拟订营销规划的基础上，从财务方面进一步判断所选定的机会是否符合创业目标，一般通过量、本、利分析法进行分析。

创业机会的具体评估方法主要有标准打分矩阵法、温斯丁豪斯法、贝蒂选择因素法、蒂蒙斯创业机会评价模型等。

1. 标准打分矩阵法

标准打分矩阵法是选择对创业机会成功有重要影响的因素，并由专家小组对每个因素进行非常好（3 分）、好（2 分）、一般（1 分）三个等级的打分，然后求出每个因素在各个创业机会下的加权平均分，从而可以对不同的创业机会进行比较。

表 5-1 列出了 10 项主要的评价标准，在实际使用时可以根据具体情况选择其中的全部或部分因素进行评估。

表 5-1 标准打分矩阵表

评估指标	专家评分			加权平均分
	非常好（3分）	好（2分）	一般（1分）	
易操作性				
质量和易维护性				
市场接受性				
增加资本能力				
投资回报率				
专利权状况				
市场大小				
制造的简单性				
口碑传播力				
成长潜力				

2. 温斯丁豪斯法

温斯丁豪斯法实际上是计算和比较各个机会的优先级，可利用下面的公式进行计算：

机会优先级=技术成功率 × 商业成功率 ×（价格−成本）× 投资生命周期收入 ÷ 总成本

式中，技术成功率和商业成功率是以百分比（0 ～ 100%）表示的；成本以单位产品成本计算；投资生命周期收入是指可以预期的所有收入；总成本包括研究、设计、制造和营销费用各个环节的成本之和。

对不同的创业机会，将具体数值代入计算可得到不同的优先级。特定机会的优先级越高，该机会就越有可能成功。

3. 贝蒂选择因素法

在贝蒂选择因素法中，通过对 11 个选择因素的设定来对创业机会进行判断，如表 5-2 所示。如果某个创业机会只符合其中的 6 个或更少，那么这个创业机会的成功机会较小；如果这个创业机会符合其中的 7 个或更多个，那么这个创业机会将大有希望。

表 5-2 贝蒂选择因素法判断表

选择因素	是/否
这个创业机会在现阶段是否只有你一个人发现	
初始的产品生产成本是否可以承受	
初始的市场开发成本是否可以承受	
产品是否具有高利润回报的潜力	
是否可以预期产品投放市场和达到盈亏平衡的时间	
潜在的市场是否巨大	
你的产品是不是高速成长的产品家族中的第一个成员	
你是否拥有一些现成的初始用户	
是否可以预期产品的开发成本和开发周期	
是不是处于一个成长中的行业	
金融界是否能够理解你的产品和客户对它的需求	

4. 蒂蒙斯创业机会评价模型

蒂蒙斯创业机会评价模型（见表 5-3）提供了一些量化方式，使创业者可以对行业和市场、经济因素、收获条件、竞争优势、管理团队、创业者的个人标准、理想与现实的战略性差异、致命缺陷等问题做出判断，以及将这些因素加起来是否可以组成一个有足够吸引力的商机。一些风险投资商、政府基金和创业大赛就是借用该模型对创业项目进行评估的。

表 5-3 蒂蒙斯创业机会评价模型

评价因素	评价内容
行业和市场	（1）市场容易识别 （2）可以带来持续收入 （3）客户可以接受产品或服务，愿意为此付费 （4）产品的附加价值高 （5）产品对市场的影响力高 （6）将要开发的产品生命周期长 （7）现在所在的行业是新兴产业，竞争不激烈 （8）市场规模大，销售潜力达到 1 000 万～ 10 亿美元 （9）市场成长率为 30% ～ 50%，甚至更高 （10）现有厂商的生产能力几乎完全饱和 （11）在 5 年内能占据市场的领导地位 （12）拥有低成本的供货商，具有成本优势

（续表）

评价因素	评价内容
经济因素	（1）达到盈亏平衡点所需要的时间为 1.5 ~ 2 年 （2）盈亏平衡点不会逐年提高 （3）投资回报率在 25% 以上 （4）项目对资金的要求不是很大，能够获得融资 （5）销售额的年增长率高于 15% （6）有良好的现金流量，能占到销售额的 20% ~ 30% （7）能够获得持久的毛利，毛利率超过 40% （8）资产集中程度低，运营资金不多，需求量是逐年增加的 （9）研究开发工作对资金的要求不高
收获条件	（1）项目带来的附加值具有较高的战略意义 （2）存在现有的或可预料的退出方式 （3）资本市场环境有利，可以实现资本的流动
竞争优势	（1）固定成本和可变成本低 （2）对成本、价格和销售的控制力较强 （3）已经获得或可以获得对专利所有权的保护 （4）竞争对手尚未觉醒，竞争较弱 （5）拥有专利或具有某种独占性 （6）拥有发展良好的网络关系，容易获得合同 （7）拥有杰出的人才和管理团队
管理团队	（1）创业团队是一个优秀管理者的组合 （2）行业和技术经验达到了本行业内的最高水平 （3）管理团队的正直廉洁程度能达到最高水准 （4）管理团队知道自己缺乏哪方面的知识
创业者的个人标准	（1）个人目标与创业活动符合 （2）创业者可以做到在有限的风险下实现成功 （3）创业者能接受薪水减少等损失 （4）创业者渴望进行创业这种生活方式，而不只是为了挣大钱 （5）创业者可以承受适当的风险 （6）创业者在压力下状态依然良好
理想与现实的战略性差异	（1）理想与现实情况相吻合 （2）管理团队已经是最好的 （3）在客户服务管理方面有良好的理念 （4）所创办的事业顺应时代潮流

（续表）

评价因素	评价内容
理想与现实的战略性差异	（5）所采取的技术具有突破性，不存在许多替代品或竞争对手 （6）具备灵活的适应能力，能够快速进行取舍 （7）始终在寻找新的机会 （8）定价与市场领导者机会持平 （9）能够获得销售渠道，或已经拥有现成的销售网络 （10）能够允许失败
致命缺陷	不存在任何致命缺陷

创新创业“新市民”：把握机遇，共同成长

陈善夫妇都是浙江温州人，1997 年来到天津创业，而这次跨越千里，甚至背井离乡的抉择，其实完全源于一次偶然。

在探望天津工作的同乡时，陈善发现天津经营不锈钢业务的个体户较少，市场没有形成规模，发展前景十分广阔。对于 16 岁就开始摸索创业的陈善来说，敏锐的商业嗅觉已经成为一种本能。“当时南方的许多家庭都采用不锈钢作为窗户护栏的材质，而天津地区还基本沿用铁质护栏。”夫妇俩认定，“这肯定是个商机。”

当机立断，在天津创业！陈善夫妇把南方的人员、技术全套带了过来。

2004 年，陈善夫妇注册成立了天津市世纪丰泰不锈钢有限公司，主营不锈钢生产经销业务。自此，夫妻俩勤奋探索、积极拓客，汲取经验、拓宽业务，在人员管理、生产经营、适应改革等多方面下足了“狠功夫”，公司业务也蒸蒸日上。

夫妻俩的根也渐渐扎在了天津。

从最开始来津时的不适应，到“现在感觉天津的气候比老家都舒服，孩子也在这里长大”，20 多年来，他们早已融入这座城市，俨然成为地道的“新天津人”。

资料来源：北方网．创新创业“新市民”与天津共同成长——民生银行天津分行小微“十年挚友”系列报道 [EB/OL].（2022-09-30）[2024-03-16].http://economy.enorth.com.cn/system/2022/09/30/053174581.shtml.（有改动）

课后实训

分析创业地区和行业环境

【实训目的】

通过了解波特五力模型，进一步掌握波特五力模型的分析技巧，并学会运用波特五力模型分析创业地区和行业环境。

【实训安排】

1. 选择并确定创业地区和行业

从若干方案中选择并确定创业地区和行业。

2. 了解波特五力模型

通过网络或书籍，查阅并了解波特五力模型的相关知识，熟知和掌握其分析技巧。

3. 分析创业行业环境

运用波特五力模型分析创业行业环境，并填写表5-4。

表5-4 创业行业环境分析

模　型	具体描述
行业新进入者的威胁	
替代产品的威胁	
购买商的议价能力	
供应商的议价能力	
目前竞争者的实力	

模块六 创业资源与创业团队

学习目标

（1）理解创业资源的含义，能够区分创业资源，掌握获取创业资源的方式，能够有效地整合创业资源。

（2）了解创业融资的相关知识，并掌握创业融资的渠道和方式。

（3）了解创业团队的含义、要素与类型，熟悉创业团队的组建环节。

（4）掌握创业团队管理的方法和策略。

创业资源是对创业机会进行开发的前提，如果撇开资源去开拓机会，即使最好的机会也难以塑造创业者。要想取得成功，创业者必须具有获取、整合与利用相关资源的能力，因为只有整合好创业资源，才可能将商业模式落到实处。

任务一 整合创业资源

一、创业资源的含义

资源是任何一个主体在向社会提供产品或服务的过程中所拥有或者所能支配的能够实现自己目标的各种要素及要素组合。对创业者来说，创业资源是指初创企业在创造价值的过程中需要的各种生产要素和支撑条件，包括有形资源与无形资源。

创业资源在整合之前大多是零散的，需要创业者进行整合，以使这些资源发挥最大的价值。创业资源中最基本的资源是人员、资金和创业项目，除此以外还包含如技术支持、销售渠道、咨询机构、潜在客户甚至政府机构等在内的各种各样的内容。

二、创业资源的分类

根据创业资源的性质、控制主体、形态和利用方式等可以将其分为不同的类型。

（一）按性质划分

创业资源按性质不同可以分为人力资源、信息资源、财务资源、实物资源、技术资源和组织资源。对一般的创业者而言，成功的创业活动离不开这些资源。

1. 人力资源

人力资源是开创事业的基础，包括创业者与创业团队的知识、经验、判断力、技能等，也包括创业者本身的人际关系网络。其中，创业者自身的洞察力和领导能力是最核心的资源，直接决定了创业者能否洞察合适的创业机会并领导团队成员有效地采取创业行动。人力资源大致可分为三类，即智力资源、声誉资源和社会网络，如表 6–1 所示。

表 6–1　人力资源的分类

类　别	内　容
智力资源	企业员工的学历、经验和技能，员工的学习能力、创新精神和对变革的适应能力
声誉资源	市场环境中的人群对企业及其产品的综合评价，通过企业的产品与服务的质量、从业人员的工作水平与态度、对消费者的服务态度和社会承诺履行程度等进行积累
社会网络	社会成员之间因互动而形成的相对稳定的关系体系

2. 信息资源

信息资源是企业生产及管理过程中所涉及的一切文件、资料、图表和数据等信息的总称。信息资源涉及企业生产和经营活动过程所产生、获取、处理、存储、传输和使用的一切信息，贯穿新企业管理的全过程。市场竞争十分激烈，新企业更需要丰富、及时、准确的信息，以争取到更多的其他要素资源。如果创业者比其他竞争者掌握更多的信息，就能获得更多的创业机会。

3. 财务资源

视频
青年学生创业的资金来源有哪些

财务资源是创业所需的资金，包括现金、股票、债券等。随着市场的发展，市场竞争越来越激烈和残酷，新企业要想在激烈的市场竞争中生存，创业者就必须掌控充足的资金。若创业者仅有良好的创业环境及创业机会，缺乏资金来实施具体的项目，那么即使再好的创业环境与创业机会也无法让创业者实现创业理想。在创业初期，财务资源主要来自创业者本人或其家庭、朋友。随着企业规模的扩大、经营记录及声誉的积累，新企业筹集外部财务资源将变得相对容易。

4. 实物资源

实物资源是新企业在生产和管理过程中使用的有形资源，包括长期存在的生产物质条件，如土地、矿山、厂房、机器设备、运输工具等，还包括生产过程中投入的主材、辅材等原材料。实物资源是创业活动得以开展的重要条件。许多实物资源属于一次性固定成本，在使用中会逐渐被损耗掉，因此对其加强维护和保养，推动实物资源的保值增值显得特别重要。随着市场规模不断扩大，专业化分工程度持续深入，金融市场的效率不断提高，实物资源越来越容易通过采购等渠道获取。在这种情况下，实物资源往往难以构成既有企业的竞争优势的重要来源，但对新企业而言，实物资源是其创立的基本条件。

5. 技术资源

技术资源一般指专利权、商标权、著作权等。

对新企业来说，技术主要包括两个方面的内容：一是与解决实际问题有关的软件方面的知识；二是为解决这些实际问题而使用的设备、工具等硬件方面的知识。这两者的总和构成一个组织的特殊资源，即技术资源。

技术资源是无形且受法律保护的，是创新资源产生的结果及表现，一般与声誉资源结合在一起使用，从而提升其潜在的价值。在竞争激烈的现代社会背景下，加强开发、保护技术资源的独有性是保证新企业赢得市场份额的关键。企业必须对研发生成的技术进行知识产权保护，以免自身的利益被他人侵犯。加强技术资源知识产权保护的目的是保护创新企业已有的技术，研发并拥有独立知识产权的核心技术，从而占领市场，促使新企业不断发展壮大。

6. 组织资源

组织资源是管理活动中进行资源配置整合的表现形式，包括组织结构、作业流程、工作规范、质量系统等。组织资源通常指组织内部的正式管理系统，包括信息沟通、决策系统及组织内正式和非正式的计划活动等。组织资源为企业的生产经营活动提供了坚实的保障，可随着企业规模的扩大、管理规范化程度的提升而不断积累和优化。

对新企业来说，其组织资源还处在萌芽阶段，需要创业者不断培育和积累，并且在培育和积累的过程中使组织资源发挥充分的作用。大多数新企业之所以失败，是因为无法有效地培育、积累和运用其组织资源。

（二）按控制主体划分

按控制主体不同，创业资源可分为外部资源和内部资源。

1. 外部资源

外部资源是指存在于新企业外部，可以被新企业吸引、购买并加以利用和共享的创业资源，如金融机构的资金、企业外部的优秀人才、科研机构的技术成果及现有的成功营销网络等。

2. 内部资源

内部资源是指存在于新企业内部，新企业已经掌控的创业资源，如新企业的自有资金、新企业的研发成果及新企业自有的营销网络等。

（三）按形态划分

美国学者巴尼（Barney）和霍尔（Hall）根据形态把创业资源分为有形资源和无形资源。

1. 有形资源

有形资源是指具有固定生产能力特征的实体资产及可自由流通的金融资产，包括财务资源、组织资源、实物资源和技术资源等。

2. 无形资源

具体来说，无形资源是那些根植于企业的历史、长期以来积累的资产。无形资源包括人力资源、创新资源和声誉资源等，是指那些不具有实物、实体形态的资源，如企业名称、商誉、商标、专利、专有技术、营销网络、管理制度、信息资料、企业文化等。

新企业在拥有有形资源（厂房、装置、设备及资金等）的同时，也会拥有各种不易计算价值的无形资源。后者往往是创业企业核心竞争力的主要来源。

（四）按利用方式划分

按其利用方式不同，创业资源可分为直接资源和间接资源。直接资源是指企业可直接利用的资源；间接资源是指需要经过一定的转化才可利用的资源，如信息资源往往只有经过加工处理才具有决策参考价值。

三、创业资源的特征

相对于既有企业，新企业的创业资源不仅具有资源的一般特性，还具有自身的一些特征，主要包括以下几个方面。

（一）创业资源的稀缺性更高

创业资源的稀缺性包括两个方面的含义：一是创业资源相对于创业者的创业需求而言是稀缺的，不是说这种资源不可再生或可以耗尽，而是指这样一个普遍现象，即在给定的时间段内，与创业活动对创业资源的需求相比，其供给量相对不足；二是新企业所拥有的资源与所需要的资源在结构上往往是不平衡的。

既有企业是由新企业逐步成长和发展起来的，伴随着企业的发展，既有企业往往会开发出较多的资源，这种资源开发过程所奠定的基础往往使既有企业更容易获得外界的资源。而新企业没有既有企业那样的资源开发的积淀，因此新企业获取外界资源的难度比既有企业更大。在一定的时空范围内，新企业资源的充裕程度、资源结构平衡程度等都将影响新企业的规模、形式、路径的选择及创业绩效。实际上，成功的创业过程也就是一个创业资源总量逐渐丰盈、结构逐渐合理的过程。

（二）创业资源的外部依赖性更强

新企业创业资源稀缺，意味着新企业直接控制的内部资源不足。同时，相对于既有企业的管理者，创业者往往缺乏与企业运作相关的知识、经验及能力。因此，新企业往往存在资源稀缺和部分资源利用不充分的双重矛盾，而利用外部资源既能解决创业资源的稀缺问题，又能解决部分资源利用不充分而导致的资源结构不平衡问题，大大降低了新企业的风险与成本。例如，许多创业者在创业过程中特别注意学习先进的管理经验，吸引既有企业的优秀管理人才加盟创业团队，从而快速提升创业绩效，有效地防范创业风险。

新企业利用外界资源的根本目的是解决创业资源匮乏的问题，而既有企业利用外界资源可能更多的是从扩张、竞争战略等方面考虑。因此，在日趋动态多变的商业环境下，创业者如何创造性地获取及利用外部创业资源，对新企业的生存与发展越来越重要。

（三）创业资源的个性化特征更明显

任何企业都被深深地打上了其缔造者的烙印，只不过新企业的个人特征更为明显。与既有企业相比，新企业的各种生产要素往往与创业者自身的社会网络联系在一起。例如，新企业重要的人力资源往往是创业者的家庭或相关群体的成员，新企业的创业资金往往来自创业者自身或亲朋好友等相关群体。

四、创业资源的整合

创业资源的整合能力是创业者能够成功的关键要素之一，也是创业者需要培养的核心能力，其实质是一种交换、共享，目的是挖掘创业者与合作者的共同利益，以期产生“1+1 > 2”的效果。

（一）创业资源整合的原则

1. 渐进原则

对任何一个新创企业或者创业团队来说，有利的创业资源都是难以完全发掘、配置和利用的。因此，就必须遵循渐进的原则，根据对资源的需求程度及资源开发和利用的成本、收益和不确定性三者的综合考虑，逐步寻找和利用各种创业资源。也就是说，对每种创业资源都应当选择一个适当的整合时机，以降低资源的维护成本。

2. 双赢原则

一般来说，创业者所发掘和应用的每种创业资源实际上都是一个相对独立的利益体。

因此，创业者在开发和应用这些资源的时候，不能仅从企业的自身利益出发，还必须坚持双赢的原则。尤其是对需要长期使用的创业资源，创业者不仅要兼顾自身，而且要重视对方的既得利益。

3. 量力原则

创业者不但需要对不同的资源进行渐进开发和利用，而且即使对同一种创业资源，也存在逐步开发的问题。创业者和新创企业对资源开发的能力和经验都相对较弱，因此就更需要遵循量力原则，按部就班地对某一种创业资源进行开发和利用。

（二）影响创业资源整合的因素

1. 社会网络系统不健全

在社会网络中，网络关系影响个体能否获取相关的资源及采用何种方式获取资源。社会网络的规模取决于凝聚在每个网络成员身上的关系数量。一般来说，某一成员身上所凝聚的关系数量越多，他在社会网络中就越重要。在创业的初始阶段，当新企业的内部资源相对短缺时，良好的社会网络能够帮助创业者获取所需的资源。大学生刚步入社会，还没有形成足够广泛的社会网络系统，这导致他们在创业过程中常无法获取必要的创业资源。

2. 信任机制尚未形成

新创企业在初期存在新生劣势，在经营中面临高度的技术和市场的不确定性。中国正处在经济转型时期，市场机制不完善，信息不对称，新创企业通过要素市场获取资源的难度比西方国家成熟市场条件下的企业高得多。同时，新创企业缺少与外部购买者和供应商的良好信用记录，这往往会阻碍资源所有者对新创企业的正确认识和判断，使新创企业很难赢得其他企业和投资者的支持。

3. 缺乏行业经验

行业经验是创业者所拥有的前期工作经验及行业技能，会随着创业者转移到新的组织中。创业者先前的工作经历和创业经历对获取创业资源会产生很大的影响，拥有丰富行业经验的创业者比那些缺乏行业经验的创业者更懂得如何获取创业资源。这是因为有行业经验的创业者更加了解顾客的需求偏好，熟悉行业的市场情况，了解不同市场战略实施的有效性，并且能够掌握与利益相关者建立关系的技能，而这些都有利于他们获得其他企业的认可，从其他企业或投资者那里获取创业资源。

4. 创业者的领导能力不强

在企业创建初期，企业的社会网络尚未完善或者刚刚建立的企业网络不稳固。这时，企业资源的获取在很大程度上依赖创业者的领导能力，如创业者的内部领导能力和外部协调能力等。

在企业内部，创业者发挥其卓越的领导才华可以调动创业团队成员的积极性，鼓励成员为企业的发展带来更多的创业资源。在企业外部，创业者能够与其他供应商、分销商协调一致，共同协作，从外部争取更多的资金和物质方面的资源支持。领导能力强的创业者会运用合理的管理手段和协调技能迅速补充企业的创业资源。如果创业者的领导能力不强，就会阻碍企业对创业资源的获取。

5. 缺少互惠合作机制

互惠合作机制的构筑能够形成多种渠道，有利于新创企业获取资源，新创企业应善于与其他企业建立合作机制，并积极参与其中。在合作中，企业之间能够以比较低的成本获取创业资源，彼此可以利用对方企业的资源与更多的企业建立合作关系。随着合作的企业不断增加，创业资源获取的渠道得以拓展。在其他条件不变的情况下，建立新的合作关系能够帮助企业获取新的资源。善于构筑互惠合作机制的企业，其创业资源获取的能力会更强，成功的机会更多；反之，企业则难以获得创业资源。

（三）创业资源的合理利用

对创业者而言，一方面要借助自身的创造性，用有限的资源创造尽可能大的价值；另一方面要设法获取和合理利用各类战略资源。

1. 善用资源整合技巧

创业者通常可利用身边能够找到的一切资源进行创业活动，有些资源对他人来说也许是无用的，但创业者可以通过自己独有的经验和技巧对这些资源加以整合、创造，并应用到创业活动中。例如，很多高新技术企业的创业者并不是专业技术人员，却因兴趣或其他原因而对某个领域的技术略知一二，进而凭借略知的“一二”敏锐地发现了创业机会，并迅速实现了相关资源的整合。

整合已有的资源，快速应对新情况，是创业的利器之一。创业者要善于用发现的眼光洞悉身边各种资源的属性，将它们创造性地整合起来。这种整合在很多时候甚至不是事先仔细计划好的，而是具体情况具体分析和尝试的产物，这也体现了创业的不确定性，考验创业者的资源整合能力。

2. 步步为营

创业者分多个阶段投入资源并在每个阶段投入最有限的资源，这种做法称为步步为营。步步为营的策略首先表现为节俭，即设法降低资源的使用量和管理成本。应注意的是，过分强调降低成本会影响产品和服务的质量，甚至会制约企业的发展。例如，为了求生存和发展，有的创业者不注重环境保护或盗用别人的知识产权，甚至以次充好，这样的创业活动尽管在短期内可能赚取利润，但就长期而言，这种企业的发展潜力有限。因此，创业者需要有原则地做到节俭。

步步为营策略还可表现为自力更生，减少对外部资源的依赖，其目的是降低经营风险，加强对所创事业的控制。在很多时候，步步为营不仅是一种经济的做事方法，还是创业者在资源受限的情况下寻找实现企业目的、目标和理想的途径，更是在有限资源的约束下获取满意收益的方法。习惯于步步为营的创业者会形成一种审慎控制和管理的价值理念，这对新创企业的成长与向稳健成熟发展期的过渡尤为重要。

3. 发挥资源杠杆效应

资源杠杆效应是以尽可能少的付出获取尽可能多的收获。资源杠杆效应的发挥是创造性产生的过程。美国著名投资银行家罗伯特·库恩（Robert Kuhn）说过："一个企业家要具有发现价值和创造价值的能力，要具有在沙子里找到钻石的功夫，识别一种没有被完全利用的资源。"

尽管存在资源约束，但创业者并不会被当前控制或支配的资源限制。成功的创业者善于利用资源杠杆效应，利用他人或者其他企业的资源达到自己的创业目的：用一种资源补足另一种资源，产生更高的复合价值；利用一种资源撬动和获得其他资源。很多既有企业不只是一味积累资源，更擅长资源互换，进行资源结构更新和调整，积累战略性资源，这是创业者需要学习的重要经验。

4. 设置合理的利益机制

资源通常与利益相关，创业者之所以能够从家庭成员那里获得支持，是因为家庭成员之间不仅是利益相关者，更是利益整体。创业者在整合资源时一定要设计好有助于资源整合的利益机制，借助利益机制把潜在的和非直接的资源提供者整合起来，借力发展。因此，创业者在整合资源时需要关注有利益关系的组织或个人，要尽可能多地找到利益相关者。同时，创业者要分析并确认这些组织或个体与自己及自己想做的事情有利益关系。创业者与利益相关者的利益关系越强、越直接，创业者整合到资源的可能性就越大。设置合理的利益机制是资源整合的基本前提。

五、创业融资方式的选择

对大多数创业团队而言，尤其是大学生创业团队，自有资金往往无法支撑企业的正常运转，其面临的最显著问题就是缺少启动资金。随着企业的发展，遇到的问题会越来越多，也会导致资金短缺，这时候创业团队需要找到合适的创业融资。

（一）创业融资的含义

创业融资是指创业者根据自身拥有的资金状况及企业未来经营发展的需要，通过科学的预测和决策，采用一定的方式，通过一定的渠道在融资市场上筹措或贷放资金，组织资金的供应，以保证企业生产、经营管理活动正常运行的理财行为。通俗地讲，融资就是买卖企业股权的过程；从本质上来讲，融资就是企业的所有者把手中的股权按照双方商定好的价格卖给投资人的过程。创业融资是每个创业者的必经之路，对新创企业未来的潜力与规模有一定的影响，也是不少创业者梦想的破碎之路。创业融资是创业管理的关键内容，在企业成长和发展的不同阶段有不同的侧重点与要求。大学生创业者在筹集创业资金的过程中对市场信息不了解、对创业发展不确定、自身经验不足等都是造成创业融资难的因素。

（二）创业融资的原则

1. 及时性原则

在融资方面，创业者首先要注意的是及时性原则。在创业过程中，由于创业时机窗口从打开到关闭往往时间非常短，创业者如果没有及时筹措到资金以展开生产、抓住市场，创业机会就会被其他创业者抓住。因此，为了保证新创企业能够正常运转，并且及时应对发展需要，创业者应及时获取与企业发展相匹配的资金，甚至提前做好准备，以免错过机会。

2. 效益性原则

融资是为了使企业拥有必要的营运资金，并且能够在未来的发展中获得收益。因此，在进行融资活动时，创业者应当权衡资金筹措的成本和能带来的效益。为了获取资金，新创企业需要付出一定的成本，这些成本包括融资中涉及的抵押、担保等，甚至是企业的控制权。如果资金吸纳进来后所创造的效益不能大于投资成本，创业者就应当放弃这种融资方式。效益原则要求创业者能够运用相应的财务知识研究各种融资方式的优缺点，并确定最优的融资组合，以降低融资成本。

3. 合法性原则

合法性原则是从法律层面对新创企业融资活动的限定。新创企业的融资活动要遵守国家的相关法律、法规，依法履行约定的责任，维护利益相关主体的权益，避免出现非法融资行为。

4. 低风险性原则

创业者在制订创业计划时要提前考虑各种融资方式的风险。创业者在确定不同发展阶段的融资方式时，首先要考虑采用风险小、不确定性小的融资方式，而将风险较大、不确定性较大的融资方式作为备用；融资策略要与企业的经营战略一致，避免资金管理失控而导致财务状况恶化。

（三）创业融资的渠道

1. 自我融资

创业者依靠家人和自己多年的积蓄融资是创业融资的一个重要渠道。其优点是有利于创业者控制企业、占有企业绝大部分的股份，可长期使用，不需要还本付息；缺点是资金往往有限，并且风险较大，一旦创业失败，个人多年的积蓄将付诸东流。

2. 亲情融资

俗话说，“一个好汉三个帮”，从亲朋好友处借钱创业也是筹集创业本钱的常见做法。其优点是筹措资金速度快，风险小，成本低，方便、快捷、灵活；缺点是可能给亲朋好友带来资金风险，甚至是资金损失，如果创业失败，就可能影响双方的感情。

3. 合伙人融资

合伙人融资是祸福同享的共同投资。其优点是不仅可以有效筹集到资金，还可以充分发挥人才的作用，有利于整合和利用各种资源，能尽快形成生产能力，降低创业风险；缺点是合伙人多了很容易产生意见分歧，降低办事效率，也有可能因为权利与义务不对等导致合伙人之间产生矛盾，不利于合伙基础的稳定。

4. 从供货商处赊购

赊购是指在购买商品时不付现金，先记账，以后一次或分几次还款。赊购是一种商业信用形式，有利于推销商品，而且贷款的利息早已经计入货价，是一种自然融资。但企业在成立之初很难从供应商处赊货，因为供应商对企业的经营及未来状况不了解。

5. 政策扶持资金

政策扶持资金是创业者的“免费皇粮”。其优点是政府的投资一般是免费的，降低或免除了筹资成本，而且不用担心投资方的信用问题；缺点是创业基金有严格的申报要求，同时政府每年的投入有限，筹资者需要与其他筹资者进行竞争。

6. 银行（金融机构）贷款

银行（金融机构）贷款是银行（金融机构）根据国家政策，以一定的利率将资金贷放给资金需要者，并约定归还期限的一种经济行为。银行（金融机构）贷款被誉为创业融资的“蓄水池”，在创业者中很有“群众基础”。

银行（金融机构）贷款有抵押贷款、信用贷款、担保贷款、贴现贷款等。银行（金融机构）贷款融资的优点是方便灵活，期限和类型较多，风险较小，不涉及企业资产所有权的转移等；缺点是申请手续比较麻烦，筹集资金的数量有限，利率较高。一旦银行（金融机构）因企业无力偿还而停止贷款，则可能使企业陷入困境，甚至导致企业破产。

7. 设备租赁融资

设备租赁融资是指出租人根据承租人对租赁物件的特定要求和对供货人的选择，出资向供货人购买租赁物件，并租给承租人使用，承租人分期向出租人支付租金。在租赁期内，租赁物件的所有权属于出租人，承租人拥有租赁物件的使用权。其优点是在交付部分资金的情况下能够拥有该固定资产的使用权，因此在实际筹资过程中，设备租赁融资和向商业银行贷款有时可以联合运用；缺点是潜在风险很大，一旦企业亏损无法归还到期的融资费用，将产生“多米诺骨牌效应”，产生一系列消极影响。

8. 天使投资

天使投资是初创业者的“婴儿奶粉”，对具有巨大发展潜力的新创企业进行早期的直接投资，属于一种自发而又分散的民间投资方式。天使投资是风险投资的一种。天使投资与风险投资的区别为：天使投资者大多数在申请投资的人具有明确的市场计划时就已经开始投资，而这些市场计划或想法暂时不被风险投资公司接受。天使投资人可以分为富有的个体投资者、家族型投资者、天使投资联合体和合伙人投资者。其优点是比风险投资门槛低，有时即便是一个创业构思，只要有发展潜力，也能获得资金；而风险投资一般对这些尚未诞生或嗷嗷待哺的“婴儿”兴趣不大。其缺点是申请成功的概率不是很高，一方面是由于我国的天使投资并不像发达国家一样发达，另一方面是由于投资人对企业的项目要求较高。

9. 众筹集资

创业者可以把自己的产品原型和创意提交到众筹平台，发起募集资金，由感兴趣的人来捐献指定数目的资金。有了这种平台的帮助，任何有想法的人都可以启动一个新产品的设计与生产。

10. 私募融资

私募融资是指不采用公开方式，而是私下与特定的投资人或债务人商谈，以招标等方式筹集资金。私募融资形式多样，取决于当事人之间的约定，如向银行贷款、获得风险投资等。私募融资分为私募股权融资和私募债务融资。私募股权融资是融资人通过协商、招标等非社会公开方式向特定投资人出售股权进行的融资，包括股权发行以外的各种在组建企业时的股权筹资和随后的增资扩股。私募债务融资是融资人通过协商、招标等非社会公开方式向特定投资人出售债权进行的融资，包括除债券发行以外的各种借款。

（四）融资渠道的选择

企业的融资渠道和方式是多种多样的，创业者应根据企业所处的发展阶段和资金的需求状况决定采用何种融资方式。

1. 种子阶段的融资渠道选择策略

新企业在种子阶段的主要任务是突破技术上的难关，将构想中的产品开发出来，生产雏形产品。在此阶段，新企业最需要的是能够长期使用的资金。新企业在种子阶段技术不成熟、产品无市场、管理无经验、生产无规模，因而风险很高，敢于投资的机构和个人非常少。若不是出于对创业者的极度信任、对此项技术或产品非常了解，几乎很少有人愿意冒此风险。在种子阶段，创业者主要以前期个人积累及亲戚、朋友资助的资金，或天使投资人提供的股本金作为企业的“种子资金”，同时有极少量的政策资助拨款、大学及科研机构的研究基金。私人投资是新企业在种子阶段的主要融资方式。

2. 起步阶段的融资渠道选择策略

新企业进入起步阶段时，已掌握新产品的样品、样机或较为完整的生产工艺和生产方案，但还需要在许多方面加以改进，尤其需要在与市场相结合的过程中加以完善，使新产品成为市场乐于接受的定型产品，为产品的工业化生产和应用做好准备。这一阶段的资金主要用于形成生产能力和开拓市场。

起步阶段的企业融资方式仍以私人投资为主，但一些规模较小、运作较为灵活的风险投资机构已经开始关注并对企业进行投资。同时，有部分创业者利用自有房产向银行申请个人创业或经营性贷款，或者利用房产、车辆抵押或质押方式获得其他民间应急资金，以满足中短期的资金需求。借助这些方法获得资金的成本高，且考验企业的资金管理能力，若企业不能对有限的资金进行合理配置，极短期、高成本的借入资金有可能将企业置于高风险的境地。

3. 成长阶段的融资渠道选择策略

企业在成长阶段的主要工作是开拓市场，此处的市场开拓包括资金市场的开拓和商品市场的开拓。有机会进入成长阶段的新企业，其发展前景大多比较明朗，与种子阶段和起步阶段相比，影响处于成长阶段的企业发展的各种不确定因素大为减少，风险也随之降低。

在成长阶段，企业的资金需求量迅速上升，企业一般已经具备一定的资产规模，具有一定的融资能力。成长阶段的企业很难靠自我积累和债权融资等方式解决迅速增长的资金需求，而银行信贷、风险投资成为其主要的融资方式。对于银行信贷，绝大部分企业仍需借助第三方信用担保公司才能取得银行的信贷支持。而风险投资机构主要介入高新技术型中小企业，少量进入传统型产业。所以，绝大部分劳动密集型、技术含量较低的企业获得风险投资的可能性几乎为零，它们仍以民间融资为主要融资方式。

案例链接

消费级 3D 打印机公司“魔芯科技”获数千万元 pre-A 轮融资

消费级 3D 打印机公司“魔芯科技”已于 2022 年 10 月获数千万元 pre-A 轮融资（A 轮之前的融资），本轮融资由德石投资独家投资。此前，曾获得盛元智本投资。本轮融资资金将主要用于多线产品的持续研发和生产落地，同时也将积极推动国内外市场布局。

成立于 2021 年的“魔芯科技”，其自主研发的 KOKONI 消费级 3D 打印机是一款桌面级 3D 打印机。2022 年 3 月，KOKONI 多功能 3D 打印机在小米有品平台首发上线，获得超 6 000 人全款支持，众筹金额超过 600 万元。

KOKONI 多功能 3D 打印机除了能够满足常规的技术爱好者打印工件的需求外，还适用于多种场景，其中包括多种建模工具和益智模型。目前，该产品已同步在日本、美国等地区开展销售。

魔芯科技 CEO 表示，现阶段消费级 3D 打印机的门槛主要体现在两方面：一是价格门槛，市面上大多消费级 3D 打印机价格动辄大几千甚至上万元，对于普通消费者来说是一笔不小的开销；二是使用门槛，大多消费级 3D 打印机收到货后还需要自行安装调试，在打印过程中还要涉及建模、切片等相对专业的技术等，且打印成功率和打印效果难以保障，而这一领域需要技术的变革来推动降低门槛的努力。

魔芯科技基于多年技术积累推出的 KOKONI 多功能 3D 打印机，主要通过软件+硬件的方式来降低消费门槛。

在软件方面，魔芯科技自主研发的 KOKONI3D App 可实现一键打印功能，通过选择三种打印方式降低前端的使用操作：一是在其持续更新的 App 自带模型库中直接挑选模型打印；二是通过上传本地模型直接打印；三是拍照拟真建模，直接通过 App 拍照便可生成拟真 3D 模型，直接打印。

对于第三种拍照拟真建模，魔芯科技推出了“物品建模”和“人像建模”两大功能。魔芯科技能够做到这一点，主要是采用了深度学习的方法：先捕捉全局语义信息，再结合照明和纹理等先验知识，对图像进行初始估计，最后通过优化，最大限度地将用户拍摄的图像合为高保真且可3D打印的三维模型。

在硬件方面，KOKONI采用了收纳盒式的外观设计，仅有A4纸大小。这样设计的优势在于魔芯科技的打印机可以开箱即用，免去了组装、调平等操作且可以自动进退料。

在团队方面，魔芯科技核心团队兼具技术和商业能力。CEO是一名“00后”创业者，是浙江大学的直博生，在视觉三维算法等领域有丰富积累，发表了多篇SCI/EI论文。

作为本轮投资方，德石投资总经理表示：“3D打印的概念已有多年发展，但真正的消费级应用还是蓝海中的蓝海，想象空间很大。而打开这个市场，需要产品、内容、模式的全方位升级与配合。魔芯团队是我们所投资团队中最年轻、最具活力和最富创造力的，他们跟我们有不一样的成长背景、不一样的思维。但我们坚信，未来属于这一批优秀的年轻人，拥抱他们，就是拥抱未来；投资他们，就是投身到时代。消费级3D打印产品需要魔芯科技这样一支团队来创造，我们坚定地看好公司未来的发展。”

资料来源：投资界.消费级3D打印机公司“魔芯科技”获数千万元pre-A轮融资 [EB/OL].（2022-10-26）[2024-03-12].https://business.sohu.com/a/595406042_439726.（有改动）

任务二　组建创业团队

一、创业团队的组建要素

创业团队是由少数技能互补的创业者组成的群体。该群体认同某个共同的创业目标，并共同遵守某个能使他们担负责任的创业程序，在该程序下为获得高品质的创业结果合力工作，并在创业工作中相处愉快。

创业团队的集体力量是强大的，在某种程度上更能对创业的成功起决定性作用。如果团队坚强有力，那么创业就会朝着更好的方向发展；如果团队陷入问题和矛盾之中，那么其不利影响会摧毁一个创业团队，导致创业失败。因此，创业团队对创业的成功起着非常关键的作用。

综合来讲，创业团队要具备以下五个重要的组建要素。

（一）创业目标

没有目标，团队就没有前进的方向。目标是凝聚人心的重要手段，也是创业团队的重要组建要素之一。明确的创业目标可以引导团队成员的思想和行为，是支撑整个团队继续发展的直接动力。

（二）创业人员

视频

在创业团队当中哪些人不适合用

人是创业团队组建要素中最核心的要素。人力资源是创业团队内部所有创业资源中最活跃且最关键的资源。创业目标必须经由创业团队成员才能实现。例如，有人制订计划，有人具体执行计划，有人协调成员共同工作，有人监督达成目标的进度，有人评价团队最终的工作效果等，团队成员通过分工合作达成创业团队最终的目标。创业团队的人员选择关系到新创企业的最终命运。因此，创业者在选择创业团队人员时，必须综合权衡人员的知识、技能、经验等。

（三）权限分配

团队领导者具有一定的权力，是团队的核心人物，在团队发展过程中有一定的权威性。在团队成立初期，领导者的权力是相对集中的，一般集中在一两个人手中，不超过三个人。在创业初期，企业的事务比较少，领导者的管理权力比较小。但随着团队的发展、业务增多，团队所涉及的问题要逐一解决，管理层要逐步增加。例如，企业中公关部门有很多依托方式，在小型企业中往往附属于其他部门，如果没有太多业务，是可以不设立的。但是对于大型企业，非常有必要设立单独的公关部门，以全权负责公司的公关业务、公关宣传。这样，权力就被分散了，形成了倒金字塔式的管理模式，这种模式被很多企业使用。领导层的决策权相对集中，中层和下层的执行者则更多地发挥他们应有的作用。在团队中，各部门各负其责，在权限上也不尽相同。

（四）创业团队的定位

创业团队的定位一方面是指确定创业团队在企业中的位置，如创业团队成员由谁决定，创业团队对谁负责，创业团队与企业中其他人的关系等；另一方面是指确定创业团队成员在团队中的位置，在创业团队中承担何种角色和责任，是负责计划、组织实施还是监督等，这种定位往往会影响创业实体的组织形式，即是合伙企业还是公司制企业。

（五）创业计划

计划是为实现目标而做出的安排，是未来行动的方案。可以把计划理解成目标实现的具体工作程序。只有认真执行计划，才能贴近目标并最终实现目标。团队必须有创业计划。企业在发展过程中也要制订短期、中期和长期计划，让企业有条不紊地发展。

二、创业团队的类型

按创业团队成员不同的组成形式，创业团队可以分为星状创业团队、网状创业团队、虚拟星状创业团队。

（一）星状创业团队

星状创业团队是指在团队中一般有一个核心人物充当领队的角色。这种团队在形成之前，一般是核心人物有了创业的想法，然后根据自己的设想进行创业团队的组织。因此，在团队形成之前，核心人物已经就团队组成进行过仔细思考，根据自己的想法选择相应人员加入团队。这些加入创业团队的成员可能是核心人物以前熟悉的人，也可能是不熟悉的人，这些团队成员在企业中更多地扮演支持者角色。

星状创业团队有以下几个特点。

（1）组织结构紧密，向心力强，核心人物在团队中的行为对其他个体影响巨大。

（2）决策程序相对简单，组织效率较高。

（3）容易形成权力过分集中的局面，从而使决策失误的风险加大。

（4）当其他团队成员和核心人物发生冲突时，因为核心人物的特殊权威，其他团队成员往往处于被动地位，当冲突较严重时，他们一般会选择离开团队，因而对组织的影响较大。

（二）网状创业团队

网状创业团队的成员一般在创业之前有密切的关系，如同学、亲友、同事、朋友等。他们一般是在交往过程中共同认可某一创业想法，并在达成共识以后开始共同创业的。创业团队在刚组成时没有明确的核心人物，大家根据各自的特点进行自发的角色定位。因此，在企业初创时期，各成员扮演的基本上是协作者或伙伴角色。

网状创业团队有以下几个特点。

（1）团队没有明显的核心，整体结构较为松散。

（2）组织决策时，一般采取集体决策的方式，通过大量的沟通和讨论达成一致意见。

（3）由于团队成员在团队中的地位相似，因而容易在组织中出现多头领导的局面。

（4）当团队成员之间发生冲突时，一般采用平等协商、积极解决的态度消除冲突，团队成员不会轻易离开。但是，一旦团队成员之间的冲突升级，就会使某些团队成员撤出团队，导致整个团队涣散。

（三）虚拟星状创业团队

虚拟星状创业团队是由网状创业团队演化而来的，基本上是前两种团队的中间形态。虚拟星状创业团队中有一个核心人物，但是该核心人物地位的确立是团队成员协商的结果，因此，核心人物从某种意义上说是整个团队的代言人，而不是主导人物，其在团队中的行为必须充分考虑其他团队成员的意见，不如星状创业团队中的核心人物那样有权威。虚拟星状创业团队有以下两个特点。

（1）核心人物具有一定的权威。

（2）整体结构既不过度集权，又不过于分散。

案例链接

数十种中医药文创、现场DIY中药香囊，
这个大学生创新创业团队受热捧

“我刚做的香囊闻起来很提神，你们包装得也很精美，我多做几个，拿给亲戚朋友用。现在的大学生们很有创意，靠自己就研发出这么多中医药产品，未来可期呀！”桃园社区居民李爷爷说。2023年10月20日，“2023武汉市中医药文化宣传周·中医惠民惠老行动”在江汉区常青公园举行，来自湖北中医药大学基础医学院的20多名师生来到活动现场，其组成的中医药文化创意体验区一天下来吸引了数百游园居民驻足体验。

据了解，该体验区也是现场诸多展位中唯一一个由高校师生组成的。除此以外，参与此次活动的还有该学院大学生创新创业平台孵化的武汉岐黄槐墨文化传媒有限公司、武汉岐黄融创医学科技有限公司两个主体由大学生组成的创新创业团队。

展台上，既有从古代中医经典方剂转化改良而来的冬季滋补、保健类膏丸茶产品，如黑芝麻、百合丸、酸枣仁、枇杷秋梨膏；也有针对当下甲型流感及老人便秘等具体症状的，现场提供相关中医药保健茶饮，如清瘟茶、米茶等。现场展示实物，提供膏方、茶饮试饮，以及从中医芳香疗法、中医外治法中发掘而来的中医药保健产品，如书·香系列手工香囊（如醒脾、防感、安神、暖宫、凝神）、十大楚药——

薪艾产品（如苍艾熏灸、艾枕、艾垫）、中药复合精油香薰（如薰衣草、栀子花、桂花、玫瑰）等湖北中医药大学基础医学院自己研发的数十种中医药文创。

“我们还带来了原创设计的以传统四神兽、湖北中医药大学、中医经典方剂为主题创作的中医药文创产品，包括白虎款香枕和帆布包、四君子宣纸扇、湖北中医药大学团扇和帆布包、四神兽主题系列伴手礼，希望让居民更深切地感受到中医药传统文化的魅力。”湖北中医药大学基础医学院大学生创新创业平台学生负责人、2020级方剂学硕士张利介绍。

资料来源：张越，熊茜，冉光辉．数十种中医药文创、现场DIY中药香囊，这个大学生创新创业团队受热捧[EB/OL].（2023-10-20）[2024-03-16].https://baijiahao.baidu.com/s?id=1780287126327607829&wfr=spider&for=pc.（有改动）

三、创业团队的组建过程

创业团队的组建经常是一个反复和不断调整的过程，不同类型的项目不仅对团队的要求不一样，组建步骤也不一样，团队成员之间的磨合和相互适应都要经历一个过程才能完成。总体而言，创业团队的组建过程包括以下环节。

（一）识别创业机会

创业机会的识别是整合创业团队的起点。为了组建创业团队，创业者首先需要关注创业机会在人力资源方面的支持要素，然后在此基础上制定团队的创业目标。

（二）制订创业计划

创业者在组建创业团队前，首先要清楚需要做哪些工作，即制订创业计划，然后根据工作需要去配备人员，切忌在工作还没有确定时就盲目地组建团队。创业计划是在对创业目标进行具体分解的基础上，以团队的整体来考虑的计划。创业计划确定了不同创业阶段要实现的目标，通过逐步实现这些阶段性目标来最终实现创业目标。撰写创业计划书，一方面可以进一步使创业者的思路清晰，厘清影响创业成败的关键因素，同时对自身优劣势、已获得的资源和下一步继续开拓的方面都有清醒的认识；另一方面，能够让创业伙伴感受到创业者的热情，更清楚地了解创业者的想法和思路。

（三）寻找创业伙伴

创业者可以通过亲朋好友、招商洽谈会、论坛研讨会、公共传媒等寻找创业合作伙伴。创业团队应该尽可能精简，一是可以减少人员的费用支出，二是可以减少协调沟通，提高反应速度。

（四）进行职权划分

创业团队成员间的职权划分必须明确，既要避免职权的重叠与交叉，又要避免无人承担任务造成工作上的疏漏。在实际中，很多创业团队是基于亲戚朋友关系建立的，这能保证团队成员之间有较大的信任，在创业初期资源匮乏、企业事务多的情形下能保证企业团结一致。但是随着企业进一步扩大，这种依靠亲戚朋友组建起来的团队往往会遇到一些权限不明、责任不清的问题，甚至由于价值观念不同，致使企业分裂。因此，创业团队有必要进行职权划分。职权划分的方法主要有书面合同法和心理默契法两种。书面合同法适用于对权益份额进行确定，对各创业团队成员在企业中所占份额的比重和规模应用具有法律效力的书面合同予以确立。心理默契法适用于灵活安排创业团队成员应从事的具体工作、所需扮演的工作角色等。

如何走上创新创业之路?

“我们深知，能从众多优秀的团队中脱颖而出，代表新文科赛道获得全国金奖是多么不易。”

“我们的团队氛围非常融洽和友好。虽然成员们来自不同的行业，但是都很尊重彼此的观点和经验。”

“感谢学校的帮助以及创业学院的大力支持。整个备赛周期我们接受了创业学院组织的六七十场专家辅导，在专家们的引领下，我们对项目也更加明确。”

在第八届中国国际“互联网 +”大学生创新创业大赛中，中国人民大学大学生创新创业团队“数悦行者 –AI 赋能商业设计开拓者”以本科生初创组小组第二的佳绩获得高教主赛道全国总决赛金奖。

本届大赛是在习近平总书记给第三届中国“互联网 +”大学生创新创业大赛“青年红色筑梦之旅”大学生回信 5 周年之际举办的大赛，恰逢其时，意义重大。

这也是自 2016 年以来，中国人民大学第二次获得全国金奖、首次在高教主赛道夺金。

“数悦行者”究竟是个怎样的团队?

“数悦行者”团队利用大数据与人工智能赋能企业设计全流程，拥有多项专利版权，注册成立公司后已成为众多大型企事业单位的供应商。

作为创业学院“人工智能 +X”学科交叉创新创业人才培养计划重点支持团队，“数悦行者”致力于前沿科技与优质文创齐发展，开拓AI赋能商业设计，带领文创设计行业实现数字化、智能化转型升级。

在计划支持下，团队吸收了中国人民大学艺术学院、高瓴人工智能学院和统计学院等多个学院师生的集体智慧，充分发挥新文科建设的跨学科交叉优势，集中体现了学校在新文科改革和实践育人方面的显著成果。

怎样开始创业？怎样友好合作？来听金奖团队的答案！

高路淇：本科毕业于中国人民大学动画专业，伦敦艺术大学平面与媒体设计专业硕士。担任中国儿童少年基金会、中国冰雪、南水北调中线管理局、北京文旅人才中心等机构合作设计师。作品《中国专注力冬奥精神》多次获国内外奖项。

“我们数悦几位创始人，在中国人民大学跨学科培养的学术环境相识。发挥新文科建设的跨学科交叉优势，体现了学校在新文科改革和实践育人方面的要求。正如习近平总书记在中国人民大学考察调研时所强调的：要以中国为观照、以时代为观照，立足中国实际，解决中国问题。我们时刻谨记教诲，将‘先锋和闯将’的精神融入企业文化，融入事业追求，勇担时代的重任，彰显人大人风采，用技术赋能设计引领新文科发展。”

柴思宇：中国人民大学艺术学院设计艺术学硕士，入选北京市青年创业导师。上榜胡润、福布斯、中关村等相关创新创业榜单，北京市青年企业家协会会员、北京市房山区文创协会会员，多次中标部委、北京市等政府项目，入库阿里、百度、快手供应商，个人累计获得国家、省级荣誉30余项。

“我与路淇一起创业组建团队，确定方向后，我们首先结合专业找到一些市场上存在的问题，思考团队需要什么方向的成员。非常感谢学校的跨学科平台给我们提供了对接的机会，创业学院提供了很多帮助，包括许多活动如创业团队双选会等，很好地把各个学院连接起来。这让我们在找到更多志同道合的团队成员的同时，视野也更加开阔。因为不同专业的学生都有各自的优势，组建起的团队更加平衡、配置更加合理。”

刘炯楠：高瓴人工智能学院2021级博士研究生，主要研究方向为信息检索。以第一作者身份在信息检索方向国际会议上发表论文3篇，4项国家发明专利在申。本科期间曾获得国家奖学金和中国人民大学吴玉章奖学金。

“我记得第一次接触团队成员是在人大校内的咖啡馆，我们一起讨论如何运用AI模型助力项目。整个交流过程非常愉快，大家各抒己见，观点的碰撞使我们受益匪浅。平时的讨论中，我们团队的协作十分和谐，大家都了解自己应该做的任务。团队注重协作和沟通，使得每一个队员都能够更好地解决困难，使得团队能够更快实现既定目标。”

卢浩宇：高瓴人工智能学院2021级博士研究生，主要研究方向为多模态预训练和视频内容理解。以第一作者身份在人工智能国际会议上发表论文2篇。曾作为核心成员参与悟道文澜大规模中文多模态预训练模型项目。

“在日常工作中，我们经常分享自己的想法和思路，让团队中的每个人都能参与到项目中。我们也会相互协作，帮助彼此解决问题，确保项目能够按时完成。”

黄思宇：统计学院2020级本科生，有丰富的大数据运营管理经验。累计获得十余项国家级省级创新创业类奖项，负责公司整体运营。

“我们创意点的萌发开始于在学业和实践不断深入的过程中，自身对行业产生的思考。发现行业痛点之后，我们选定了商业设计领域，更广泛来说是设计领域。我们还考虑到现有的技术，选取图像识别、神经网络、卷积网络技术赋能设计，对许多行业都有所触动升级。”

中国人民大学为什么能锻造出这样的金奖团队？

2021年11月，中国人民大学创业学院围绕“新文科”实践育人要求，与信息学院、高瓴人工智能学院、商学院、劳动人事学院、公共管理学院、新闻学院、艺术学院等多个学院合作，设立人工智能+X学科交叉创新创业人才培养项目。该计划面向全校开放了一批来自校内实验室、校友企业的创新创业项目，招募跨学科师生参与，以项目制形式打破学科壁垒、打通技术实践应用。近200人次人大同学参与其中，通过理论教学、实践训练、赛事集训等方式优化创新团队、打磨创业项目，针对社会需求解决社会问题，实现了高质量科研成果转化与创新创业人才培养。在此基础上，创业学院启动第八届中国国际“互联网+”大学生创新创业大赛校内选拔工作，最终本次共计19支团队获得北京市级及以上奖项。

此外，创业学院积极组织、鼓励学生团队参与创业赛事，近两年来，人民大学的创业团队已获首届“京彩大创”北京大学生创新创业大赛“百强创业团队”称号、第六届全国财经院校创新创业大赛全国总决赛一等奖、首届“智汇宜宾·共创未来”知名高校创新创业项目邀请赛决赛一等奖等多项赛事奖项荣誉。

资料来源：梅从政.如何走上创新创业之路？来听“互联网+”金奖团队的答案![EB/OL].（2023-04-20）[2024-03-16].https://news.cyol.com/gb/articles/2023-04/20/content_Bbzdz4ilRa.html.（有改动）

四、创业团队的管理

在创业团队组建成功后，最重要的是进行创业团队的管理，把团队成员团结在一起，实现团队的高效运作。良好的创业团队管理是创业成功的基石。

（一）加强团队成员间的沟通交流

沟通是一种在传递信息的行为的基础上进行一定情感交流的活动。良好的沟通是高效率团队必备的要素之一。有效的互动和交流能够影响成员在团队中的行动，包括对团队工作方案的认同、有效配合、在执行团队任务时的全力以赴，使团队成员在团队目标未能实现时仍然保持目标一致且共同努力。

在团队内部增加有效的信息共享与情感交流，可以增强成员对团队的责任感，直接影响团队成员的行为；沟通交流还会和团队中的其他因素相互作用，对团队产生积极的影响，提升团队的工作绩效。

（二）明确团队发展目标

创业团队是一个为了实现共同目标而一起工作的群体。个人目标与团队目标是密切联系、不可分离的。创业团队有了目标就有了企业使命。如果一项工作没有目标，那么这项工作是可以被忽略的。团队管理者应通过制定团队目标让团队成员明确工作的意义，让团队成员有明确的行动方向，提高其对创业活动的参与程度。

制定团队发展目标有助于对其他成员进行有效管理。当团队发展总目标确定后，创业者必然要对其进行有效的分解，将其转变为团队中各成员的分目标，使团队成员明确自己的工作责任。总目标与分目标可以作为一定时期内考核和评价成员工作完成情况的依据，作为衡量团队绩效、个人贡献的标准。

（三）开展团队培训

加强团队建设、提高团队成员的工作水平和综合素质是企业发展和建设的客观要求。团队培训是提高团队成员综合素质的重要方法，加强团队培训有利于提升团队的凝聚力和战斗力，促进企业跨越式发展。

团队培训的方式多种多样，其中，拓展训练能增强成员的团队意识和协作精神，让团队成员体会到合作与竞争、决策与执行在团队中的重要性。在团队培训中，创业者应分析团队成长与个人成长的关系，不断采用创新的培训方法，打造一支力量强大的创业团队，为企业的发展提供智力和技术支持。

（四）实施团队激励

激励即激发鼓励，在团队管理中用于激发团队成员的工作热情，即用各种有效的方法调动成员的积极性，使其努力工作，完成既定任务。要建设一支积极向上的团队，激励是必需的。实施激励有利于团队的发展，如对有突出业绩的团队带头人和团队成员给予相应的支持和奖励，能够营造一种竞争性的政策环境。由于不同的员工有着不同的需求，即使是同一个员工，在不同的时期也会有不同的需求。因此，激励的方式应该多样化，可以是物质激励，也可以是精神激励。在没有物质激励的情况下，精神激励同样可以使员工保持工作的积极性。

案例链接

丁南的创业路

丁南，2017 级经济与管理学院工程造价专业本科生，重庆纪旭文化传媒有限公司创始人。

“在我创业的过程中，团队合作是极为重要的。”

第一次参加创业比赛时，丁南团队首次面对“路演”这一挑战。在此之前，团队中所有人都没有演讲的经验，只能通过内部一轮一轮的试讲挑选出合适的演讲人。

“选出路演主讲人的时候已经是凌晨四点了。选好后我问没有被选中的伙伴有没有失望，他们都表示我们是一个团队，只要我们的项目能够完美地呈现出来，主讲人是谁并不是最重要的。”丁南回忆道。

疫情防控期间，丁南的团队也没闲着。他们利用网络、媒体等各大信息渠道以及结合其团队的项目内容，对奉节县平安小学留守儿童进行心理疏导和教学辅导，同时对奉节县平安乡部分产业进行扶贫支持。

经过调研，丁南团队发现疫情期间儿童所受的心理伤害远超成年人，留守儿童更甚。如果不及时疏导，会对留守儿童心理产生永久的心理创伤。

“我们自己的力量虽然微小，但只要能为这个地方带来一点改变，为这里的孩子们带来一丝温暖，我们做的事情便有了意义。”丁南表示。

资料来源：侯静．南岸大学生：创业路上展风采 [EB/OL].（2021-01-29）[2024-03-16].https://www.cqcb.com/county/nananqu/nananquxinwen/2021-01-29/3652994.html.（有改动）

课后实训

模拟组建创业团队

【实训目的】

通过模拟创业团队的组建，进一步掌握创业团队的类型、组建过程等。

【实训安排】

（1）教师布置实训项目及任务，并提示相关注意事项及要点。

（2）将班级成员分为4～5个小组，小组成员既可以自由组合，也可以由教师指定组合。小组人数视班级总人数而定。每个小组选出组长1名。

（3）各个小组自由选择创业项目，进行分析、讨论后确定创业团队的类型和人员组成，并拟出组建程序。

（4）将讨论结果形成简单的文字报告，交由教师进行评分。

（5）掌握影响创业融资选择的因素。

模块七 商业模式的开发与创新

学习目标

（1）了解商业模式的含义与特征，熟悉商业模式的构成。

（2）熟悉商业模式的设计思路、设计方法。

（3）掌握商业模式创新的方法。

创业者对现有产品与目标市场进行认真的可行性分析、对机会进行识别后，基本上就明确了具有市场潜力的产品或服务。企业要想利用这些具有创新性的产品或服务实现新企业的盈利，首先要明确企业的商业模式。

任务一 认识与设计商业模式

一、认识商业模式

视频

商业模式的探索

（一）商业模式的含义

"现代管理学之父"彼得·德鲁克（Peter Drucker）说过："当今企业之间的竞争，不是产品之间的竞争，而是商业模式之间的竞争。"商业模式的概念首次出现于20世纪50年代，风靡于20世纪90年代。泰莫斯（Thamos）提出："商业模式是指一个完整的产品、服务和信息流体系，包括每一个参与者和其所起到的作用，以及每一个参与者的潜在利益及相应的收益来源和方式。"也有学者提出："商业模式是一种包含了一系列要素及其关系的概念性工具，用以阐明某个特定实体的商业逻辑。它描述了公司所能为客户提供的价值以及公司的内部结构、合作伙伴网络和关系资本等用以实现（创造、推销）这一价值并产生可持续盈利收入的要素。"

现阶段的学者对商业模式概念的理解不尽相同，大体上对商业模式有两种不同的解读：第一类学者用商业模式来表示一个企业从事商业活动的具体方式与方法；第二类学者则偏向于强调商业模式的模型方面的意义，并在综合各种概念的共性的基础上，提出了一个包含十个要素的参考模型。

（二）商业模式的十要素

商业模式的十要素如下。

（1）价值主张。价值主张即企业通过其产品或服务所能向消费者提供的价值。价值主张确认了企业对消费者的实用意义。

（2）消费者目标群体。消费者目标群体即企业所瞄准的消费者群体。这些消费者群体具有某些共性，从而使企业能够（针对这些共性）创造价值。定义消费者目标群体的过程也称为市场划分。

（3）分销渠道。分销渠道即企业接触消费者的各种途径，阐述了企业如何开拓市场，它涉及企业的市场策略和分销策略。

（4）客户关系。客户关系即企业与消费者群体之间建立的联系。人们所说的客户关系管理即与此相关。

（5）价值配置。价值配置即资源和活动的配置。

（6）核心能力。核心能力即企业执行其商业模式所需的能力和资格。

（7）价值链。价值链即为了向客户提供产品或服务的价值，相互之间具有关联性的支持性活动。

（8）成本结构。成本结构即所使用的工具和方法的货币描述。

（9）收入模型。收入模型即企业通过各种收入流创造财富的途径。

（10）裂变模式。裂变模式是企业商业模式转变的方式、方向。

知识拓展

《国务院办公厅关于以新业态新模式引领新型消费加快发展的意见》针对促进新业态提出的政策措施

2020年9月，《国务院办公厅关于以新业态新模式引领新型消费加快发展的意见》（国办发〔2020〕32号）（以下简称《意见》）发布。《意见》提出，经过3～5年努力，促进新型消费发展的体制机制和政策体系更加完善，通过进一步优化新业态新模式引领新型消费发展的环境、进一步提升新型消费产品的供给质量、进一步增强新型消费对扩内需稳就业的支撑，到2025年，培育形成一批新型消费示范城市和领先企业，实物商品网上零售额占社会消费品零售总额比重显著提高，“互联网＋服务”等消费新业态新模式得到普及并趋于成熟。

《意见》明确提出四个方面的政策措施。

一是加力推动线上线下消费有机融合。进一步培育壮大各类消费新业态新模式，有序发展在线教育，积极发展互联网健康医疗服务，鼓励发展智慧旅游，大力发展智能体育，创新无接触式消费模式。推动线上线下融合消费双向提速，支持互联网平台企业向线下延伸拓展，引导实体企业更多开发数字化产品和服务。鼓励企业依托新型消费拓展国际市场。

二是加快新型消费基础设施和服务保障能力建设。加强信息网络基础设施建设，进一步加大5G网络、数据中心、工业互联网、物联网等新型基础设施建设力度，优先覆盖核心商圈、重点产业园区、重要交通枢纽、主要应用场景等。完善商贸流通基础设施网络。大力推动智能化技术集成创新应用。安全有序推进数据商用，更好为企业提供算力资源支持和优惠服务。规划建设新型消费网络节点，着力建设辐射带动能力强、资源整合有优势的区域消费中心。

三是优化新型消费发展环境。加强相关法规制度建设。深化包容审慎和协同监管，强化消费信用体系建设，完善跨部门协同监管机制。健全服务标准体系，推进新型消费标准化建设。简化优化证照办理，进一步优化零售新业态新模式营商环境。

四是加大新型消费政策支持力度。强化财政支持，研究进一步对新型消费领域企业优化税收征管措施。优化金融服务，鼓励银行等各类型支付清算服务主体降低手续费用。完善劳动保障政策，促进新业态新模式从业人员参加社会保险。

（三）成功商业模式的特征

图文
“互联网＋”商业模式

成功的商业模式必须能够突出企业不同于其他企业的独特性。这种独特性表现在：企业怎样界定目标客户及其需求和偏好，怎样界定产品和服务以满足目标客户的需求；怎样界定业务运作内容、价值传递和沟通渠道等，以客户可以接受的价格创造和提供吸引客户的产品；怎样界定竞争者以建立战略控制能力，保护产品价值不会很快流失。

具有吸引力、成功的商业模式通常需要具备能够创造价值与竞争优势的特点，而这些特点往往是商业模式评价不可忽略的重要因素，也影响着创业活动的结果。

1. 客户价值最大化

商业模式能否持续盈利与该模式能否使客户价值最大化有必然联系。一个不能满足客户价值的商业模式，即使盈利，也一定是暂时和偶然的，是不具有持续性的；反之，一个能使客户价值最大化的商业模式，即使暂时不盈利，最终也会走向盈利。因此，创业者要把对客户价值的实现和满足当作企业始终追求的目标。

2. 持续盈利

持续盈利是指既要盈利，又要有发展后劲儿，具有可持续性，而不是一时的偶然盈利。企业能否持续盈利是判断其商业模式是否成功的唯一外在标准。因此，在设计商业模式时，持续盈利也就自然成为重要原则。当然，这里是指在合乎相关法律规范条件下的持续盈利。

3. 资源整合

资源整合就是要优化资源配置，要有进有退、有取有舍，要获得整体的最优。在战略思维层面上，资源整合是系统论的思维方式，是通过组织协调，把企业内部彼此相关但分离的职能，企业外部既有共同的使命又拥有独立经济利益的合作伙伴，整合成一个为客户服务的系统，取得“1+1 ＞ 2”的效果。在战术选择的层面上，资源整合是优化配置的决策，是根据企业的发展战略和市场需求对有关的资源进行重新配置，以凸显企业的核心竞争力，并寻求资源配置与客户需求的最佳结合点，其目的是通过组织安排和管理运作协调来增强企业的竞争优势，提高为客户服务的水平。

4. 持续创新

在经营企业的过程中，商业模式比高科技更重要，因为商业模式是企业能够立足的先决条件。成功的商业模式不仅指在技术上的突破，还包括对某一个环节的改造，或是对原有模式的重组、创新，甚至是对整个企业规则的颠覆。商业模式的创新形式贯穿企业经营的整个过程，贯穿企业资源开发研发模式、制造方式、营销体系、市场流通等各个环节。也就是说，在企业经营的每一个环节上的创新都可能变成一种成功的商业模式。

5. 有效的融资

融资模式的打造对企业有着特殊的意义，尤其是对中国广大中小企业来说更是如此。众所周知，企业生存需要资金，企业发展需要资金，企业快速成长更需要资金。资金已经成为所有企业发展中绕不过的障碍和难突破的瓶颈。可以说，谁能解决资金问题，谁就赢得了企业发展的先机，也就掌握了市场的主动权。商业模式设计很重要的一环就是考虑融资模式。甚至可以说，能够成功融资并能将资金用对地方的商业模式就已经成功了一半。

6. 高效率的组织管理

高效率是每个企业管理者都梦寐以求的境界，也是企业管理模式追求的高目标。从现代管理学理论来看，一个企业要想高效率地运行，首先要解决的是企业的愿景、使命和核心价值问题，这是企业生存、成长的动力，也是员工做好工作的理由；其次要有一套科学、实用的运营管理系统，其解决的是系统协同、计划、组织和约束问题；最后还要有科学的激励方案，解决如何让员工分享企业成长果实的问题，也就是向心力的问题。好的商业模式能帮助创业者解决这三个主要问题，从而保证组织管理的高效运行。

7. 风险控制

商业模式有两个方面的风险：一是系统外的风险，如来自政策、法律和行业的风险；二是系统内的风险，如产品的变化、人员的变更、资金不济等。好的商业模式能够抵御和规避企业在经营过程中遇到的风险。

（四）商业模式的构成

商业模式是一个整体、系统的概念，而不仅仅是一个单一的组成因素，如产品价值、营销网络、基础资源等，这些都是商业模式的重要组成要素，但并非全部。商业模式的组成要素之间必须有内在联系，这种内在联系使各组成要素有机地关联起来，使它们互相支持、共同作用，形成良性循环。

1. 产品价值

产品价值是商业模式的核心问题，创业者需要考虑核心能力、产品成本和价值收入三方面的问题。其中，核心能力是企业在长期生产经营过程中的知识积累、特殊技能及相关资源组成的综合系统，是企业的相对优势。企业管理者根据企业自身在价值链中的定位，既要考虑合作者、客户在价值链中的角色，又要结合产品成本和价值收入综合分析定位产品价值，以求清晰地描述企业创造价值的逻辑。企业定位中极为重要的部分是确定企业价值收入的来源，价值收入可以通过出售、出租、业务分成和广告等不同的方式（往往是几种经营方式的组合）确定。对收入来源进行分析，能更好地制定商业模式。

2. 营销网络

营销网络是企业在将产品和服务推向市场获取利润的过程中所形成的网络，包括客户群体和营销渠道。客户群体与价值取向对应，是指企业产品或服务所对应的客户群，常具有某些共同的特征。在具体的营销过程中，企业还需要对目标客户进行识别，接触潜在目标客户并将其转变为真正的客户，然后进行长期维护。其中，快速获取客户信息是关键。企业如果能够迅速提取客户信息，就能够发现新的客户和商机，更好地为客户提供个性化的产品或服务，形成一种正反馈效应。企业可以通过互联网提供给某一具有共同特征的群体某种信息，以期将他们聚集在一起，最后形成稳定的关系网络。

3. 基础资源

资源是价值活动的基础，是指企业可以从市场上获得的和控制的各种要素。企业可利用这些要素，结合生产、管理、激励等机制，将资源转化为产品或服务。按性质不同，资源可分为内部资源和外部资源。内部资源又分为有形资源、无形资源及人力资源等；外部资源主要是外部的网络关系，包括伙伴关系等。参与多个企业间有价值的活动以实现互利，可以降低交易成本、获取广泛的资源、减少市场风险等。

（五）商业模式的类型

商业模式包括运营性商业模式和策略性商业模式，如表 7–1 所示。

表 7–1　商业模式的类型

类　型	含　义	内　容
运营性商业模式	运营性商业模式重点解决企业与环境的互动关系，包括与产业价值链各环节的互动关系，创造企业的核心优势、能力、关系和知识	（1）产业价值链定位。企业处于什么样的产业链条中，在这个链条中处于何种地位，企业结合自身的资源条件和发展战略应如何定位。 （2）盈利模式设计（收入来源、收入分配）。企业从哪里获得收入，获得收入的形式有哪几种，这些收入以何种形式和比例在产业链中分配，企业是否对这种分配有话语权
策略性商业模式	策略性商业模式对运营性商业模式加以扩展和利用，涉及企业生产经营的方方面面	（1）业务模式。企业向客户提供什么样的价值和利益，包括品牌、产品等。 （2）渠道模式。企业如何向客户传递信息和价值，包括渠道倍增、集中或压缩等。 （3）组织模式。企业如何建立先进的管理控制模型，如建立面向客户的组织结构，通过企业信息系统构建数字化组织等

每一种新的商业模式的出现，都意味着一种创新、一个新的商业机会的出现。谁能率先把握住这种商业机会，谁就能在商业竞争中拔得头筹。

二、设计商业模式

对于企业而言，商业模式实际上就是企业的基本盈利假设和实现方式，以及由此产生的不同价值链和不同资源配置模式。具体来说，商业模式主要解决企业的利润从何处获得的问题，也就是企业利润源于什么样的价值链条，以及主要通过价值链中的哪些环节实现，为什么是这样而不是其他选择。

（一）商业模式的设计思路

商业模式的设计首先必须是对企业盈利方式的假设和设计，而这些依赖企业对市场前景和发展趋势的思考、对竞争对手商业模式的分析和优化、对自身资源的优化和对外部资源组合方式的思考等。商业模式的设计可从以下几个关键点出发。

1. 商业模式必须能够创造价值

新企业自身的盈利必须得到保证。也就是说，虽然新企业无法在一开始就保证盈利，但至少要找到可持续的盈利方法。

新企业必须能够为战略合作伙伴创造更多的价值。企业的战略合作伙伴包括由供应商、分销商及其他业务合作伙伴组成的供应链或价值链。在新的竞争环境中，企业面临着缩短交货期、提高产品质量、降低成本和改善服务的压力，企业仅依靠自己的资源已经不能应对整个供应链条的市场变化。如今的商品竞争已不再是单一企业的竞争，而是供应链或经营网络之间的整体竞争。

因此，商业模式的设计必须考虑到企业整体阵营的利益，要使企业的经营网络能够获得更大的价值，即共赢。

2. 商业模式需要紧抓市场需求

对于企业来说，如果其价值只有在市场端与消费者端才能呈现出来，那么设计商业模式时首要考虑的便是市场中各种不同消费者的需求。新创企业可采取市场区隔分析的方法来明确消费者的需求，进而寻求产品或服务在市场中的定位。

对于大众市场来说，市场细分程度高，基本上被现有厂商以各种各样的类似产品或服务占有，一项创新的差异化产品想要立即挑战大众市场，在企业的创立初期几乎是不可能完成的任务。因此，创业者在设计商业模式时，需深入运用市场区隔分析，挖掘尚未满足的市场需求，并以差异化产品或服务来满足这类市场需求。

对于新兴科技领域来说，由于市场尚未完全成形，消费者的需求还不是特别明确，企业对目标消费者的了解十分匮乏，往往缺乏具体的消费者需求信息。如果任凭这种情况持续下去，会在很大程度上影响企业前进的步伐。因此，新创企业在构建自身商业模式时，务必依托市场区隔分析，力求找到相对明确的利己市场。

3. 商业模式需要明晰企业利润结构

成熟的商业模式必须能将成本、收入结构及计划实现的利润目标清晰地表现出来，并能让股东知道未来的投资回报方式。为实现利润目标，商业模式中有关成本与收入结构设计的内容必须包括定价方式、收费方式、销售方式、收入来源比重、价值链中各项活动的成本与利润配置方式等，具体可由市场分析获取企业未来将要提供的产品或服务，再由此规划能实现利润的成本和收入结构，以期实现企业的利润目标。

4. 商业模式需要突出企业竞争优势

成熟的商业模式需要显示企业能在利己市场有效提供差异化产品或服务，创造价值，满足消费者需求。同时，商业模式还需显示企业维持竞争优势的能力，通过各种方式，努力扩大与其他企业相比的领先优势。例如，处在知识经济产业领域的新企业，其商业模式大多能呈现正向回馈的效应，随着领先创新者将市场规模扩大，其价值效应及成本效应将会越来越显著。

5. 商业模式短期内不能被他人复制

新创企业要能自我保护，包括企业自身的专利技术、品牌的差异化、独特的营销网络、商业机密或领先优势等，新创企业至少要保证在以上几项中占有 1 ～ 2 项。其中，专利战是近年来科技公司的重要策略。

此外，品牌差异化的打造也是新创企业的有效盈利方式。例如，在汽车市场，不同车企早已为自己的品牌在消费者的心中定好了位置，如丰田威姿和福特福克斯定位为经济车，奔驰和凯迪拉克定位为豪华车，保时捷和宝马定位为高性能车，沃尔沃的定位在安全性能方面等。

营销网络是企业独特的宝贵资产，可以帮助企业顺利推出新产品，获得市场份额。例如，中国著名民营企业娃哈哈集团，通过组建稳定的分销渠道形成了独有的营销网络，保证新产品上市可以第一时间向全国铺货；可口可乐公司则以商业秘密为领先优势，其可乐配方一直被视为公司的高级机密，并借此名声大噪、利润滚滚。

总之，对于企业特别是新创企业而言，要有自己独特的不易被模仿的特性来助力商业模式的开发。

6. 商业模式必须能够确保正常启动

理想过于完美而实现理想的方法没能设计好，是新创企业犯得最多的错误之一。商业模式是实现理想的方法，是企业生存下去的关键所在。因此，想要创业成功，理想固然重要，而如何实现理想更为重要。创业者一定要确保自己选择的商业模式是清晰、明确、可以正常启动的，而不是镜中花、水中月。

案例链接

培育高价值专利

在大飞机研制过程中产生了一大批专利，其中有一些起到了关键作用，这些专利被称为高价值专利。它们不仅让我国研制大飞机有了底气，也在航天等相关领域有巨大的应用潜力。

通常，高价值专利具备四个主要特征：一是“高”，即技术的研发创新难度高；二是“稳”，即专利的权利稳定；三是“好”，即专利产品的市场前景好；四是“强”，即专利的技术竞争力强。

近年来，我国专利的数量不断增加，我国已成为名副其实的专利大国，但还称不上专利强国，其中一个重要因素就是，总体上我们的专利质量不高。跟专利强国相比，我们基础型、原创型、高价值和核心专利相对较少，专利“虚胖”现象比较严重。

实施创新驱动发展战略、推动经济转型升级和供给侧结构性改革，都离不开高价值专利的支撑。近年来，在国家知识产权局的大力推动下，全国各地陆续涌现出一大批有代表性的高价值专利。山东理工大学毕玉遂教授团队的一件专利获得了5亿元许可费，创造了山东省单件专利许可费的新纪录；中国南车戚墅堰机车车辆工艺研究所在高铁齿轮传动领域形成了一大批核心专利并构建专利池，两年时间完成了400余件专利申请，发明专利占比近50%。江苏省在全国率先开展高价值专利培育工作，自2015年以来，围绕新材料、智能装备、生物医药等战略性新兴产业，在全省布局了7个高价值专利培育示范中心，为优质专利助力。

然而，高价值专利培育工作中存在的问题也不可忽视。例如，我国尚缺乏专门的高价值专利培育工作计划；各省市的专利导航工作缺乏统一协调，工作内容重复；部分创新主体偏重应用性研究，着眼于长远的基础性研究严重缺位；一些代理机构追求眼前利益，专利代理服务水平低下等。另外，许多地方管理部门还停留在追求专利数量的阶段，喜欢用专利数量指挥棒来考核知识产权工作。这些情况都急需改变。

培育高价值专利，不单是知识产权部门的事。相关部门要充分认识高价值专利在经济社会发展中的巨大作用，建立企业、高校和科研院所及服务机构协同合作的高价值专利培育机制，让高价值专利源源不断地冒出来。

资料来源：苗文新 . 苗文新：高价值专利再多些 [EB/OL].（2017-06-08）[2024-03-16].https://www.cnipa.gov.cn/art/2017/6/8/art_664_48865.html.（有改动）

（二）商业模式的设计方法

根据商业模式的设计思路可知，企业商业模式设计最为关注的是企业的价值实现、独特性和可行性。成功的商业模式设计应该以本企业为出发点，充分考虑对社会资源的集约利用和设计安排，创造企业价值、客户价值、伙伴价值和社会价值。对商业模式设计方法，学者研究的并不多，代表性的方法包括参照法、相关分析法、关键因素法和价值创新法等。

1. 参照法

参照法是商业模式设计的一种有效方法。该方法是以国内外商业模式为参照，然后根据本企业的有关商业权变因素，如环境、战略、技术、规模等不同特点的调整，确定企业商业模式设计的方向。许多企业的商业模式设计是通过参照法进行的，如吉列首创的“剃刀与刀片”的诱钓型商业模式，这种模式的关键是找到便宜或免费的初始产品（剃刀）和后续重复消费的较昂贵产品（刀片）之间的紧密联系，企业可借助后者赚取高额利润。许多其他行业都参照其应用，如喷墨式打印机（打印机与墨盒）、移动通信行业（免费手机与手机套餐）等。

2. 相关分析法

相关分析法是在分析某个问题或因素时，将该问题或因素与其相关的其他问题或因素进行对比，分析其相互关系或相关程度的一种分析方法。创业者运用相关分析法可以找出相关因素之间规律性的联系，研究如何降低成本、增加价值。例如，亚马逊通过分析传统书店，在网上开办电子书店；eBay 首创的网上拍卖也是借鉴了传统的拍卖方式。

3. 关键因素法

关键因素法是以关键因素为依据确定商业模式的方法。商业模式中存在着多个变量，影响设计目标的实现，其中若干个因素是关键和主要的（成功变量）。创业者可通过对关键成功因素的识别，找出实现目标所需的关键因素集合，确定商业模式设计的优先次序。例如，微软公司成功的关键是其软件系统与任何其他硬件的兼容性。

4. 价值创新法

对一些从未出现过的商业模式往往需要进行创新设计，即通过价值要素的构建、组合等设计出新的商业模式。

案例链接

盲盒“裂变”全新商业模式

2020 年 12 月，盲盒第一股泡泡玛特以暴涨 100% 的身价在港股上市，盲盒经济再度成为焦点。数据显示，2020 年 12 月上半个月，盲盒及其衍生品的平台成交额是 11 月同期的 2.7 倍。餐饮、家居、百货等行业都开始将盲盒与自家的业务结合，形成一种商业模式。

1. 盲盒“裂变”新商机

在拆开包装的瞬间，心跳加速，期待惊喜。盲盒的不确定性正是它的魅力点。泡泡玛特的成功使很多企业找到了新的发展方向，基于盲盒的消费热潮和可复制性，众多以盲盒为中心裂变的商业模式开始迅猛发展。除了零售杂货进军盲盒市场外，餐饮、家居等行业则将盲盒与季节促销结合，收到了短期刺激消费的效果。例如，星巴克在 2020 年 12 月推出圣诞盲盒——自主设计的 7 款小熊玩具，附赠到店消费的礼券。家居品牌宜家也首次推出了圣诞节主题盲盒，形象是瑞典比约小熊，总共 5 款造型，分别是笔筒款、便签款、礼盒款、瓶塞款和隐藏款，充满实用性。

2. 一个盲盒犹如一张彩票

盲盒商品是随机的，对未知商品的期待增强了购物的趣味性。电影台词“人生就像一盒巧克力，你永远不知道下一颗是什么味道”似乎可以注释，开盒前不知道买到的是不是自己期待的商品，就像买彩票一样，玩家会不断尝试。有很多人是受周围人的影响。当周围的朋友或者同事在讨论盲盒的时候，盲盒已经成为一种社交，于是你会开始慢慢尝试并喜欢这种购物方式，发生审美偏移。大多数盲盒是平价的，价格设定降低了购买的门槛，吸引了大量用户。

3. 盲盒及其衍生品同比增长 300%

商家营销主要将产品包装成盲盒进行售卖，多以随机营销的方式增加产品溢价，吸引消费者买单。另外的营销则是用盲盒作为激励，吸引消费者产生交易。盲盒经济大热，各路商家纷纷到中国内贸批发平台找工厂加工定制盲盒。盲盒及其衍生品出口至新加坡、美国、澳大利亚、加拿大、马来西亚等超过 120 个国家和地区，正在影响更多海外潮玩爱好者。一个毛利率近 70% 的潮流玩具引起数百万人的追随，盲盒已不仅仅是一个造型商品或者模型玩具，而是形成了一种商业模式。

资料来源：梅天磬 . 盲盒“裂变”全新商业模式 [EB/OL].（2020-12-22）[2024-03-16].http://ln.people.com.cn/n2/2020/1222/c378328-34487981.html?ivk_sa=1024320u.（有改动）

任务二　创新商业模式

面对激烈的市场竞争，所有的企业，不管是传统行业还是新兴产业，都要与时俱进，根据商业环境的变化不断创新商业模式。

商业模式创新是指企业价值创造基本逻辑的创新变化，既可能包括多个商业模式构成要素的变化，也可能包括要素间关系或者动力机制的变化。通俗地讲，商业模式创新就是指企业以新的、有效的方式赚钱。商业模式创新是当今企业获得核心竞争力的关键，众多全球知名企业就是因为它们独特而具有竞争力的商业模式而异军突起，在竞争激烈的各类行业市场中成为领袖的。

21 世纪是知识经济时代，从竞争的角度来说，知识将逐渐成为竞争优势的重要来源，而一个企业的先进商业模式将是知识成为竞争优势的具体表现。从我国目前的情况来看，谁拥有了优秀、先进的商业模式，谁就拥有了更多的市场机会及资源。从某种意义上说，商业模式的创新在很大程度上促进了一批新企业的高速成长。

商业模式是动态变化的，商业模式创新属于企业最本源的创新。离开商业模式创新，其他的管理创新、技术创新都失去了可持续发展的可能和盈利的基础。因此，商业模式创新贯穿企业经营的整个过程，贯穿企业资源开发、研发模式、制造方式、营销体系、流通体系等各个环节，是挖掘企业潜力的重要途径，是企业家的必修课。

创业者需要分析企业所处的宏观环境、行业状况和企业的自身状况。首先，商业模式创新与宏观环境密切相关，当市场经济发展到一定程度，竞争会成为商业模式创新的原动力，从而推动商业模式创新，促进新的商业模式产生；其次，商业模式创新与企业所处行业的状况密切相关，处于行业成熟期的企业更需要创新商业模式以求新的发展，焕发新的活力；最后，商业模式创新与企业自身状况密切相关，当企业原有业务发展空间变小或拥有一定的剩余经营资源时，应积极对商业模式进行探索与创新。

因此，商业模式创新的视角要更为外向和开放，更多地考虑涉及企业经济方面的因素，更加注重从为客户创造价值的角度出发，从根本上设计企业的行为。商业模式创新的方法有以下几种。

一、改变收入模式

改变收入模式即改变企业对客户价值的定义及相应的利润方程。要想做到这一点，企业必须以客户的新需求为切入点，深刻理解客户购买本企业的产品需要完成的任务或实现的目标是什么。这里，客户的新需求并不是指营销范畴里的新需求，而是从更宏观的层面来定义客户需求，即从更深入的层面了解客户购买产品用来完成什么样的任务或实现什么样的目标。事实上，客户要完成一项任务需要的不仅是产品，还有解决方案，而企业一旦确认了这种解决方案，也就确定了新的价值创造模式，并可以此进行商业模式创新。

二、改变企业模式

改变企业模式是指改变企业在产业链中的位置及充当的角色，换句话说，就是改变其价值定义中的“造”和“买”的搭配，一部分由自身创造，其他部分由合作者提供。

企业为什么样的消费者提供什么样的产品或服务，其产品或服务的独特价值或特点是什么，这就是市场定位。当消费者的需求发生变化时，企业可对消费者进行细分，有针对性地提供产品或服务，获取潜在的利润，创新企业的商业模式。商业模式创新是一种集成创新，因此在市场重新定位后，伴随产品、工艺或者组织的创新，往往需要企业进行较大幅度的战略调整，多体现为服务创新，表现为服务内容、方式及组织形态等多方面的创新变化。一般来说，企业的这种变化是通过垂直整合策略或出售外包来实现的。

三、改变产业模式

改变产业模式即企业重新定义本产业，进入或创造一个新产业。这种模式在很大程度上会使企业重新整合资源，进入新领域并创造新产业，如商业运营外包服务和综合商业变革服务等。

四、改变技术模式

除了产品或服务创新外，技术变革也是商业模式创新的最主要驱动力。企业可以利用科技与商业创意整合外部资源，为自己和产业伙伴创造新的价值，并通过对产业经济的商业运作环节进行创新重组，形成新的产业链，通过新的科技手段、创意营销与资本的结合开发潜在的需求，创造新的需求实现模式，形成市场与科技对接、创意与经济对接。

五、改变分销渠道

商业模式创新如果提供全新的产品或服务，那么它可能开创了一个全新的可盈利产业领域。如果企业能够创新营销方式，那么即便是向消费者提供已有的产品或服务，也能给企业带来更持久的盈利能力与更大的竞争优势。

分销渠道难以被竞争者模仿，这常给企业带来战略性的竞争优势，而且这种优势通常可以持续数年。首先，企业要加强分销渠道系统性与规范化建设，解决大渠道利润低、地区串货、渠道无序竞争、零售终端管理复杂、新品推广缺乏积极性等问题；其次，从产品及消费需求入手，以节约分销成本和购买便利性为原则，设计、构建最符合产品特征和企业实际情况的具有个性化的渠道；最后，对分销渠道进行整合与细分，在同一分销渠道内要尽量进行产品多品种的整合。

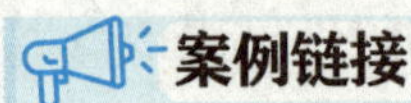

案例链接

生姜上网拓销路 直播助农显担当

“居家过日子，炒菜做饭离不开生姜，生姜性质温热、味辛，不仅有温中止呕的作用，还能调理脾胃功能不和，改善胃胀、胃痛、食欲不振、预防感冒、消化道感染等作用，对我们的身体可谓好处多多。我身后就是生姜大棚，我们直播销售的生姜个大且嫩，都是我们阜阳市本地生态原产地新鲜现挖生姜，姜味浓郁……”安徽省阜阳市烟草专卖局（公司）直属营销部客户经理王陶楠正用生动有趣的语言详细地为直播间的网友们进行推荐。直播间人气不断攀升，店铺推出的限时秒杀福利被网友争相购买。

2023 年 5 月，安徽省阜阳市烟草专卖局（公司）开展直播助农活动。利用直播平台帮助农户拓宽生姜宣传渠道、扩大销售路径。不仅促进了农产品的销售，也为消费者提供了新鲜、优质的农产品，受到了广泛关注。

据了解，当下正值大棚生姜上市的季节，本应该错季卖个好价钱，但是本地生姜品牌不响、名气不大，销售渠道单一，市场供需不平衡等多方因素，导致当地农户的生姜销售受到了很大的影响，很多农民都面临着销售难题。为了帮助当地农民解决销售难题，客户经理王陶楠“急农户之所急，解决农户之所盼”，来到生姜大棚旁，利用直播带货的方式展示本地生姜的品质和特点，让消费者更加直观地了解本地生姜的品质和来源，拓宽本地农特产品线上销售渠道，帮助当地农特产品树立品牌，助力乡村振兴。

据悉，该名客户经理在直播前对生姜进行了严格的筛选，选出了品质优良的生姜。在直播中详细介绍了生姜的品种、产地、营养价值等信息，让消费者对本地生姜有了更深入的了解。此外，工作人员还通过直播展示了生姜的加工和制作过程，让消费者更加了解生姜的制作过程和生产工艺。

作为新型的营销方式，直播已经成了农产品销售的新途径。在直播过程中，消费者可以直接在线下单购买生姜，同时也可以提出自己的问题和建议，客户经理会及时回答和解决。通过直播帮助当地农民销售生姜，不仅为消费者提供了新鲜、优质的农产品，也为当地农民提供了更加广阔的销售渠道，帮助他们解决了销售难题。

据王陶楠介绍，他将继续利用直播平台充分发挥行业渠道、平台等优势，帮助当地农民销售农产品，同时也希望通过直播，让更多的消费者了解到农村的生活和

文化，展现乡村振兴给农村带来的巨变和美丽乡村建设成果，吸引更多的人才聚集乡村，为乡村振兴贡献一份力量。

资料来源：中国日报网．生姜上网拓销路　直播助农显担当 [EB/OL].（2023-05-22）[2024-03-16]. https://baijiahao.baidu.com/s?id=1766565674805107906&wfr=spider&for=pc.（有改动）

课后实训

典型商业模式梳理

【实训目的】

学会收集、整理商业模式资料，掌握典型商业模式的分类与特点，了解不同商业模式的优缺点。

【实训安排】

1. 收集与整理资料

利用互联网、报刊等收集典型商业模式案例，整理并填入表 7-2。

表 7-2　典型商业模式案例

商业模式	典型案例	模式创新点

2. 分析典型商业模式的优缺点

分析典型商业模式的优缺点并填入表 7-3。

表 7-3　典型商业模式的优缺点

商业模式	优　点	缺　点

（续表）

商业模式	优点	缺点

3. 分组讨论

（1）选取已收集的任意一个案例，分析讨论该案例有哪些关键资源能力。

（2）请结合案例，说一说如何才能设计出适合大学生创业的商业模式。

模块八 创业计划制订与风险规避

学习目标

（1）了解创业计划书的含义，理解创业计划书的具体内容、功能等，掌握创业计划书的编写与评估。

（2）了解创业风险的含义和来源，掌握创业风险的分类，掌握创业风险的识别方法，能够有效防范创业风险。

任何创业者在制订创业计划前都必然进行市场调查，通过收集、整理、分析和研究相关行业与市场的信息，对自己即将涉足的行业和市场有深入的了解，从而确定是否选择该项目进行投资开发，并正确地制订创业计划。

任务一 制订创业计划

一、制订创业计划的准备工作

（一）全面收集信息

创业者需要收集的信息包括市场信息、环境信息、运营信息和财务信息等。

1. 市场信息

对创业者来说，首先需要收集的信息就是企业的产品或服务的潜在市场信息，对目标市场的明确定义将会使对新企业的市场规模及市场目标的确定较为容易。市场信息如表 8–1 所示。

表 8–1 市场信息

类别	说明
行业信息	新企业所在行业的基本情况、存在的问题和发展趋势，以及企业产品在行业中的需求变化情况等
市场需求信息	目标市场是否存在对新企业的产品或服务的需求、需求的程度及所带来的利益，以及目标市场规模、需求发展的未来趋势及状态、影响目标市场需求的因素等

（续表）

类　别	说　明
产品信息	新企业产品的同类品牌、生产厂家、技术认证、产能规模、价格、销量及所占市场份额等
消费者信息	消费者构成及数量、消费者购买能力、消费心理、消费行为、消费动机等
竞争信息	市场竞争的结构和变化趋势、主要竞争对手的情况及新企业的产品或服务的竞争力等

2. 环境信息

对创业者来讲，需要收集的环境信息主要包括政治环境信息、经济环境信息、社会文化环境信息和技术环境信息等，具体内容如表 8-2 所示。

表 8-2　环 境 信 息

类　别	说　明
政治环境信息	政治体制、经济体制、政府的管制、税法的改变、各种政治行动、产业政策、投资政策、政府补贴水平、反垄断法规等
经济环境信息	国民可支配收入、利率水平、通货膨胀程度及趋势、失业率、物价指数等
社会文化环境信息	人口规模、年龄结构、种族结构、收入分布、受教育程度、人口流动性等
技术环境信息	国内外科技总的发展水平及发展趋势，与企业所处领域直接相关的技术手段的发展情况，与企业生产有关的新技术、新工艺、新材料的出现和发展趋势及应用前景，技术转移和技术商品化的速度等

3. 运营信息

创业者需要收集的运营信息包括地点、制造流程、原材料、设备、劳动力技能、直接费用和间接费用等。

4. 财务信息

在制订创业计划之前，创业者必须对企业的盈利能力有一个完整的评价。

（二）开展市场调查

在收集、了解各种资料后，创业者还要进行市场调查，从而为新企业制订创业计划提供更加科学的依据。

1. 市场调查的内容

市场调查主要包括市场需求（如消费者的数量和结构、购买力、行为、心理等）调查、市场环境（如政治、经济、社会文化、技术等环境）调查、营销实务（如产品、价格、分销渠道、促销等）调查、市场竞争（如竞争对手的市场占有率、经营特征、营销策略、产品优势及定位等）调查等。

2. 市场调查的方法

市场调查的方法主要有以下几种。

（1）文案调查法。文案调查法又称间接调查法，是指围绕一定的目的，通过查看、检索、阅读、购买、复制等手段，收集并整理企业内部和外部现有的各种信息、情报资料，对调查内容进行分析研究的一种调查方法。

文案调查法所调查的资料可分为内部资料和外部资料。内部资料主要是指企业内部会计、统计资料以及销售报告、分销商反馈报告等资料；外部资料主要是指可以从企业外部获取的一些资料，如图书馆及各类期刊出版单位的文案资料，政府、行业协会公布的数据，在线数据库等。创业者想通过市场调查对行业和市场中的现有企业有一定的了解，可能不易获取其他企业的内部资料，但可以通过多种途径收集和获取外部资料。创业者通过整理和分析这些资料，最终撰写文案调查报告，为创业计划的制订提供参考。文案调查法可为创业者了解市场、进行实地调查提供经验和背景资料。

（2）实地调查法。实地调查法可分为观察调查法、询问调查法和实验调查法，具体内容如表 8–3 所示。

表 8–3　实地调查法的分类

类　别	内　容
观察调查法	观察调查法是创业者通过现场自己的感观或借助影像摄录器材，直接或间接地观察和记录正在发生的行为或状况，以获取第一手资料的实地调查方法。观察调查法适用于商场消费者流量的测定，对竞争对手进行跟踪或暗访的观察，消费者购买行为、动机、偏好调查，产品跟踪测试等
询问调查法	询问调查法包括入户访谈调查、拦截调查、电话调查和邮寄调查等。入户访谈如今广泛用于与工业、企业用户的访谈；拦截调查大多在购物中心、广场或商业街区进行，以获得适合大多数消费者的研究总体样本；电话调查比前两种调查效率高，但是容易被拒绝；邮寄调查是将设计好的调查问卷邮寄给已联系好的被调查者，但是回收率低。对新创企业来说，询问调查法便于为本企业的产品或服务确定初期的市场需求和目标消费者
实验调查法	实验调查法是指调查者通过改变某些因素来测试对其他因素的影响，通过实验对比分析收集市场信息资料的一种调查方法。实验调查法常用于对产品的品质、价格等的改变对企业的产品销售量、市场份额等影响的研究

（3）问卷调查法。问卷调查法是指调查者通过设计合适的问卷，向被调查者发放，并于其填写后收回，根据对问卷进行数据处理的结果进行统计分析和定量研究的一种调查方

法。问卷是市场信息的重要载体，也是市场调查活动的重要控制工具。创业者可通过问卷调查获取市场需求、营销实务、市场竞争等方面的信息。

（4）抽样调查法。抽样调查法是指从所要调查的总体中选出一部分个体作为样本进行调查，并根据抽样所得的结果推断总体情况的一种调查方法。在进行前期市场调查时，由于企业规模较小，创业者可根据企业的情况选择部分调查对象作为抽样样本，以便较快获取所需的市场信息。

不同的市场调查方法具有不同的优缺点，具体如表 8–4 所示。

表 8–4　各种市场调查方法的优缺点

调查方法		优　　点	缺　　点
文案调查法		信息丰富，收集方便，费用较低	不能直接针对消费
实地调查法	观察调查法	简单易行，收集的信息直观可靠	耗时长、成本高，只观察到表象而深度不够，存在观察结论误差
	询问调查法	获取信息较为直接灵活，数据准确性较高，费用低	时间比较受限制，拒访率较高
	实验调查法	能够揭示市场变量的因果关系，提高企业决策的科学性	调查时间长、风险大、费用高、难度大
问卷调查法		便于对数据进行统计分析，调查结论更为科学	设计较为复杂，调查时间较长，问卷的有效回收不能得到完全保证
抽样调查法		费用低，易广泛使用；质量可控，可信度高；时间短，收效快	抽样样本的选取可能存在抽样误差

二、创业计划基础知识

创业计划是创业者厘清自己的创业行动步骤的最好工具，是创业者将创意与构思转变为现实的蓝图。

（一）创业计划的含义

创业计划是对新企业创立之前的所有准备工作的总结与整合，是为实现创业战略而制订的完整、具体、深入的行动指南。许多成功创业者的经验证明，只有科学、周密地拟订创业计划，才能在创业过程中少走弯路、减少损失，提高创业成功的可能性。

创业计划是吸引投资的工具，同时也是确定创业目标和制订行动计划的参考资料，是一个企业管理和操作的行为指南。创业计划是执行所有创业活动的第一步，如果没有创业计划并确定创业目标，那么创业的风险就相对较高。创业计划虽然并不一定能保证创业活动的成功，但可以提高创业的成功率。

创业计划一般是按照相对标准的文本格式撰写的，是全面介绍公司或项目发展前景，阐述产品、市场、竞争、风险、投资收益、融资要求等的书面材料。有了一份详尽的创业计划书，创业者就好像有了一份业务发展指示图，可以时刻提醒自己应该注意什么问题、规避什么风险，并最大限度地获得来自外界的帮助。

（二）创业计划的类别

根据不同的分类标准，创业计划可分为许多类型。

1. 按创业计划的内容分类

（1）综合创业计划。综合创业计划是全面实现创业战略的创业计划。例如，创业者计划开发、销售一款新产品，那么这份创业计划就需要涵盖产品的研发、生产、销售等各个方面，其内容非常详细而烦琐，这就是一份典型的综合创业计划。综合创业计划的主要阅读者为利益相关者，如投资者、供应商、潜在客户、应聘的关键员工等。综合创业计划的目的是让利益相关者了解创业计划，激发他们的兴趣，使他们积极投入创业活动，进而促进创业活动的进行。

（2）专项创业计划。专项创业计划是创业中某一项目的专门计划，如创业融资计划、产品开发计划、市场开拓计划等。其中，最重要的是创业融资计划，因为资金是确保其他项目顺利开展的基石。专项创业计划为某一项目的发展定下了比较具体的方向，从而使创业项目中的相关员工了解该项目的发展规划，并激励他们为创业成功而努力。

2. 按创业计划的目标分类

（1）吸引风险投资的创业计划。吸引风险投资的创业计划主要面向风险投资者，其目的是向风险投资者募集资金。风险投资者评估投资项目的首要资料就是创业计划，一份简练而强有力的创业计划能让风险投资者对投资项目的运作和效果心中有数。吸引风险投资的创业计划在撰写过程中要注意以风险投资者的需求为出发点，尽量说明创业项目有足够大的市场容量和较强的持续赢利能力，展示创业者有完善、务实和可操作的项目实施计划，有完全具备成功实施项目的素质能力的管理团队。

通常，吸引风险投资的创业计划应包括以下内容：计划概述、产业背景和企业概述、市场调查和分析、企业战略、项目总体进度安排、关键风险和应对策略、管理团队的组成、企业经济状况、财务预测、假定企业能够提供的利益等。

（2）吸引创业伙伴的创业计划。吸引创业伙伴的创业计划是为了吸引创业团队的新成员及有特定意义的关键员工。在最初准备创业的时候，创业者无论是从身边的亲朋好友中寻找创业伙伴，还是从并不熟悉的人群中寻找创业伙伴，此时一份结构清晰的创业计划是吸引创业伙伴最有力的武器。

吸引创业伙伴的创业计划不仅要清晰地阐明企业的商业模式和未来发展规划，更要对创业团队成员的利益分配和权限给出清晰的说明。通常，吸引创业伙伴的创业计划应包括以下内容：创业机会及其商业价值描述、新企业将提供的产品及可能的消费者、可能的市场竞争与拟采取的市场策略、可能的市场收益、可能遇到的风险及应对策略、希望别人以怎样的方式参与、将给新进入者哪些利益、有待与新进入者讨论的问题等。

（3）获取政府支持的创业计划。政府部门所制定的各项政策对创业活动的成败具有重要的影响。只有在政府政策允许和鼓励的条件下，新企业才能获得更多的人才、贷款、投资、各种服务及优惠等。获得政府支持的创业计划应当强调新企业的项目投资可行性，尤其要着重说明新企业的社会收益和社会成本，只有创业项目的社会影响较好，才有可能成为政府关注的对象，进而获得政府的支持。

通常，获取政府支持的创业计划包括总论、团队情况、产品的市场需求预测、项目的技术可行性、项目实施方案、投资估算与资金筹措、项目收益分析及对社会的影响、项目风险及不确定性分析、关于项目可行性的综合结论和希望政府给予的具体支持等。

（三）创业计划的作用

一份周密的创业计划是中小企业成功筹集资金的关键，它能向投资者全面展示企业发展的趋势、企业的实力和企业的融资计划，帮助中小企业获得投资。同时，它为企业设计了发展轨迹，可作为企业发展的行动指南。

1. 帮助创业者厘清思路

在创办新企业时，详细可行的创业计划将是创业者创业路上遇到困难时最可靠的支撑，也是巩固创业者创业信心的坚实保证。有了明确的创业计划，创业者才不至于在创业过程中迷失方向和思路混乱，才不至于在受到干扰或遭遇挫折时打乱创业活动的节奏和进程。制订创业计划需要创业者以认真务实的态度分析市场状况及自己所拥有的资源等，冷静地观察和分析自己的创业理想是否切实可行，清晰地认识创业机会与创业风险，明确创业活动的方向和目标，并对某一项具有市场前景的产品或服务进行总体安排，进而厘清思路。

2. 帮助创业者寻求外部资源支持

创业计划能够帮助创业者把新企业推销给风险投资者，说服其对创业者的创业活动进行投资。几乎每一家新企业在创业初期都会遇到资金问题，如果这时创业者能清晰地向潜在投资者和其他风险投资者描绘本企业正在追寻的创业机会，以及实现这种机会的有效商业模式，就能够显著增加企业获得投资的机会，而创业计划的好坏往往决定了投资交易的成败。只有内容翔实、数据丰富、体系完整的创业计划才能吸引投资者的注意力，才能让他们看懂项目商业运作计划，使外部资源支持成为现实。

3. 帮助企业员工明确方向

员工是创业者需要的重要人力资源，员工将其人力资本投资于新企业的目的是获取投资回报及个人的发展。因此，创业计划应明确拟建企业需要什么样的员工来从事什么样的工作，将带来什么样的回报。创业计划通过描绘新企业的发展前景和成长潜力，使员工对企业及个人的未来充满信心；明确员工要从事什么项目和活动，从而使其了解将要充当什么角色、完成什么工作，以及自己能否胜任这些工作等。创业计划可以为企业的发展确定比较具体的方向和重点，从而使新企业的员工了解企业的经营目标，有助于企业员工协同工作，并通过一致的行动向目标前进。

三、撰写与展示创业计划书

视频
创业计划书

创业计划书是创业者将创业活动的相关内容借由白纸黑字最后落实的载体，其以创业者、创业合作伙伴、投资者、政府决策者等为阅读对象，是将创业蓝图变成创业行动的纲领，其质量的好坏往往直接影响创业者能否找到合作伙伴、获得资金及其他政策的支持。

（一）撰写创业计划书的原则

创业计划书是一种专业文本，有规范的格式与书写原则。

1. 针对读者，突出主题

创业计划书以一定的读者为对象进行撰写。创业者在撰写创业计划书时一定要考虑目标读者。为了引起目标读者的阅读兴趣，创业计划书的撰写要确定主题，围绕创业产品或服务展开阐述，避免出现与主题无关的一些内容。

2. 结构完整，内容规范

创业计划书要有一套完整的格式，各部分的内容应具有连贯性并严格按顺序编排。共青团中央、中国科协、教育部、全国学联主办的“挑战杯”中国大学生创业计划竞赛，对创业计划书的结构有规范化的要求，要求创业计划书涵盖执行摘要、项目和公司简介、产品或服务及其特征、市场需求、行业竞争分析、市场营销方案、生产和运作模式、企业管理团队、融资方案、投资（财务）效益可行性、风险及其防范、撤出机制、附录等内容。

3. 周密计划，协调统一

由于创业计划书涉及的内容很多，创业者应事先做好计划工作，使写作过程有条不紊地进行。通常，创业者可成立一个写作小组，制订创业计划书编写计划，确定创业计划书的种类与总体框架，并确定创业计划书编写的日程安排与人员分工。小组成员分工协作，各负其责，最后由组长统一协调定稿，以免创业计划书零散、不连贯、文风相异等。

4. 合理预测，数据准确

创业者在编写创业计划书时一定要对相关数据以合理的方式进行预测。例如，市场占有率、财务预测分析、投资报酬率等都尽可能做到数字准确，不应做大而化之的粗略估计，不要过分强调或夸大收益状况与可能的成就，不要依据生产能力预估销售量。同时，创业计划书中对目标市场消费特性的描述也要有确实的依据，为此，创业者需要做好市场调查研究，并引证官方或学术研究机构的客观统计资料。如果已有具体产品原型，创业者应考虑先进行消费者使用测试并获得专家的检验意见，这样有助于提高创业计划书的质量与可信度。另外，创业者还要注意所使用资料的时效性，及时更新有关资料数据。

5. 保护知识产权，注意保密

创业计划书是创业者辛勤的智力劳动成果，其内容往往具有巨大的商业价值，涉及一些技术和商业机密，因此要求目标读者在阅读创业计划书后对其内容进行保密是合理的，也是必要的。创业者应尽量不把敏感信息写进创业计划书，但要有充分的阐述以令人信服。在创业计划书中处理保密问题有多种办法，如在创业计划书中添加一段保密条款，其内容的多少和复杂程度视情况而定或者要求读者在一份保密协议上签字等。

（二）创业计划书的要素

在撰写创业计划书的时候，创业者应抓住概念、顾客、竞争者、能力、资本和永续经营6个要素。

（1）概念。创业者应通过创业计划书让读者快速了解与掌握项目的内容和目标，即“要卖什么”。

（2）顾客。在明确了要卖的产品或服务后，创业者要明白将产品或服务卖给谁，即“谁是顾客”“顾客的范围是什么”等。例如，创业者认为，所有的女性都是顾客，那么50岁以上的女性也是顾客吗？企业的产品或服务适合的年龄层要界定清楚。

（3）竞争者。该产品是否有人卖过？若有人卖过，那么他是在哪里卖的？该产品是否有其他替代品？是直接的竞争关系还是间接的竞争关系？

（4）能力。创业者对自己要卖的产品是否足够了解？是否有能力卖这些产品？如开餐馆，在厨师辞职且招不到人的情况下，创业者自己会不会做菜？创业者如果没有这个能力，至少合伙人要会做，或者有鉴赏能力，否则最好不要做。

（5）资本。资本可以是现金，也可以是其他可以换成现金的资产。这时，创业者应该清楚创业的资本数额、来源，自筹部分与外部筹集部分的比例，等等。

（6）永续经营。如果创业失败，那么是否可以承担后果？未来的计划是什么？

（三）创业计划书的基本结构

一般来讲，创业计划书的基本结构主要包括封面、目录、摘要、正文与附录。

1. 封面

创业计划书的封面一定要给人以积极、正面的印象，应该看起来既规矩又专业。创业计划书的封面一般应包括创办企业的名称、地址，创业者的姓名、电话、电子邮箱，创办企业的日期，计划书编号、保密要求等内容。创业计划书的标题下可以放一张企业的项目或产品彩图，但须留出足够的版面排列上述内容。

创业计划书是比较严肃、认真的文件，不可过于耀眼或花哨，封面的设计要有艺术性，简洁、美观的封面会使读者产生最初的好感，形成良好的第一印象。

2. 目录

目录紧接在封面页之后，列出计划书的主要章节、附录及其对应页码，以便于阅读者查找计划书的内容。在创业计划书送出之前，增减计划书上的内容会打乱原来的页码，且一般较容易忘记修改目录中的页码，因此创业者要反复核对目录中的页码是否与正文页码对应。

3. 摘要

摘要是对整个创业计划的概括，目的在于用最简练的语言将计划书的核心、要点、特色展现出来。摘要列在创业计划的最前面，然而它并不仅仅是创业计划书的前言部分，也是整个创业计划书的精华和核心，吸引阅读者仔细读完全部文本。因此，摘要一定要力求简练、一目了然，以便阅读者能在最短的时间内评审计划并做出判断。

4. 正文

正文是创业计划书的主体部分，创业者要从执行摘要、项目和公司简介、产品或服务及其特征、市场需求、行业的竞争分析、市场营销方案、生产和运作模式、企业管理团队、融资方案、投资（财务）效益可行性、风险及其防范、撤出机制等方面对投资者关心的问题进行介绍。正文既要有丰富的数据资料，使人信服，又要突出重点，实事求是。

5. 附录

创业计划书的附录主要是对创业计划中涉及的一些问题的细节和相关的证书、图表等进行描述或展示，如企业的营业执照、公司章程、验资审计报告、税务登记证、高新技术企业（项目）证书、专利证书、鉴定报告、市场调查数据、主要供货商及经销商名单、主要客户名单、场地租用证明、企业及其产品的介绍、宣传等资料，以及工艺流程图、各种财务报表及财务预估表、专业术语说明等。附录应与创业计划主体部分一起装订成册。

（四）创业计划书的核心内容

创业计划书的内容非常广泛，这里重点介绍其中几项非常核心的内容。

1. 产品（服务）

创业计划书的核心内容之一就是吸引阅读者注意力的产品（服务）要具有独特性，这种独特性使客户一看就有购买的欲望和理由。具有市场前景的产品或服务是新企业利润的源泉，创业伙伴和风险投资者最关心的问题之一就是新企业的产品或服务的独特性、创新性和实用性。创业者要对新产品或服务做出详细的说明，且该说明应该准确、通俗易懂，尽量避免用专业性很强的术语，使外行投资者也能清楚地理解。需要注意的是，创业者在描述产品或服务时应力求实事求是，计划书中的每一个承诺都要在未来尽力去兑现。

2. 市场分析

市场分析有助于创业者确定企业的业务性质和种类，也有助于创业者了解消费者的需求和购买行为特点，从而提供相适应的产品或服务。此外，市场分析能够描述企业预期的销售额和市场份额，有助于说服投资者相信创业者对创业机会的把握是准确的。市场分析主要涵盖需求调查、购买行为调查及销售预测等。通常来说，市场分析应包括以下内容。

（1）市场对这种产品或服务的需求。企业要想在市场中取得有利地位，就必须对市场及其需求有深入的了解和敏锐的洞察力。

（2）市场细分及其特征。市场细分即把潜在的消费者按某种特点，如地理因素、人口统计学变量（如年龄、性别、家庭人数、收入）、行为变量（如利益追求、产品使用率、品牌忠诚）和产品种类（因产品而异）等进行细分，并在此基础上确定本企业的目标市场，包括销售对象（目标消费者与主要消费者）、销售区域及销售范围。

（3）目标市场的竞争状况。创业者要明确新企业面临的主要竞争对手，他们的产品优势、产品定位和销售策略，以及他们在市场中占有的份额，通过与本企业进行对比，评估自己的市场竞争力和竞争地位，进而说明本企业的相对竞争优势及其来源。

（4）未来市场的发展趋势。创业者要结合具体的企业营销战略和竞争情况建立营销预算，然后根据预算结果及创业者对竞争的分析，综合预测未来市场的前景和发展趋势。

（5）预测市场份额和销售额。创业者应以上面陈述的各种因素为基础，从行业协会中寻找一家具有可比性的企业或出售具有可比性产品的企业，分析其销售数据，预测本企业 1 ～ 3 年能够获取的市场份额，以及 1 ～ 3 年的销售额。

3. 营销方案

创业者在创业过程中最忌对市场规模想当然，对竞争对手盲目轻视，必须有切实可行的详细营销方案。潜在投资者通常认为，营销方案是新企业成功的关键。营销方案是系统性的经营方案，包括产品从生产直至到达最终用户手中的全过程。营销方案的质量可以充分展示创业者的创业能力。

（1）预期的销售渠道构成及实现的方案。创业者在选择销售渠道时，应从畅通高效、覆盖适度、稳定可控等方面来考虑，并确定销售渠道的构成及实现方法。

（2）销售队伍人员的配置及管理方法。创业者应比较完整地介绍销售队伍的组建方式，包括人员安排、具体职责、培训计划及考核和管理办法等，尤其要提到培训计划和激励机制的相关内容。

（3）销售渠道建设中可能遇到的问题及解决方案。创业者应列出销售渠道建设中可能出现的问题，并提出可能的解决方案，提前做好准备。

（4）销售渠道的发展方向及各阶段目标。创业者需要展示新企业营销渠道的动态变化过程，明确销售渠道未来的发展方向和目标，统一、协调、有效地引导各渠道充分合作，确保实现总体营销目标。

（5）产品或服务的价格及制定依据。产品或服务的价格受多种因素的影响，如成本、市场需求等。创业者既要考虑产品或服务的成本，又要考虑消费者对产品或服务价格的承受能力，因此在创业计划中应该明确表述这些内容并讲清缘由。

（6）产品的促销策略。产品的促销策略主要包括人员推销（推销人员和消费者面对面进行推销）和非人员推销（如广告、公共关系、营业推广等）。创业者在创业计划中应结合市场和产品的实际情况设计切合实际的促销策略，通过向消费者传递产品信息引起他们的注意和兴趣，激发他们的购买欲望和购买行为，从而达到扩大销售的目的。

4. 具体的生产和运作模式

创业计划书需要详细地陈述具体的生产和运作模式，包括厂址选择、生产管理、库存控制、质量控制与管理、供应链管理、研究开发等内容。其中，在选择厂址时，应主要考虑是否方便客户、是否接近供应商及分销商、物价或租金的高低、周围客户群的消费能力和消费习惯、当地的法律规定等。

5. 合理的管理团队方案

创业计划书的核心内容之一是介绍创业项目的管理团队，包括每个成员的经历、能力、职责等。创业能否成功最终取决于该企业是否拥有一个高效、团结的管理队伍。一个企业必须具备负责产品设计与开发、市场营销、生产作业管理、企业理财等方面的专门人才，企业管理的好坏直接决定企业经营风险的大小。高素质的管理人员和良好的组织结构是管理好企业的重要保证。在创业计划书中，创业者必须阐明企业的管理结构及主要管理人员的相关情况，重点展示管理团队的凝聚力和战斗力，使战略伙伴或风险投资人了解企业的管理团队组成情况。优秀的管理团队能确保企业紧紧抓住好的商业机会，以有效的方式实现企业的经营目标。

（1）管理机构。首先，创业者要全面介绍企业管理团队的主要情况，包括企业的主要股东及其股权结构，董事和其他一些高级职员、关键雇员以及企业管理人员的职权分配和薪金情况。然后，创业者需要将管理机构情况、股东情况、董事情况、各部门的构成情况等以一览表的形式（或其他形式）清晰地展示出来。

（2）关键管理人员。创业者要详细介绍企业的重要成员，包括他们的职务、工作经历、经营业绩和受教育程度等，特别要详细介绍其专业知识、技能和成就，描述管理团队中每个关键人员的确切职责。

（3）激励和约束机制。创业者要说明企业准备设立哪些机构，各机构配备多少人员，人员年收入情况；是否考虑员工持股问题，如果考虑，就要说明股票期权实施办法和红利分配原则；企业如何加强对员工的持久激励。此外，还要阐明企业的内部约束机制和外部约束机制。

6. 风险防范方式

令投资者放心的风险防范方式也是创业计划书的核心内容之一。由于创业环境的动态变化性，任何一家新企业都将面临一些潜在的风险。即使这些风险对新企业不构成威胁，创业者在创业计划书中也应讨论为什么新企业不受这些风险的威胁。

一般来说，创业计划书中要写明对防范包括市场风险、技术风险、经营风险、财务风险、人力资源风险、自然灾害风险及其他不可预见的风险等提出的各项防范措施。

对企业可能面临的各种风险，创业者应采取客观、实事求是的态度，不能因为其发生的可能性小而忽略不计，也不能为了增大获得投资的机会就故意缩小、隐瞒风险因素，而应该对企业所面临的各种风险都认真地加以分析，并针对每种可能发生的风险制定相应的防范措施，这样才能获得投资者的信任，也有利于引入投资后双方的合作。

7. 退出机制

令投资者放心的投资退出机制也是创业计划书的核心内容之一。如果新企业准备吸引风险投资，那么创业者在创业计划书中必须说明风险资本退出的方式，因为风险投资者并不愿意长期持有企业的股份。风险投资者退出的方式包括以下几种。

（1）偿付协议退出。创业者在一定的时间，按照约定的价格和比例回购风险投资者持有的股份。

（2）上市退出。如果企业能够实现公开上市，则风险投资者能够通过证券市场把手中持有的股份抛出，这样就能成功退出企业。

（3）兼并收购退出。在创业计划中规定风险投资者在一定的条件下可以将手中持有的股份通过协议的方式转让给其他股东或企业。

任务二　规避创业风险

一、创业风险的含义

视频

创业，机会与风险并存

对于风险的理解，可以从两个角度进行：一是强调风险表现为结果的不确定性；二是强调损失的不确定性。前者属于广义上的风险，说明未来利润多寡的不确定性，可能是获利、亏损，也可能是既无亏损也无获利；后者属于狭义上的风险，只能表现为亏损，没有获利的可能性。创业风险是指创业过程中存在的各种风险，即由创业环境的不确定性、创业机会与新创企业的复杂性、创业者或创业团队与投资者的能力和实力的有限性而导致创业活动结果的不确定性。

二、创业风险的来源

在创业过程中存在着几个基本的、相互联系的缺口，它们是不确定性、复杂性和有限性的主要来源。也就是说，在给定的宏观条件下，创业风险往往直接来源于这些缺口，包括资金缺口、资源缺口、管理缺口、产品和市场缺口。

（一）资金缺口

资金缺口包括两种：一是融资缺口，创业者通常可以证明其构想的可行性，但往往没有足够的资金将其实现商品化，从而给创业带来一定的风险，一般只有极少数基金愿意鼓励创业者弥补这个缺口，如天使投资及政府资助计划等；二是财务缺口，创业之初，如何进行科学合理的财务预算和管理、如何编制可操作性强的财务报表等都是制约创业者创业和融资成功的风险因素。

（二）资源缺口

资源与创业者之间的关系就如同颜料和画笔与画家之间的关系。没有了颜料和画笔，画家即使有了构思也无从实现。创业也是如此，若没有所需的资源，创业者将一筹莫展，创业也就无从谈起。在多数情况下，创业者不一定也不可能拥有所需的全部资源，这就形成了资源缺口。创业者如果没有能力弥补相应的资源缺口，要么无法实现创业，要么在创业中受制于人，要么在创业过程中遭遇巨大的风险。

（三）管理缺口

管理缺口主要包括管理者综合素质缺口、团队稳定性缺口和决策缺口。管理者综合素质缺口是指创业者不一定具备出色的管理才能，特别是大学生创业者，由于经验、知识等方面存在不足，虽然可能是技术方面的专业人才，但是不一定具备专业的管理才能，从而形成了管理缺口。团队稳定性在创业活动中也非常关键。创业初期往往非常艰难，如果团队成员的创业信念不统一，那么创业团队很容易分崩离析。如果团队决策过于轻率和随意，就会导致企业出现方向性错误，给创业活动带来风险。

（四）产品和市场缺口

一般来说，创业企业会选择新市场、新产品或新服务进行开发，因此在创业初期市场风险很大，如果不能很好地了解市场需求，不能预知商业模式的可持续性，不能很好地把握产品的销量和利润，就会造成一定的风险。

大学生创业需谨慎，一着不慎陷纠纷旋涡

在就业多元化环境的影响下，越来越多的大学生响应政府“双创”的号召，选择在毕业后将自主创业作为自己的发展方向。但由于社会经验不足，往往没有意识到创业的风险，没有做好充足的准备，在创业过程中与合伙人、出租方、管理方等发生纠纷，最终不得不通过人民法院解决问题。

大学刚毕业的王某想自己创业，因被某商业街“打造小吃第一街”的口号吸引，王某与该商业街管理公司签订租赁合同，合同约定租期一年，租赁费、物业费合计18 000元，另付10 000元保证金，公司保证对外宣传到位，王某不得提前解除合同，否则剩余费用和保证金一律不予退还。

可开业不到一个月，店前门可罗雀，王某认为公司宣传不到位，提出解除合同，但遭到拒绝。月底，王某将承租的棚亭腾空，并将现状拍摄成视频发送给了公司工作人员，正式告知对方解除合同并寄送了一份解除合同通知书。

随后王某要求公司返还其剩余的租金、物业费及保证金，公司以并未同意解除合同为由拒绝了王某的要求。协商未果，双方对簿公堂。

人民法院认为，租赁合同系双方真实意思表示，内容不违反法律、行政法规强制性规定，属合法有效，当事人各方均应严格履行。

王某未能证明公司存在宣传管理不到位的违约行为，也不能举证自己要求解除合同的法定事由，故王某单方提出解除合同并自行终止合同的行为不符合法律规定，构成违约，应依法承担违约责任。

在王某作出解除合同的意思和行为表示后，公司一方明知王某不再履行合同，未在合理期限内请求其继续履行，故应终止涉案租赁合同履行。公司一方应采取合理的方式避免损失扩大，对于人为性扩大的损失，该公司自行承担。

再看合同关于违约责任的约定，该合同条款不合理地加重了承租人的责任，且未举证证明对该条款履行了提示或说明义务，故应综合合同实际履行情况以及出租方损失情况酌定王某应承担的违约责任，法院一审判令该公司退还王某 22 000 元。

王某“创业梦”的破碎，给更多心怀“创业梦”的大学生敲响了警钟。凡事多问“为什么”，切莫轻信大意。凡事一步一个脚印，切莫急于求成。

创业初，创业者就必须注意创业法律风险防范，加强风险管理意识。

资料来源：诗城法苑.【以案释法】花山法院：大学生创业需谨慎，一着不慎陷纠纷旋涡 [EB/OL].（2022-12-14）[2024-03-16].https://www.thepaper.cn/newsDetail_forward_21171248.（有改动）

三、创业风险的规避

（一）市场风险的规避

准确的市场定位是企业的盈利之基，创业者在开始创业之前一定要有清晰的规划、定位；如果创业者一开始在市场定位上犯了错，那么即使付出再多的努力，也都是无用功，付出的努力越多，离目标就越远。

1. 项目选择风险的规避

准确选择创业项目是成功的关键，创业者在选择创业项目时应充分调研市场、正确选择与评估创业项目。

（1）市场是生产经营的前提，是企业生存和发展的空间，没有市场，创业就是一句空话。市场调研的目的是发现可开发的市场空间、可选择的产品或服务，在市场调研过程中寻找机会、寻找项目。一般来说，市场调研的内容应包括市场供求情况、产品生命周期、消费者购买行为、竞争对手、市场环境等。

①市场供求情况。市场供求情况调研是对市场主体的调研，首先是市场需求量的调研，包括实物需求和购买力调研，目的在于了解所选项目是否有需求、有没有能力实现需求；其次是供应量的调研，即目前市场上某种产品生产者投放市场出售的商品量，目的是了解市场的饱和程度及进入市场后的发展空间。同时，创业者还要了解作为生产经营者可从市场上获得的原材料或货源量，因为这是制约企业发展规模的重要因素。

②产品生命周期。对产品生命周期（包括供求变化、产品更新换代变化、替代品的变化、价格的变化等）进行调研，可以了解所选择的产品或服务的生命周期处在哪一个阶段，如果处在萌芽期或成长期，那么进入的价值就大。另外，还要关注与其相关的可替代品有什么变化，对所选择的项目会产生什么影响等。

③消费者购买行为。对消费者购买行为进行调研，包括消费者购买动机、购买行为趋势及购买行为特征，目前及未来消费者的消费水平、消费心理、消费行为的变化，影响其消费心理和消费行为的各种因素等。同一产品或服务会因不同区域、不同人群、不同消费行为而表现出极大的差异性，在一个地区可行，在另一地区并不一定可行。消费者购买行为调研的目的主要是确保项目选择能遵循消费行为的变化规律。

④竞争对手。竞争对手是指与企业生产经营相同或类似产品的企业和个人。只有在对同行全面了解的基础上选择创业项目，才能确定是否可以进去、是否有发展空间、是否有能力参与竞争、是否有发展前途等，这是至关重要的、不可或缺的环节。

⑤市场环境。市场环境是与企业生产经营活动相关的各种因素和条件，企业生产经营的关键在于能否适应不断变化的市场环境。市场环境包括宏观环境和微观环境。宏观环境是一定区域里人口、经济、政治、法律、社会文化及生态环境等一些大范围的社会约束力；微观环境是对企业的生产经营活动产生直接影响的环境因素，主要包括企业内部环境、供应商、中间商和服务商、客户、竞争者等。此外，市场环境还包括行业背景，如发展规模、阶段、饱和程度，行业的区域分布、各类型所占的份额等。

（2）正确选择创业项目。在选择创业项目时，可以从某个固定消费群体、消费需求变化趋势、市场空隙、经济社会发展趋势中寻找。在选择经营类型时，要根据自己的实际情况进行选择。

（3）科学评估创业项目。对创业项目，可以从市场、条件、经济规模、投资概算与筹措、效益分析、风险等方面进行评估。

①市场评估是指在市场调研的基础上，对所选项目的市场需求、市场发展前景、市场

利益空间、市场可占有份额等进行综合分析和评价。

②条件评估主要是对创业项目所需人、财、物、技术等的可能性进行论证。

③经济规模评估就是根据技术、资金、市场等条件论证所选项目可能达到的规模。

④投资概算与筹措评估即对资金需求、筹资方案（包括自有资金、借入资金）等进行评估。

⑤效益分析评估的内容包括项目生命周期、成本费用、销售收入、税收利润等。效益分析可建立在对两个项目对比分析的基础上，通过对比选择最优项目。从国家、地区、行业发展导向和趋势角度，对所选项目生产经营所处的政治、经济、社会等有利与不利因素进行分析，以确定项目能够“走多远”。

⑥制约企业发展的风险因素包括市场风险、自身风险和其他风险。一般情况下，报酬率相同时，人们会选择风险小的项目，风险概率相同时人们会选择报酬率高的项目。

2. 行业选择风险的规避

（1）尽量选择自己熟悉或有专长的行业。创业最简单的方法就是从自己熟悉或者有专长的事情做起，这样可以最大限度地降低创业失败的风险。选择自己熟悉的行业，对市场、产品、人际关系都比较熟悉，会拥有更多的信息，也了解消费者的实际需求，了解市场的发展方向，因此创业比较容易成功。

（2）避热就冷。在创业过程中，有些创业者往往会随波逐流，跟随大众选择一些热门的行业或市场，则往往难以成功。而一些创业者会利用逆向思维，敢于打破旧习惯和老框架，善于抓住一些所谓冷门的、尚未开垦的领域进行开发，避热就冷，结果大获成功。

（3）专注于一件事。在创业初期，由于资源有限、人才少、规模小，再加上管理效率不高，创业者要想在激烈的市场竞争中占据一席之地，只有专注地做好一件事，才能获得突破。

（4）小中见大。手中没有资金又无经营经验的创业者不能盲目贪大，要脚踏实地、从小做起，学会小中见大。小生意本钱少，创业成本低，不仅容易进入应力状态，还可以积累做生意的经验，为下一步做大生意打下基础。

（二）融资风险的规避

创业融资的成败往往决定了某个创业项目是否能顺利启动。

1. 分析投资环境

创业者在创业之前应该仔细研究国家的政策及其变化趋势，明确收益和投资的额度，根据收集的相关信息做出政策允许的投资决策，借助优惠政策降低成本，获取收益。创业者要学会用法律、法规来保护自己的权益，并适应市场的变化和消费者的需求；对利率变化、汇率波动、产品的价格趋势、竞争格局的变化进行有效预测，从而减少环境的不确定性对投资收益的影响。

2. 建立风险防范机制

创业者在项目运行过程中，应逐步建立起完善的风险防范机制和财务信息网络，对项目运营过程进行事前、事中、事后监控，及时对财务风险进行预测和防范，制订出适合本企业实际情况的风险规避方案，把风险控制在最小范围。

3. 散融资风险

融资可以采取多种形式，融资成本不同，所承担的风险也不同。创业企业应该根据自己的特点和产品生产周期、市场特征、资金需求等制订合理的融资方案与期限，打破原有的融资硬性要求，在满足资金需求的同时，更新理财经营观念，采取多元化和多方式融资，分散融资风险。

4. 规避资金偿还风险

由于预期现金流量很难与债务的到期时间及数量保持协调一致，这就要求企业在允许现金流量波动的前提下对负债的盈利与风险进行权衡，以使企业风险最小，同时使盈利能力最大化。因此，为了规避资金偿还风险，创业者必须预测企业未来的经营状况，并以此为主要依据合理地确定融资结构中债务和权益的比例。一般来说，创业者可以根据经营最不利时的税前利润及企业的风险承受能力决定融资结构中债务和权益的比例。在实际操作中，企业在不同时期应根据不同的情况选择适合自己的融资方式。

5. 防范融资陷阱

在融资期间，创业者可能会遭遇各种各样的融资陷阱，如果不注意这些陷阱，就很可能遭受损失。因此，为了避免不必要的损失，创业者应注意防范融资陷阱。通常情况下，常见的融资陷阱有以下几类。

（1）要求支付考察费。在新创企业融资期间，有些单位或个人会主动与创业者联系，在不了解企业情况的前提下要求到企业考察并要求企业支付较高的考察费。

（2）要求支付项目受理费。项目受理费是指融资服务机构在收到企业的有关资料后，要求融资企业缴纳对项目进行评估和预审所产生的费用。尤其是一些号称有外资背景的投资公司，往往把收取项目受理费作为一种项目控制程序和费用转嫁方式。如果出现以下情况，融资企业就要提高警惕。

①对融资企业项目资料不做实质性审核就下初评认可结论。

②对不具备条件的项目下初评认可结论。

③以收取项目受理费用为目的，不以项目投资为目的，在项目实质性评估阶段以各种

理由拒绝向企业融资。

（3）要求支付创业计划书撰写费用。创业计划书是风险投资商进行现场考察前要拿到的资料。现在，无论是国内还是境外的投资机构，都习惯使用创业计划书，因此创业计划书的撰写是企业融资之前的必修课，这给了一些不法分子以可乘之机。

（4）要求支付评估费。在融资过程中，一部分投资人或融资服务机构会要求对企业资产或项目进行评估。如果是在融资实施阶段，那么此项评估是完全必要的。但如果是下列情况，就有诈骗的嫌疑。

①项目评估不是在项目实施阶段，而是在项目审核阶段。

②评估机构不是资金方或融资服务机构认可的评估机构。

③要求对整个项目或对某一部分资产（主要是无形资产）进行评估。

（5）要求支付保证金。要求支付保证金也是创业企业在融资过程中经常遇到的陷阱，如果属于以下情况，那么一定不要支付保证金。

①资金方要求融资企业必须严格按照自己预先设定的程序去做，否则就拒绝往下进行。

②资金方设置了严格的违约条款。

③资金方对项目的审核粗略，对项目的真实性和项目回报热情很低。

（三）经营风险的规避

经营风险是新创企业经常遇到的风险之一，包括采购风险、销售风险、结算风险、人力资源风险、生产风险等。经营风险的种类及规避措施如表 8-5 所示。

表 8-5 经营风险的种类及规避措施

类型	理解	规避措施
采购风险	新创企业所面临的采购风险主要包括价格风险、道德风险、验收风险等。其中，价格风险是指一种物品市场价格发生变动的风险；道德风险是指采购人员为追求个人和小集团的利益而牺牲企业利益，在采购业务洽谈中采取对企业不负责任的做法所导致的风险；验收风险是指企业所购物资在运抵后的卸货、整理、验收入库、登记等过程中发生的各种经营风险	可以采取以下两种措施防范价格风险。 （1）回避法。以采购计划中所列的价格为目标价，而不管市场行情如何变动。 （2）转移法。将市场价格风险转移给生产厂家或供应商。 可以采取以下措施规避道德风险。 （1）对采购实行计划、预算机制并监督计划的执行。 （2）对采购洽谈业务实行牵制原则，允许多人介入并采取严格的授权批准制度。 （3）对采购内容进行及时评价和奖惩。 （4）对采购风险进行及时处置，控制风险的危害，降低损失

（续表）

类　型	理　解	规避措施
采购风险		可以采取以下措施规避验收风险。 （1）提高验收人员的素质，严格执行验收程序。 （2）实行不相容职务分离，采购人员不得参与验收工作。 （3）验收工作必须具有完整的手续和凭证，验收凭证要有验收人员的签章并对其妥善保管备查。 （4）建立核对机制，做到采购数与验收数相符、账实相符
销售风险	销售风险是指新创企业围绕产品销售、劳务提供及市场份额的争夺，与消费者、竞争对手及其他市场经营主体和非经营主体在打交道的过程中发生的各种市场风险	规避销售风险，可采取以下措施。 （1）确立以销定产、以产定购的生产经营运行体系，将企业纳入市场经济的轨道，将市场生命植根于市场经济的土壤之中。 （2）建立健全市场信息网络，广泛收集信息资料，动态跟踪市场经济的发展，及时了解消费者的需要、竞争对手的策略变化，主动研究市场，发现市场机遇。 （3）建立精干高效的营销队伍，给予其合理的权限，明确其职能范围，以使其在市场营销机遇面前快速反应、果断决策，保持与市场前沿的沟通。 （4）加强销售与收款循环的内部控制措施
结算风险	结算风险是指新创企业与其他企业在采购和销售贷款结算过程中发生的各种经营风险	可采取以下措施规避结算风险。 （1）加强购销合同管理。企业在与客户签订合同时，首先应对客户的偿债能力、信用标准等方面的情况有所了解，在此基础上与之签订合同，以避免风险的发生。 （2）严格遵守相关规定。企业要严格遵守国家颁布的《人民币银行结算账户管理办法》等相关结算制度的规定，不得擅自采用不合规定的结算方法支付采购货款。 （3）完善对应收账款的管理。企业要加强对每个客户应收账款的管理，及时观察客户所欠债务是否突破了规定的最高限额；企业要对不同的客户设不同的赊销限度，不可让客户任意赊欠或无限制地赊欠。 （4）缩短企业资金周转周期。企业应积极调整产品结构，提高产品质量，多生产货款回收率高的产品并加强售后服务，提高企业信誉，吸引更多客户，增加企业收入，缩短企业资金周转周期

（续表）

类型	理解	规避措施
人力资源风险	人力资源风险是指在企业对人的录用、培训、鉴别、提拔或调整的过程中所出现的各种风险	可采取以下措施规避人力资源风险。 （1）加强企业人事、工薪方面的内部控制与管理，完善企业人才选拔的标准、原则和程序，健全企业人员培训、提拔、绩效评价等方面的控制与管理，加强对人员的监督与激励。 （2）进行人事内部控制制度的评审，促进企业切实建立科学分配机制，最大限度地调动员工的积极性，保证干部聘用的公开、公正，遵循能者上、平者让、庸者下的原则，防止人才流失。 （3）加强对企业组织的控制，实现部门、人员间的相互牵制。 （4）加强对日常人力资源风险的评估，增强风险驾驭能力
生产风险	企业的生产风险是指企业各种生产要素在生产现场加工并形成产品或完成劳务的过程中所发生的各种经营风险	规避生产风险可采取以下措施。 （1）加强生产目标管理，制订严密的生产计划和生产作业计划，明确生产及管理的具体要求。 （2）劳动力、资金、物资和信息等生产要素在时间、数量与质量方面必须符合生产过程的需要，在生产过程中能够迅速、有效地结合起来且形成一个有效的整体。 （3）落实生产计划和生产作业计划，保证生产产品的品种、数量、质量、交货期、成本等处于良好的控制状态，以尽可能少的人力、物力、财力完成生产任务。 （4）保证生产过程的各种信息正常产生、加工、传递和使用，为生产风险防范指明方向

课后实训

制订创业计划

【实训目的】

掌握创业计划的主要内容，明确创业计划的重要作用，明晰自我的创业思想。

【实训安排】

1. 建立自己的企业的构思

假如你要创建一家企业，你想经营哪种类型的产品呢？企业的类型根据经营特点可以分为贸易、服务、制造、农林牧渔等。请按照拟定的创业方向进行综合分析，选择自己熟悉或感兴趣的企业类型，注意考虑自己能投入的资金数额，并将表 8-6 填写完整。

表 8-6 创业构思表

企业名称	
企业类型	□商业 □制造业 □服务业 □农、林、牧、渔业 □其他企业
产品或服务	
企业服务的对象	
企业将解决或满足顾客的需求	

2. 社区创业情况调查

（1）观察你所在的社区有哪些店铺，它们分别经营什么，每天的营业情况如何，服务情况如何等。

（2）找出这些经营场所的不足之处，假如让你去经营，你会在哪些方面更胜一筹？

（3）如果要将你的想法付诸实践，需要你撰写一份创业计划书，分析自己能否参与到竞争中获取一定的市场份额。

课后阅读

“00 后”女大学生返乡创业争当“新农人”

沿着泥泞的小路走到尽头，高压电塔旁的 7 个草莓大棚便是“00 后”女孩王鹤的“艺术天地”。2022 年大学毕业后，王鹤回到家乡安徽省合肥市长丰县创业，从零起步。从前期的种植到品牌的设计再到销售对接，全部由王鹤一人负责。这个品牌设计专业出身的女孩，创造性地将艺术、品牌、种植融合在一起，在草莓领域碰撞出新的色彩。

草莓红得格外早

草莓要想种得好，温度、湿度、土壤肥力缺一不可。“草莓种植靠天时地利人和。”每天是否要开棚、关棚，什么时候浇水、施肥、加温，都是王鹤需要考虑的问题。

大棚里放着几个柴油炉，如果气温过低，王鹤便会点火供暖。现在，天气预报已经成为王鹤每天必看的内容。

由于前期选苗的优势，王鹤的草莓红得格外早。2023年11月2日，农场的第一颗草莓红了。"付出了这么多，终于有收获了。"回看当时的纪念照片，王鹤依然感慨不已。

除了早上市，王鹤的草莓品种还很多。王鹤表示，自己对草莓的口感要求很高，前期选择品种和苗花费了很长时间，也做了大量的尝试。

现在，王鹤的草莓销量不错，回头客也比较多。每次看着陌生人品尝草莓的笑容，王鹤就会觉得特别开心。一颗颗新鲜饱满的草莓被一层层小心包裹起来，发往全国各地。"江浙沪皖比较多，最远卖到过吉林、青海。"

创意构建艺术农场

"长丰不缺种草莓的，但缺少把这个品牌价值提升的人。"看着眼前几百亩的草莓基地，王鹤觉得要想做出名堂，必须和别人不一样。艺术农场是个好点子。

王鹤的草莓锦润艺术农场根据艺术农业、云种植、蔬菜采摘、多彩草莓、实验草莓、高产红颜、早上市红颜等功能划分为7个空间。每个大棚前都有写着具体功能的导视牌，清晰直观。

在艺术空间里，一盆盆多肉、草莓盆栽、蔬菜盆栽整齐排列，一旁还摆着一幅幅艺术作品。"以后还会有一些自主设计的元素，等草莓采摘之后会同步开始。"王鹤计划，可以通过艺术让来采摘的市民留下来，体验别样的自然艺术。

桌子上摆放着各式各样的艺吱鸭周边，徽章、钥匙扣、贴纸、杯子……艺吱鸭是王鹤为农场设计的IP形象。

王鹤还负责农场的对外宣传推广。小红书、抖音等各大社交平台均有涉及。另外，王鹤还找人定制了电子溯源码，每次售卖时都会在泡沫箱里贴上一个。"这样别人一扫码就知道我的草莓出处，还想吃的时候就能找到我。"

艺二空间推出的云种植也受到不少人的关注。大棚内以二十四节气划分区域，分为自种、半自种、全托的模式。每个区域都可被云认领。在认领的6个月内，可以随意支配这块20平方米的菜地，在繁忙的日子里，做个小农场主。而王鹤则会根据指示操作，并每天拍照上传到日常记录码中，方便对方实时跟进。

做了就不会后悔

最开始，有很多人并不看好这个刚毕业的大学生，就连王鹤的父母也不太接受，"他们当时觉得，我一个人回来做这个，会有很大压力，而且觉得我什么也不懂。"

王鹤最初跨行的时候是很难。最初，地租下来之后，水管买什么型号，接头多长，各种细节问题，王鹤一概不知。

当时王鹤想过最坏的结果就是草莓种不出来。

一路走来，王鹤觉得得益于自己的坚持。“我从小到大都没遇到这么多问题。”多肉、种植、设计、销售，所有事情加在一起，王鹤坦言当时压力很大，也很崩溃。

但无论遇到什么问题，她都想着去面对、去解决，一直坚持了下来。

谈起艺术农场的创意思路，王鹤表示，自己是在最开始就有一个整体的思路，然后根据问题慢慢调整和解决。王鹤很有想法，也敢于尝试。“所有想法先尝试了再说，不尝试就没有机会了。”现在，农场还推出了采摘优惠券和电子折扣券，王鹤表示这就是前段时间刚想出来的，就马上去做了。

对于现在的自己，王鹤很满意。“无论成功与失败，我既然做了，以后都不会后悔。”

看着地里茁壮生长的草莓，王鹤对未来充满希望：“我的目标就是打造一个品牌，把草莓产业融到一块，可以帮到农户，也为长丰的草莓发展尽自己的一份力。”

资料来源：王书浒．草莓大棚里有她的艺术天地——“00后”女大学生返乡创业争当“新农人”[EB/OL].（2024-01-09）[2024-03-17].https://baijiahao.baidu.com/s?id=1787589902782895876&wfr=spider&for=pc.（有改动）

第三部分

创业实战——将创新创业进行到底

课前探讨

“唉，我创业失败了，下面逐条跟大家分析我失败的原因。”2022 年初，在短视频网站上，一些 UP 主（上传者）主动坦承关店歇业、创业失败的视频逐渐走红。这些视频有真实的情感，有惨淡的经历，更有刻骨铭心的教训，顿时吸引了众多粉丝，播放量动辄过百万人次。

想一想

关店视频走红的原因有哪些？你如何评价这一现象？若选择创业这条路，你需要做好哪些准备？

知识结构

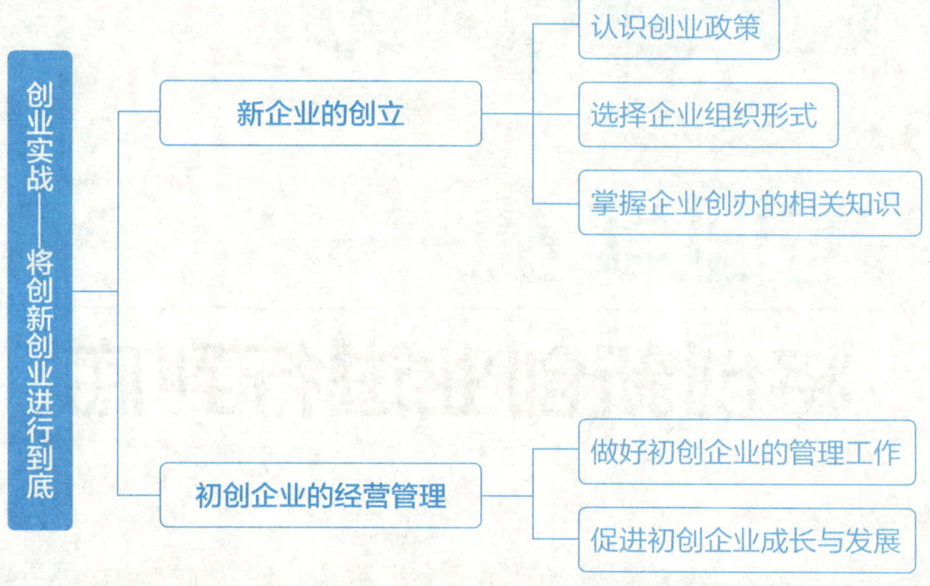

模块九 新企业的创立

学习目标

（1）熟悉新企业的组织形式。

（2）掌握新企业的选址与设立登记流程。

（3）了解企业生命周期阶段的划分，掌握新企业的管理及建设方法，培养管理能力。

很多人都想创业，当下定决心创业的时候，首先面对的问题就是注册公司。那么，如何创办企业？创办新企业需要考虑哪些因素？

任务一 认识创业政策

高校是人才的聚集地和创新的策源地，为支持大学生创业，国家和各级政府出台了许多优惠政策，涉及融资、开业、税收、创业培训、创业指导等诸多方面，以帮助、促进、扶持大学生创业。

一、税收优惠政策

（1）持人力资源和社会保障部门核发“就业创业证”的高校毕业生在毕业年度内创办个体工商户的，可按规定在 3 年内以每户每年 12 000 元为限额（最高可上浮 20%，具体由各省、自治区、直辖市人民政府根据本地区实际情况确定）依次扣减其当年实际应缴纳的增值税、城市维护建设税、教育费附加、地方教育附加和个人所得税。

（2）对高校毕业生创办小微企业的，可按规定享受小微企业普惠性税费政策；创办个体工商户的，对其年应纳税所得额不超过 100 万元的部分，在现行优惠政策基础上减半征收个人所得税。

二、创业担保贷款和贴息政策

（一）创业担保贷款和贴息支持

高校毕业生创业者可在创业地申请创业担保贷款，贷款额度最高为 20 万元，对符合条件的个人合伙创业的，可根据合伙创业人数适当提高贷款额度，最高不超过总额的10%。对10万元及以下贷款、获得设区的市级以上荣誉的高校毕业生创业者免除反担保要求；对高校毕业生创业者创办的符合条件的小微企业，最高贷款额度提高至300万元，财政按规定给予贴息。

（二）申请创业担保贷款的程序

申请创业担保贷款的个人和小微企业应向当地人力资源和社会保障部门申请资格审核，通过资格审核的个人和小微企业，向当地担保机构和经办银行提交担保和贷款申请，符合相关担保和贷款条件的，与经办银行签订创业担保贷款合同。

三、资金扶持政策

（一）免收有关行政事业性费用

毕业2年以内的普通高校毕业生从事个体经营的，3年内免收管理类、登记类和证照类等有关行政事业性费用。

（二）求职创业补贴

对在毕业学年有就业创业意愿并积极求职创业的低保家庭、贫困残疾人家庭、原建档立卡贫困家庭和特困人员中的高校毕业生，残疾及获得国家助学贷款的高校毕业生，给予一次性求职创业补贴。

（三）一次性创业补贴

对首次创办小微企业或从事个体经营，且所创办企业或个体工商户自工商登记注册之日起正常运营1年以上的离校2年内的高校毕业生，试点给予一次性创业补贴。

（四）享受培训补贴

对大学生在毕业年度内参加创业培训的，按规定给予培训补贴。

四、工商登记政策

大学毕业生创办企业，只需填写一张表格，向一个窗口提交一套材料，登记部门直接核发加载统一社会信用代码的营业执照，且多证合一。

五、户籍政策

高校毕业生可在创业地按要求办理落户手续（直辖市按有关规定执行）。

六、创业服务政策

（一）免费创业服务

大学毕业生创业可免费获得公共就业和人才服务机构提供的创业指导服务。

（二）技术创新服务

各地区、各高校和科研院所的实验室以及科研仪器、设施等科技创新资源可以面向大学生开放共享，为其提供低价、优质的专业服务。

（三）创业场地服务

国家鼓励各类孵化器面向大学生创新创业团队开放一定比例的免费孵化空间。政府投资开发的孵化器等创业载体应安排 30% 左右的场地免费提供给高校毕业生。有条件的地方可对高校毕业生到孵化器创业给予租金补贴。

（四）创业保障政策

国家加大对创业失败大学生的扶持力度，按规定为其提供就业服务、就业援助和社会救助。毕业后创业的大学生可按规定缴纳社会保险和住房公积金。

河南 22 条措施吸引豫商豫才返乡创业

支持豫商、农民工、科研人员、大学生、退役军人返乡创业；返乡创业符合创业担保贷款条件的，个人贷款额度最高为 20 万元，小微企业贷款额度最高为 300 万元……2022 年 9 月，河南省人民政府办公厅印发《关于推动豫商豫才返乡创业的通知》（以下简称《通知》），提出 22 项措施推动豫商豫才返乡创业。

围绕土地、资金、人才等返乡创业核心要素，河南实化细化 22 条措施，具体有哪些亮点？据省人社厅相关工作人员介绍，《通知》将返乡创业的退役军人纳入开业补贴支持范围；在离岗创办企业科研人员 5 年内保留与原单位人事关系的基础上，可延期 3 年；建立服务站，以商引商、以才引才，吸引更多豫籍成功人士回归创业；建立信用乡村、信用园区推荐免担保机制；探索规划“留白”机制，乡村规划可预留 5% 的建设机动用地规模，优先保障返乡创业项目建设；建立返乡创业技术技能人才引进“绿色”通道等。

河南省从过去的重点推进农民工返乡创业，到推进农民工、大学生、退役军人等人员返乡下乡创业，再到推动各类人才返乡创业，实施豫商豫才回归工程，返乡创业工作不断拓展，已由早期的自由生长、零星分布、较小规模，迈向政府主导、产业集聚、提质发展的新阶段。《通知》着力破解用地难、融资难、人才引进难等返乡创业面临的痛点难点问题，面向不同人群提出具体政策支持。

豫商：以人才引项目、以项目聚人才

鼓励各地依托驻外办事机构和省外河南商会建立服务站，以商引商、以才引才，吸引更多豫商返乡创业。积极构建交流合作平台，以人才引项目、以项目聚人才，促进更多人才和项目实现对接、合作，推动项目落地。通过项目合作、学术交流、聘任兼职等途径有计划地引进投资规模大、产业关联度高、区域带动作用强的项目。

农民工：将返乡创业农民工纳入招商引资范围

农民工返乡创业，除国家法律、法规明令禁止或限制的外，任何行业（领域）均可进入。将返乡创业农民工纳入招商引资范围，给予与外地客商同等的优惠政策。将符合条件的返乡创业农民工作为村级后备力量进行培养，按程序优先推荐参加劳模评选或给予一定荣誉。将在城镇创业的农民工纳入城镇住房保障范围和住房公积金制度实施范围，支持返乡创业企业较为集中的开发区（产业园区）因地制宜发展保障性租赁住房。

科研人员：鼓励兼职创新、在职（离岗）创办企业

支持科研人员返乡创业。鼓励和支持省内高校、科研院所的科研人员兼职创新、在职（离岗）创办企业。科研人员离岗创办企业的，5年内保留其与原单位人事关系，期满后尚未实现盈利的，可以延长1次，延长期限不超过3年。

大学生：每人1 000元的一次性吸纳就业补贴

支持大学生返乡创业。毕业5年内的大学生返乡创办企业且正常经营1年以上，当年新招用登记失业半年以上人员、脱贫人口、农村低收入人口、毕业年度或离校1年内未就业高校毕业生且签订1年以上劳动合同并为其缴纳社会保险费的，按照新招用员工数给予每人1 000元的一次性吸纳就业补贴。

退役军人：给予5 000元一次性开业补贴

支持退役军人返乡创业。对首次创办企业或从事个体经营、自办理营业执照起正常经营1年以上的退役军人，给予5 000元一次性开业补贴。退役军人返乡创办企业招用就业困难人员并为其缴纳社会保险费的，按实际缴纳的就业困难人员社会保险费给予社会保险补贴，补贴期限不超过3年。

此外，《通知》明确，各地合理安排用地规模，为产业发展和豫商豫才返乡创业留足空间，安排不少于10%的新增建设用地规模，重点保障乡村产业发展用地，优先满足返乡创业企业生产经营需求。各县（市、区）要明确返乡创业综合服务机构，为返乡创业人员提供注册登记、政策咨询、创业指导、社保接续和优惠政策申请等“一站式”服务。

资料来源：河南政府网 . 最高扶持 300 万元！河南 22 条措施吸引豫商豫才返乡创业 [EB/OL].（2022-09-14）[2024-03-16].https://www.henan.gov.cn/2022/09-14/2606044.html?eqid=f0554fce00016cb200000005645cd3ef.（有改动）

七、学籍管理政策

（一）折算学分

各高校要设置合理的创新创业学分，建立创新创业学分积累与转换制度，探索将大学生开展自主创业等情况折算成学分。

（二）弹性学制

高校可以根据情况建立并实行灵活的学习制度，可放宽学生修业年限，允许学生保留学籍休学以创新创业。

案例链接

返乡创业，政策护航“成长”

成长中最难忘的是什么？是小时候奶奶晒的西瓜酱。在外地工作那几年最放不下的是什么？是如何在家乡打造西瓜酱品牌。

靠着家乡父老乡亲的支持，如今我省返乡创业青年、“90 后”李泽西初步做到了。3 月 20 日，在自家的西瓜酱制作厂，李泽西向记者展示创业项目在老家由小变大的历程。

政策红利带动返乡创业

当日上午 10 点，走进已经空置的中牟县狼城岗镇韦滩村小学操场，只见 2 万个直径 30 厘米左右的褐色晒酱盆以“沙场秋点兵”的姿态排列在木架上。

这里是李泽西返乡创业的“大本营”。作为狼城岗镇青谷堆村第一个留学生，他以家乡的西瓜为原料，制作酱料并靠直播带货，带领项目蒸蒸日上，日均销售 2 000 单。

“中牟县的西瓜很有名，父老乡亲们不仅卖西瓜，还加工制作西瓜酱。热腾腾的软馒头配上西瓜酱，能让人一口气吃掉两三个大馒头。”李泽西说，他奶奶就是当地制酱高手之一，留学期间，奶奶做的西瓜酱让同学们直夸“中国小菜好吃”。

2019年，他辞去北京的工作返乡创业，以电商为渠道销售西瓜酱。他说："老家对返乡创业的青年人很支持。经过充分调研，我对西瓜酱项目发展很有信心。"

在此过程中，政策成了他创业路上的助推器。过去这些年，我省陆续出台"进一步支持返乡下乡创业的通知""推动豫商豫才返乡创业的通知"等一系列文件，推进创业补贴等相关政策"打包办""提速办"，支持县域返乡创业载体建设，引导大学毕业生到乡、能人回乡、农民工返乡、企业家入乡，并帮助他们解除后顾之忧，让其留得下、能创业。

同时，我省持续加强金融扶持，真金白银支持返乡创业者，出台优化创业担保贷款、深化免除反担保等政策。仅2023年，我省就为返乡创业人员发放贷款123.42亿元。

返乡创业带动就业

乡村振兴战略大背景下，越来越多的农村进入全新发展阶段，为返乡入乡青年施展才能提供了平台。

李泽西说，回到家乡创业的他为了还原老味道，在奶奶指导下，采用自然晾晒发酵等古法手工制作西瓜酱，产品配料表里只有大豆、西瓜、食盐，不添加任何防腐剂。

如今，西瓜酱制作技艺已成为郑州市非物质文化遗产，李泽西也成为西瓜酱制作技艺第十代传承人。"即便是春节，我们的直播也没停过。"李泽西说，目前，他在郑州的直播基地有200多平方米，电商平台上的账号总粉丝量达100多万，夏天西瓜酱生产期的日用工量最高达260人。

"西瓜酱厂给我们提供了一份稳定的工作，我每个月能拿到四五千块钱，很满足。"62岁的周申说，他负责西瓜酱厂区生产，家就在附近，上下班都方便。

2023年，我省年度新增返乡创业18.77万人，带动就业112.75万人。今年，我省继续将返乡创业作为推进乡村全面振兴的重要举措，全年要完成新增返乡创业15万人的目标。省人社厅有关工作人员介绍，为此，我省将落实落细专家服务基层活动，持续开展返乡创业示范建设，激励各类人才返乡创业。

"返乡并不是简单重复长辈的人生，而是开创一番新事业。农村电商的蓬勃发展和各项政策的大力支持，给我创造了在老家创业的机会，帮助我实现了让更多人尝到奶奶的西瓜酱的梦想。"李泽西说。

资料来源：河南日报.返乡创业，政策护航"成长"——"返岗复产探访就业一线"系列报道之二[EB/OL].（2024-03-24）[2024-03-28].https://www.henan.gov.cn/2024/03-24/2965494.html.（有改动）

任务二 选择企业组织形式

一、企业的组织形式

（一）个体工商户

公民在法律允许的范围内，依法核准登记，从事工商业活动的即为个体工商户，也是新创企业的原始形态。个体工商户可以个人经营，也可以家庭经营，没有注册资金的限制，但是对债务要承担无限责任，在日常经营中不需要建立账簿。

1. 个体工商户的法律特征

个体工商户是个体工商业经济在法律上的表现，具有以下特征。

（1）个体工商户是个体经济的一种法律形式。个体工商户由于是以公民个人财产或家庭财产为经营资本，财产所有者与经营者和劳动者不分离，因此属于个体经济的范畴。

（2）个体工商户的生产经营范围只限于工商业。《促进个体工商户发展条例》第二条规定："有经营能力的公民在中华人民共和国境内从事工商业经营，依法登记为个体工商户的，适用本条例。"

（3）根据法律有关政策，可以申请个体工商户经营的主要是城镇待业青年、社会闲散人员和农村村民。国家机关干部、企事业单位职工不能申请从事个体工商业经营。

（4）自然人从事个体工商业经营必须依法核准登记。个体工商户开办手续简单，业主只需要有相应的经营资金和经营场所，到市场监督管理部门办理登记手续即可。个体工商户可以根据自己的需要起字号。个体工商户经核准登记，取得营业执照后才可以开始经营。个体工商户转业、合并、变更登记事项或歇业，也应办理登记手续。

（5）个体工商户对外以户的名义独立进行民事活动。个体工商户无论是公民个人经营还是家庭经营，对外均以在市场监督管理机关登记注册的户的名义独立进行民事活动，享受民事权利，承担民事义务。

（6）个体工商户在经营上，由于全部资产归自己所有，因此决策程序比较简单，不受他人制约；在利润分配上，全部利润归自己或家庭，但同时对外要承担无限责任，承担的风险比较大。

2. 个体工商户的财产责任

《中华人民共和国民法典》第五十六条规定："个体工商户的债务，个人经营的，以个人财产承担；家庭经营的，以家庭财产承担；无法区分的，以家庭财产承担。"以个人名义申请登记的个体工商户和以个人名义承包的集体组织成员，个人经营收益也归个人的，对债务负个人责任；以家庭共同财产投资，或者收益的主要部分供家庭成员消费的，其债务由家庭共有财产清偿；在夫妻关系存续期间，一方从事个体工商户经营或者承包经营，其收入作为夫妻共有财产的，其债务由夫妻共有财产清偿；家庭全体成员共同出资、共同经营的，其债务由家庭共有财产清偿。

3. 申请个体工商户的基本条件

根据国家相关法律法规的规定，可以从事个体经营的人员和不可以从事个体经营的人员的基本条件如下。

（1）可以从事个体经营的人员有城镇待业人员，农村村民，辞职、退职人员，离休、退休人员，留职、停薪人员，机构改革分流人员，其他无固定职业人员。

（2）不可以从事个体经营的人员有党政机关、企业事业单位在职干部、职工，未满16周岁的少年和在校学生，被法院判处有期徒刑监外执行或保外就医期间的犯罪分子，传染病、精神障碍患者，无经营能力的人，国家规定不允许从事个体经营的其他人员。

符合规定者可到所在地市场监督管理部门按其规定申请营业执照，领取营业执照后，可凭它开立银行账户和申请贷款。

知识拓展

河南个体工商户超763万户　官方出台专项措施助力做大做强

“河南省实有个体工商户已达763.3万户，针对这一经营主体，河南省从减轻税费负担、强化金融支持、优化营商环境等六个方面出台28条专项措施，支持做大做强。”8日下午，河南省市场监督管理局副局长田文才在郑州表示。

经营主体作为经济的力量载体，一头连着经济发展，一头连着百姓生活。当日，中共河南省委宣传部召开“全面贯彻党的二十大精神　奋力推进中国式现代化建设河南实践”系列主题新闻发布会，田文才现场介绍了近年来河南省优化市场环境、促进经营主体高质量发展的有关情况。

“保经营主体就是保社会生产力，发展经营主体就是发展社会生产力。”田文才说，河南省对培育促进经营主体高度重视，出台帮扶措施，提升服务效能，激发经营主体发展活力。截至11月底，全省实有经营主体达1 080.9万户，较2022年底增长4.5%。其中，实有企业297.2万户，较2022年底增长9.8%；实有个体工商户763.3万户，较2022年底增长2.6%；实有农民专业合作社20.4万户，较2022年底增长1.2%。

为全方位支持经营主体做强做大，河南省充分发挥省培育壮大市场主体工作领导小

组办公室作用，汇聚各职能部门优势，围绕提升经营主体的存活率、活跃度、营收水平、贡献度、创新能力等要素，推动传统产业转型升级，战略性新兴产业发展壮大，未来产业谋篇布局。

河南省还从降低经营成本、减轻税费负担、强化金融支持、优化营商环境、支持创业创新、加大服务供给六个方面出台28条专项措施，以有力提升个体工商户的政策获得感，及有效提振市场信心。

其间，河南省持续深化改革，提供高效便捷的政务服务，在去年实现个体工商户智能登记的基础上，今年在郑州、平顶山试点推行企业智能登记，实现企业设立登记“自主填报、系统核查、即时审核、事后复核、实时出照”。

公平竞争是市场经济的基础制度，清理妨碍统一市场和公平竞争的政策措施也是市场监管的一项重要职能。据介绍，截至10月底，河南全省共审查涉及经营主体的政策措施5 904件，对260份问题文件进行了废止或修改。

与此同时，河南省加大反垄断和反不正当竞争执法力度，今年以来全省共查处垄断案件线索71件，立案反不正当竞争案件167件，传销案件54件，罚没1.5亿元。此外，河南省加大对网络售假、虚假宣传、虚假促销、刷单炒信、恶意诋毁等违法行为的治理，今年以来共查处违法案件6 943起。其中查办的“淘单100”系列案件，有效净化了快递市场环境。

“经营主体的发展水平是衡量经济社会发展水平的重要标志，同时也是经济发展总体情况和各项宏观政策在微观层面的投影、折射。”田文才表示，作为和经营主体联系最为紧密的政府部门，河南省市场监督管理部门将持续优化营商环境，维护公平竞争的市场秩序，助力实现经济社会更高质量的发展。

资料来源：刘鹏 . 河南个体工商户超763万户　官方出台专项措施助力做大做强[EB/OL].（2023-12-10）[2024-03-28].https://www.ha.chinanews.com.cn/wap/hncj/2023/1210/50077.shtml.（有改动）

（二）个人独资企业

个人独资企业是指依照《中华人民共和国个人独资企业法》在中国境内设立，由一个自然人投资，财产为投资人个人所有，投资人以其个人财产对企业债务承担无限责任的经营实体。

1. 个人独资企业的设立条件

（1）投资人为一个自然人。

（2）有合法的企业名称。个人独资企业的名称应当与其责任形式及从事的营业相符合，不能使用“有限”“有限责任”“公司”字样，可以是厂、店、部、中心、工作室等。

（3）有投资人申报的出资。设立个人独资企业，投资人可以用货币出资，也可以用实物、土地使用权、知识产权或其他财产权利出资。

（4）有固定的生产经营场所和必要的生产经营条件。

（5）有必要的从业人员。

2. 个人独资企业的法律特征

（1）在组织结构形式上，个人独资企业是由个人创办的独资企业，其投资人是一个自然人。国家机关、国家授权投资机构或国家授权的部门、企业、事业单位等都不能作为个人独资企业的设立人。

（2）在责任形态上，投资人以其个人财产对企业债务承担无限责任。投资人若以家庭共同财产作为个人投资，以家庭共同财产对企业债务承担无限责任，这是个人独资企业区别于有限责任公司和股份有限公司等企业形式的基本特征。

（3）从性质上看，个人独资企业是非法人企业。个人独资企业没有独立的资产，企业的财产就是投资人的财产，企业的责任就是投资人的责任。因此，个人独资企业无独立承担民事责任的能力。个人独资企业虽然不具备法人资格，但它是独立的民事主体，能够以自己的名义从事民事活动。

（三）合伙企业

合伙企业是指自然人、法人和其他组织依照《中华人民共和国合伙企业法》（以下简称《合伙企业法》）在中国境内设立的普通合伙企业和有限合伙企业。普通合伙企业由普通合伙人组成，合伙人对合伙企业债务承担无限连带责任。有限合伙企业由普通合伙人和有限合伙人组成，普通合伙人对合伙企业债务承担无限连带责任，有限合伙人以其认缴的出资额为限对合伙企业债务承担责任。

1. 合伙企业的设立条件

（1）有二个以上的合伙人。设立合伙企业必须有合格的合伙人参与，就人数而言，至少应当有二个合伙人，这一点与个人独资企业不同。合伙人为自然人的，应当具有完全民事行为能力。除法律另有规定外，有限合伙企业由二个以上五十个以下合伙人设立。

（2）有书面合伙协议。合伙是以合伙协议为成立前提的。合伙协议是合伙人之间关于设立合伙企业和相互权利义务关系而签订的合同，法律规定合伙协议必须以书面形式签订。合伙协议经全体合伙人签名、盖章后生效。

（3）有合伙人认缴或者实际缴付的出资。合伙企业的合伙人必须有具体的出资，出资的形式可以是货币、实物、土地使用权、知识产权、其他财产权。经合伙人一致同意，劳务也可以作为出资形式。对合伙企业的具体出资额，法律并没有金额限制，合伙人认为与经营相适应即可。

（4）有合伙企业的名称和生产经营场所。合伙企业作为市场主体之一，应当有自己的名称。根据《中华人民共和国市场主体登记管理条例》，市场主体只能登记一个名称，经登记的市场主体名称受法律保护。企业名称由行政区划名称、字号、行业或者经营特点、组织形式组成。跨省、自治区、直辖市经营的企业，其名称可以不含行政区划名称；跨行业综合经营的企业，其名称可以不含行业或者经营特点。合伙企业名称中应当标明“普通合伙”字样。有限合伙企业应当在其名称中标明“有限合伙”字样。合伙企业必须有一定的营业场所和从事经营的必要条件。所谓必要条件，就是根据合伙企业的合伙目的和经营范围，若缺乏则无法从事生产经营活动。

（5）法律、行政法规规定的其他条件。

2. 合伙企业的法律特征

（1）合伙企业以合伙协议为成立的法律基础。合伙协议是调整合伙关系、规范合伙人相互权利义务、处理合伙纠纷的基本法律依据，对全体合伙人具有约束力，是合伙企业得以成立的法律基础。

（2）合伙企业须由全体合伙人共同出资，合伙经营。出资是合伙人的基本义务，也是其取得合伙人资格的前提条件。

（3）合伙人共负盈亏，共担风险。

（4）合伙企业的数量不如个人独资企业和公司制企业多，一般在广告、商标、咨询、会计师事务所、律师事务所、股票经纪人、零售商业等行业较为常见。

（四）有限责任公司

有限责任公司是指根据《中华人民共和国公司法》（以下简称《公司法》）登记注册的，由1个以上50个以下的股东共同出资，每个股东以其认缴的出资额为限对公司承担责任，公司以其全部资产对公司的债务承担责任的经济组织。

1. 有限责任公司的组织机构

有限责任公司完整的组织机构应当包括股东会、董事会和监事会，如图9-1所示。

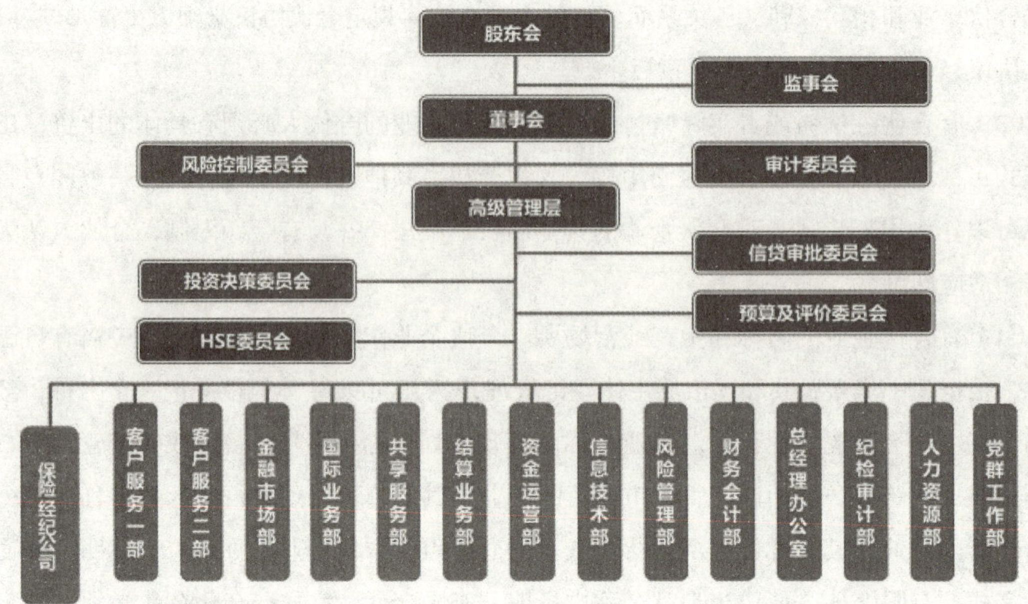

图 9-1　某有限责任公司组织结构示意图

（1）股东会。股东会是有限责任公司的权力机构，是由全体股东组成的表达公司意思的非常设机构。股东会对外不代表公司，对内不开展业务。股东的权利通常简称股东权或股权，是指股东基于其出资在法律上在公司所享有的权利。股东的权利分为自益权和共益权。自益权是从公司得到经济利益的权利。共益权是股东参与公司经营管理和监督的权利。股东行使共益权有利于实现或保障自身的利益。

（2）董事会。董事会是有限责任公司的执行机构，是由股东会选举产生，对内执行公司业务，对外代表公司的常设机构。股东人数少和规模较小的公司可以设 1 名执行董事，不设董事会。

（3）监事会。监事会由股东代表和适当比例的公司职工代表组成，具体比例由公司章程规定。监事会中的职工代表由公司职工民主选举产生。

2. 有限责任公司的设立条件

设立有限责任公司，应当具备下列条件。

（1）股东符合法定人数。股东人数须在 50 人以下，包括参与公司设立的原始股东，也包括公司设立后由于资本增加、股权变动、公司合并等而新增加的股东。

（2）有符合公司章程规定的全体股东认缴的出资额。公司资本是公司开展经营活动的物质条件，也是公司对外承担债务责任的保证。

（3）股东共同制定公司章程。在制定公司章程时，要注意三个方面：一是设立有限责任公司必须有公司章程，没有公司章程者，不得设立有限责任公司；二是公司章程所记载的事项分为必备事项和任意事项，前者由《公司法》予以规定，后者由公司自行规定；三是新设立的公司的公司章程由参与设立的各个股东共同制定，体现全体股东的共同意志。

（4）有公司名称，建立符合有限责任公司要求的组织机构。公司名称中应标明“有限责任公司”或“有限公司”字样，并设立符合有限责任公司要求的组织机构。公司的运行是由公司的内部组织机构来进行的，没有相应的组织机构，公司就无法开展正常的生产经营活动。

（5）有公司住所。公司以其主要办事机构所在地为住所。没有住所的公司，不得设立。

3. 有限责任公司的法律特征

有限责任公司具有人合性和资合性两方面的特征。

（1）股东人数的限制。有限责任公司的股东人数有最高人数的限制。

（2）股东出资的转让有严格的限制。股东可以货币、实物、工业产权、非专利技术、土地使用权等出资，但不得以信用和劳务出资。

（3）股东对公司的债务只负有限责任。有限责任公司的股东，仅以其出资额为限对公司承担责任。

（4）公司不得向社会募集股份。有限责任公司不能公开募集股份，不能发行股票。

（5）公司的经营状况不需要向社会公开。

依托校企合作，他们自己创业当老板

相比于一年前决定创业时的忐忑心情，现在经过一年实战的杨淦森和黄俊凯显得更从容，用他们的话说，就是“基本站稳脚跟了”。

杨淦森和黄俊凯是惠州工程职业学院数字传媒艺术设计专业的学生，去年5月底，面对大三即将到来的实习，两人犹豫了。“去实习，大概率是帮别人的公司拍视频做设计，那还不如我们自己开公司来做。”杨淦森说。

征得家人同意后，他俩和另外2位同学一起，注册了惠州树莓派传媒科技有限公司，并成为32个入驻惠州工程职业学院大学科技园的孵化项目之一。“学校帮我们注册了公司，还提供免费场地和代记账等服务，我们可以说是‘零成本’创业。”杨淦森说。

公司成立了，业务从哪来？还是学校帮的忙。惠州工程职业学院大学科技园负责人李欣璐介绍，学校依托校企合作的平台，可以帮助入驻的项目争取业务。

“树莓派”接到的第一单业务就是为一家企业拍摄一条7分钟的宣传片，杨淦森和小伙伴们在老师的指导下认真撰写脚本，又到现场拍了两天，并花了一个星期制作，最终获得企业认可。尽管这单业务只有几千元的收入，但杨淦森和小伙伴们却感觉“收获很大”，因为这不仅实现了“从0到1的转变”，还提升了团队的业务能力。

有了第一单的实战经验，杨淦森和小伙伴们开始努力去拉业务，渐渐就有了第二单、第三单……黄俊凯记得，有一天深夜11时许，接到了一个第二天早上9点就要的平面设计，他们二话不说就开干，熬了一个通宵如期完成任务。

靠着这份拼劲，他们在线上线下都接到了不少单子，不过大多是一些大的传媒公司“溢出”的二手单子，“没有议价的空间”。于是，他们开始搭建公司的线上宣传矩阵，希望能多拿一些“一手单”，增强议价的话语权。

随着业务的增加，4位股东也出现了一些分歧。“有两位股东更倾向于做直播带货，我们两个则想专心做视频制作和平面设计。”杨淦森说，“最终大家好聚好散。”

2023年初，为了更好地洽谈业务，杨淦森、黄俊凯在惠城区水口街道成立了工作室，还邀请了一位同学加入，继续在“树莓派”奋斗。“三个人，四五个月，营收七八万元，我们认为算是初步站稳了脚跟。”

资料来源：香金群，骆国红．毕业即创业　勇敢去追梦[EB/OL].（2023-06-29）[2024-04-20].https://www.huizhou.gov.cn/wsfw/ggfw/jy/jyaz/content/post_5020011.html.（有改动）

二、企业组织形式的选择

不同的企业制度在组织形式与规定上有着较大的差别，其适用程度随创业者选择的新企业的组织形式的不同而有很大的变化。因此，创业者有必要对新企业的组织形式进行利弊比较分析。

（一）启动成本分析

对白手起家的创业者而言，启动成本无疑是他们创建自己企业的第一道屏障，且越复杂的组织，创办成本越高。

（1）相对而言，创办成本最低的是个人独资企业，只需要注册企业或商品名的费用。

（2）合伙企业除注册外还要订立合伙协议，这就涉及一些专业中介机构的咨询成本及谈判成本。

（3）有限责任公司和股份有限公司比较“昂贵”，因为其在成立前需要履行一系列法律所规定的程序，这就不可避免地会产生一系列费用。

（二）新企业的稳定性分析

无论对创业者、投资者还是对消费者来说，企业能否长久地存续，能否稳定地发展，都是他们关心的问题。

（1）个人独资企业完全是基于创业者个人的能力、资金等因素而建立起来的，如果创业者死亡或个人情况发生改变，个人独资企业的稳定性就会动摇。

（2）在合伙企业中，合伙人之间的信任是建立合伙企业的基础，合伙人之一死亡、退出或信任基础的丧失都可能导致合伙企业结束。《合伙企业法》对入伙和退伙都做出了具体的规定，退伙包括正常退伙、当然退伙和强制退伙。

（3）有限责任公司与股份有限公司在各种企业形式中拥有较好的稳定性。由于董事会在公司治理中起到了十分重要的督导作用，股东的死亡或退出对企业的连续性无太大的影响。

（三）从权益的可转让性方面分析

所有者对企业的权益是否容易转让决定着所有者财产的流动程度。当利润一定时，创业者会努力持有流动性高的资产，反之亦然。

（1）在个人独资企业中，创业者有权随时出售或转让企业的任何资产。

（2）在合伙企业中，除非合伙协议允许或其他合伙人同意，否则合伙人一般无权出售企业的任何权益。

（3）在有限责任公司与股份有限公司中，股东在出售企业的权益方面有很大的自由。特别是股份有限公司，一般股东可以在任何时间不经其他股东同意转让自己的股份。当然，由于股权分置等历史原因，《公司法》对股份有限公司的股份转让做出了某些限制，如发起人持有的本公司股份，自公司成立之日起3年内不得转让，公司董事、监事、经理应当向公司申报所持有的本公司的股份，并在任职期间不得转让。

（四）从获得增加资金方面分析

一般而言，新企业增加资金的机会和能力依据企业形式的不同会有很大的差别。

（1）对个人独资企业而言，任何新资金只能来自贷款和创业者个人的追加投资。

（2）合伙企业可以从银行借贷，也可以要求每个合伙人追加投资或者吸收新的合伙人。

（3）有限责任公司与股份有限公司则有很多途径可以增加资金，要比企业的其他法律形式有更多的选择渠道。股份有限公司可以发行股票、债券，也可以直接向银行贷款。

（五）从管理控制方面分析

每种企业形式都会给管理控制与决策责任带来不同的机会和问题。在许多新企业中，创业者通常希望尽可能多地保留对企业的控制权。

（1）在个人独资企业中，创业者拥有最大的控制权，可以灵活制定企业决策。

（2）在合伙企业中，一般由合伙人根据合伙协议协商解决企业的日常及关键性问题。

（3）有限责任公司与股份有限公司日常业务的控制权掌握在职业经理的手中，但大股东有权投票决定公司较重要的长期决策。按照公司制的设计要求，法人公司中的管理权和控制权进行了适当的分离。

（六）从利润与损失的分配方面分析

毋庸置疑，利润最大化和损失最小化是新企业的经营目标，因此利润与损失分配问题也是创业者在选择企业法律形式时需要着重考虑的问题。

（1）个人独资企业的负责人获得企业经营中的所有利润，同时要为经营中的所有损失承担无限责任。

（2）在合伙企业中，利润与损失的分配取决于合伙人出资的份额或合伙协议。

（3）有限责任公司与股份有限公司一般严格按照股东的出资比例分配利润和承担损失。

（七）从对筹资吸引力方面分析

由于个人独资企业和合伙企业对企业的债务承担无限责任，因此任何债务性融资对他们来讲都需要慎重考虑和决策；相对而言，股份有限公司和有限责任公司仅对企业的债务承担有限责任，因此，无论是债务性融资还是权益性融资，对这两类公司的吸引力都要强许多。当然，公司实力越强，筹资就越容易。

任务三　掌握企业创办的相关知识

创业是一个复杂艰难的过程，也是一个极具系统的体系。创办企业是衡量创业者创业行为的直接标志。在创业前，创业者一定要对创业之路有一个清晰的认知。

一、企业创办的必要条件

（一）是否具备创建新企业的外部环境

好的外部环境可以为创业者提供建立企业的良好时机。创业需要基于适当的制度、政策、金融、市场、科技和人文等环境。在传统计划经济时期，个人无法创业，关键在于缺少个人创业的经济制度与政策环境，而现在虽然国家和社会对创业都非常支持，但是在创建一个新企业之前同样要考察相关的外部环境。

政府对创业者的帮助和支持表现在对新企业提供包括房产、水电、通信方面的基础设施支持，鼓励创业的财政支持和税收等方面的政策支持，以及对特定行业的发展支持等。没有政府的政策支持，新企业很难在投入大于收益的阶段获得持续的发展动力和回报。例如，政府对高科技企业的创办给予有力的支持，包括制定具有引导性的政策，制定新的法律法规，建立高新技术创业园区，减免部分新企业的税收，提高新企业的审批效率，鼓励留学人员创业，等等。

创业者在做出创业决策时，需要考虑新企业的产品或服务是否符合当地政府的要求，企业的经营业务是受到政府鼓励还是抑制，能够享受哪些优惠政策，需要履行怎样的企业义务等。

（二）是否具有强烈的创业意识

很多创业者是在强烈的“做老板”的意识下创建了自己的企业，在自己创办的企业里为自己工作，做自己喜欢的事情，实现自己的人生理想和抱负，这也是大多数创业者的创业动因。一个没有“做老板”欲望的人是无法创业的，因为他不可能有应对创业挑战、机遇、困难和烦恼的心理准备，即使受人挑动盲目上阵创办企业，也必然会败下阵来。

（三）是否出现了有利的市场机会

市场机会源于创意，但并不是所有的创意都会成为市场机会。大多数经营者在代理其他品牌产品的时候往往希望能够遇到一个很好的市场机会，使自己目前的业务有所发展或者开拓更多的业务方向。因此，绝大多数经营者对创意很敏感，而很多很好的市场机会并不是突然出现的，而是对“一个有准备的头脑”的一种“回报”。寻找市场空白是最直接有效地发掘有利市场机会的方法。市场存在空白就意味着存在巨大的消费需求，但问题是创业者本人看到的市场空白其他人往往也能看到，即使创业者最先看到了这片市场空白，也有可能被后来者模仿甚至超越。

（四）是否可以开发能创造市场的产品

开发出能创造市场的产品是创业者起步创业的基础。

（五）是否有机会掌握独立创业的独特资源

这里所说的独特资源有很多种，如获得了某种有利于自己独立创业的特许权。创业者一旦拥有这类资源，就不会遇到过多的竞争者，也就不会进入一个拥挤的市场，其创业成功的概率会大大提高。

二、企业选址的相关知识

视频
创业公司该如何选址

（一）企业选址的影响因素

企业选址的影响因素主要有经济因素、政治因素、社会文化因素和技术因素等。

1. 经济因素

一般来说，新企业设立在关联企业和关联机构相对集中的地区更容易获得成功。这是因为如果相互关联的企业集中在某一地区，该区域内的企业将产生一种既竞争又合作的关系，这种关系将推动该地区经济竞争力的提升，共同实现区域繁荣。企业在选址时所要考虑的经济因素主要包括选址地的经济发展水平、人口结构、客流量、交通状况、行业竞争状况、配套设施及配套服务等。

2. 政治因素

新企业必须考虑政府对相关产业的政策，将企业建在政府支持该产业的地区，尤其是进行跨国经营时，创业者必须考虑经营所在国的政治环境，评估该环境对企业提供的产品或服务、分销渠道、价格、促销策略等造成的影响。

3. 社会文化因素

不同地域的社会习俗、文化价值观、人们的生活态度等差别很大，社会对安全、健康、营养及环境的关注程度也不尽相同。因此，新企业在选址时如果不考虑上述因素，其所提供的产品或服务很可能不被其所在地的市场接受。

4. 技术因素

新技术对高科技新企业的成功起到关键作用，因而相当多的高科技企业把企业建在技术研发中心附近或新技术信息传递比较迅速的地区，以便第一时间掌握技术的变化趋势，规避技术进步的不确定性带来的风险。

（二）企业选址的基本思路

1. 生产性质的新企业选址

生产性质的新企业在选址时要考虑周边地区具备的生产条件：交通方便，便于原料运进和产品运出；生产用电要充足，生产用水要有保证；生产所使用的原料基地要尽量距离企业地址不远；所使用的劳动力资源要尽量就地解决；当地税收有优惠政策等。如果是一些可能对环境造成影响的生产项目，还须考虑环保问题。

2. 商业性质的新企业选址

商业性质的新企业在选址时应考虑创业地点的实际情况、客流量、店铺租金等。例如，在城市，若干个商业圈往往可以带动圈内商业的规模效应，新企业选择建立在商业圈内较容易经营，但店铺租金或转让费十分昂贵，往往会让创业者捉襟见肘，使新企业很难在商业圈内占据一席之地。为此，创业者可以在商业圈内利用联合经营、委托代销等方式或者在商业圈边缘选址，转向“次商圈”，将节约的资金用于货品升级、提升服务等。

新企业在选址时要有“借光”的意识，如在体育馆、展览馆、电影院等旁边选址；选择商圈之外的经营场所，则要注意做出特色，形成自己独特的风格，以达到“酒香不怕巷子深”的效果。

3. 服务性质的新企业选址

服务性质的新企业要根据具体的经营对象灵活选址，但对客流量要求较高。“天下熙熙，皆为利来；天下攘攘，皆为利往”，因而可以说客流在一定意义上就等于财流。在车水马龙、人流量大的地段经营，服务性质的新企业成功的概率往往比在人迹罕至的地段高得多，但也应结合企业的目标消费群体的特点。例如，针对居民消费的企业应设在居民社区附近，针对学生消费的企业应设在学校附近；如果经营模式以订单为主，低成本、高效能的办公楼就成为新企业地址的首选。目前，创业的年轻人大多为服务性和知识性产品的创业者，集中在网络技术、电子科技、媒体制作和广告等产业。这些性质的企业可以选在行业聚集区或较成熟的商务区及新兴的创意产业园区。

在选择经营场地时，各行业考虑的重点各不相同，其中有两项因素是不容忽视的，即租金给付能力和租约条件。经营场地租金是企业固定的营运成本之一，即使休息不营业，也得支出。有些货品流通迅速、空间要求不大的行业，如精品店、高级时装店、餐厅等，负担得起高房租，就设于高租金区；而家具店、旧货店等，因为需要较大的空间，最好设在低租金区。

（三）企业选址的一般步骤

1. 预选地址

根据创业企业的主营业务情况，在充分考虑企业文化诉求及行业聚集特征的前提下，确定企业选址的县、区级范围（县、区级范围的确定将直接关系到工商登记注册的办理机关），结合所在区域的交通情况、创业团队成员的居住情况、企业服务对象的分布状况等重点选择数个集群区作为目标选址，进行对比考察。在确定了企业经营场所的县、区级位置后，要优先选择符合企业经营业务的地段、商圈、集群区作为企业经营地址，并对同一区内各个备选区域进行调研。

2. 前期考察

在选择具体经营场所时不能照搬教条，因为即使再繁华的地段也会有死角，其他企业运营良好的场所不一定适合自己的企业。因此，一定要对初步确定的经营场所进行考察，具体包括人口调查（如周边常住人口数、流动人口数、人均收入情况、消费水平、居民工作行业分布、居民受教育程度等）、商圈调查（如租金水平、机动车流量、路面宽窄、停车位情况、交通工具转乘情况、现有主要行业等）、物业调查（如目标场所的水、电、气供应及价格，空调供应，热水供应，停车位等情况）等内容，主要考察该场所是否符合选址原则中的要求，是否适合企业的运营。对多个目标场所的各项调查内容进行评分，优先选择分数高的作为创业企业最终的备选经营场所。

3. 成本核算

不管企业经营状况如何，物业租金是一项固定开支，租金直接关系到企业的经营成本，所以企业在选址时要重点考察租金价格是否合适。

4. 租购物业

在明确了租赁意愿后，就可以与出租方签订房屋租赁合同。在租赁合同中要明确规定出租方与承租方双方的权利和义务。当出租人与承租人洽商租房事宜时，只要双方就房屋的使用与租金内容达成一致意见，出租人就有义务将符合双方事前约定的房屋交给承租人使用，并应于租赁期间保持房屋处于双方约定的状态。在租赁合同签订后，出租方应该将房屋产权证明材料交由承租方，方便承租方办理公司注册相关手续。

课后实训

企业组织形式的认知

【实训目的】

了解我国目前主要的企业组织形式，清楚不同企业组织形式的区别，明确不同企业组织形式的优缺点。

【实训安排】

1. 阅读材料，收集信息

阅读、收集与整理关于企业组织形式的材料及相关理论信息。

2. 分组进行总结归纳

每两个学生为一组，自由组合，对企业组织形式的相关理论进行归纳总结，并将总结的内容填入表 9-1 中。

表 9-1 企业组织形式的相关理论

内　　容	个人独资企业	合 伙 企 业	公 司 制 企 业
法律依据			
法律地位			
责任形式			
投资者			
注册资本			
出资方式			
经营主体			
偿债义务			
所得税征收			
利亏分担			
解散程序			
解散后的义务			
决策机制			
优点			
缺点			

模块十　初创企业的经营管理

学习目标

（1）了解企业生命周期阶段的划分，对企业的财务、人力、市场营销等做好管理。

（2）掌握创业企业的管理及建设方法，对企业的文化、品牌及可持续发展能力做好管理，逐步提升管理能力。

企业就像所有的生命体一样具有生命周期，处于不同时期的企业具有不同的特征、面临不同的问题，而新创企业面临的问题更加严峻。因此，要想使初创企业能够快速发展、健康成长，创业者就必须做好企业成长与发展管理工作。

任务一　做好初创企业的管理工作

一、企业的生命周期阶段

对企业生命周期阶段的划分的方法很多，迄今为止已有 20 余种企业生命周期理论模型问世。不同学者对企业生命周期的阶段划分不同，有三段、四段、五段、七段甚至十段等，其中影响较大的当属美国伊查克·爱迪思（Ichak Adizes）的分法。爱迪思将企业生命周期分为三个阶段十个时段，具体如图 10–1 所示。三个阶段分别为成长阶段、再生与成熟阶段、老化阶段。其中，成长阶段包括孕育期、婴儿期和学步期三个时段；再生与成熟阶段包括青春期、盛年期和稳定期三个时段；老化阶段包括贵族期、官僚化早期、官僚期和死亡期四个时段。

图文

企业生命周期阶段的特点

在总结国外企业生命周期理论模型的基础上，国内学者一般以企业年龄、规模、成长速度等因素为划分依据，将企业的生命周期划分为创业期、成长期、成熟期和衰退期四个阶段，如图 10–2 所示。

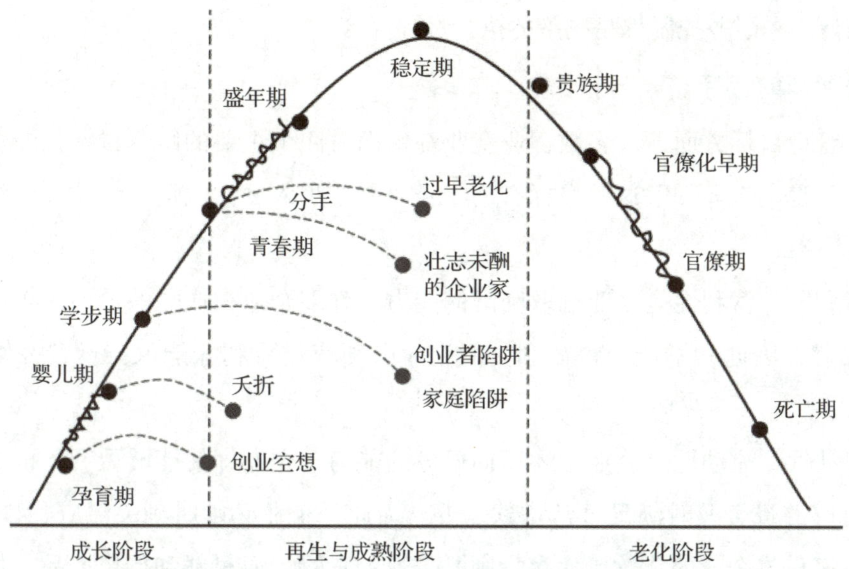

图 10-1 爱迪思对企业生命周期阶段的划分

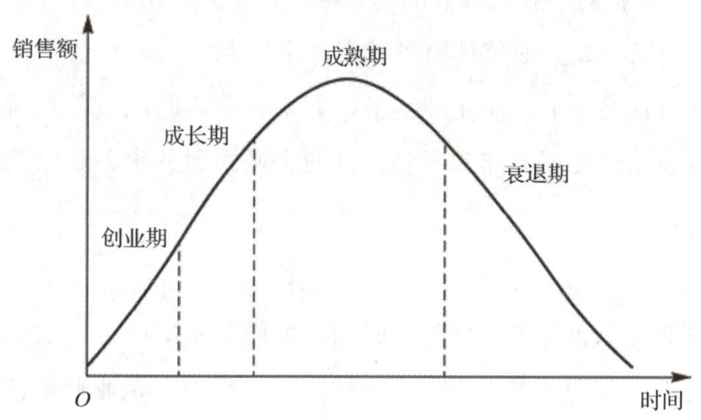

图 10-2 国内学者对企业生命周期的划分

二、初创企业的管理

（一）初创企业的财务管理

财务管理是企业管理的一部分，是有关资金的获得和有效使用的管理工作。对企业而言，牢牢把握住企业的财务状况至关重要，若企业在财务上运转不灵，则很难长久存活。

1. 财务管理的职能

财务管理的职能分为财务决策、财务计划和财务控制。这里的财务计划专指期间计划。期间计划是有一定时效的（如 1 年），其编制目的是落实既定决策，明确本期间应完成的全部事项。财务控制是执行决策和计划的过程，包括对比计划与执行的信息、评价下级的业绩等。期间计划和财务控制都是决策的执行过程。

2. 财务管理的目标

在财务管理目标方面，大多数创业企业都要面对四个主要的财务目标，即营利性、流动性、效率和稳定性。理解这些目标有利于企业财务步入良性轨道，帮助企业对上述问题做出满意的回答。

（1）营利性。营利性是企业赚取利润的能力。许多企业在成立的最初 3 年需要培训员工并树立品牌，因此并不能获得盈利。但企业必须获得盈利才能保持运转并给予所有者回报。

（2）流动性。流动性是企业偿还短期债务的能力。企业即使能够盈利，也必须保证在银行里有足够的资金及时满足日常货款需要。为此，企业必须时刻关注应收账款和存货。应收账款是客户欠企业的货款，而存货则是企业的货物、原材料和待售产品。如果企业的这两项资产都过高，就很难保证企业有足够的现金来满足短期债务的偿还需要。

（3）效率。效率是相对于收益和利润而言的，是企业利用其资产的生产效率水平。

（4）稳定性。稳定性是企业整体财务状况的活力与实力。企业不仅要能够赚取利润和保持资金流动性，而且要能够控制企业债务。如果企业不断向贷款者借款，它的权益负债率就会过高，这对企业偿还债务非常不利，会使企业的财务水平难以满足企业持续成长的需要。

3. 财务管理的原则

财务管理的原则是企业财务管理工作必须遵循的基本准则，是从企业财务管理实践中抽象出来的并在实践中得到证明的正确行为规范。它反映了企业财务管理活动的内在本质要求。企业财务管理主要遵循以下原则。

（1）价值最大化原则。企业价值最大化既是财务管理的目标，又是财务管理的一项基本原则。企业财务管理的一切管理活动都要按照价值最大化的原则进行。在整个经营过程中，财务管理人员要严格控制企业的各项投入与产出、耗费与收入、盈利与亏损，努力使企业的资金在系统价值观念的指导下得以高效运行。财务管理还应将价值最大化的基本理念贯穿于企业财务的预测与决策、编制财务计划、进行财务控制和开展财务考核与分析等各项财务管理活动之中，自觉运用价值管理的有效手段，促使企业在整个经营与投资等资金运作过程中保持稳定和高效，确保企业价值最大化目标的实现。

（2）风险与收益均衡的原则。财务管理的目标是企业价值最大化，这种价值最大化是与收益均衡前提下的风险价值紧密相连的。高风险和高收益是市场经济的基本规律，如何在收益与风险之间取得均衡，做到既不盲目冒险又不过于保守，则取决于企业经营管理者的风险意识和财务管理的正确决策。在企业的各项财务管理活动中，要十分慎重地对各种风险因素做深入的研究和仔细的分析，“好大喜功”的决策思想会给企业带来不可预料的严重后果。

（3）成本－效益原则。财务管理要追求企业价值最大化，就必须处处讲求效益和节约成本，即把以最小的成本获取最大的收益作为实现财务管理目标的基本手段。企业在整个财务管理活动中，要始终坚持成本－效益原则，任何不顾成本、盲目追求产值或利润最大化的做法都是错误的，其结果只能给企业造成更大的损失。

（4）资源合理配置原则。企业作为现代市场经济的微观组织，在财务管理方面应十分重视如何将其财力资源进行优化组合，充分发挥其整体的效用功能，既要防止资源供应不足而影响企业的整体规模效益，又要避免各个环节上的资源过剩和浪费。财务管理应通过帮助企业合理配置财力资源来促进企业生产规模的合理扩大、产品结构的有效调整、产品质量的不断提高、资金管理和利用效益的增长，以及企业员工福利待遇的改善等。

（5）利益关系协调原则。企业财务管理的重要性直接表现为涉及企业各方面的利益关系，这种关系在财务中称为财务关系。财务管理要厘清企业的财产资源，理顺企业与不同利益相关者之间的利益关系。它直接关系到企业的投资人、债权人、经营者和内部员工及外部合作者的积极性和期望收益的满足程度，也直接关系到最大限度地实现企业价值最大化。在处理与经营者的财务关系时，企业要建立相应的机制，确保经营者的利益与企业的利益相一致；在处理与国家的利益关系时，企业首先应做到依法纳税，同时在不违反税法的前提下尽可能地维护企业利益；在处理与员工的利益关系时，企业应充分关心员工的利益，确保员工的工薪收入和各项福利。企业只有正确地处理好各个方面的财务关系，确保自身具有长久的综合发展能力，才能使企业财务管理的目标得以实现。

4. 初创企业财务管理的具体内容

对初创企业来说，企业管理的各项财务活动、处理各种财务关系应以稳健、谨慎为原则。

图文
企业财务管理可能出现的问题

（1）筹资管理。初创企业要想求生存、谋发展，必须获得充足的资金支持。筹资管理要解决以何种形式、何种渠道、什么时机筹集经营所需资金的问题，重点把握各种资金的结构、资金成本等问题。

创业投资是初创企业主要的资金来源，吸引风险投资是初创企业主要的筹资渠道。创业者应注意寻找适合自己的风险投资商。一般来说，大企业及其所属的风险投资机构等战略投资者，通常能为初创企业提供一些技术支持，甚至是共享已有的宝贵客户资源；而且，纯粹的风险投资公司有良好的培育初创企业的经验和声誉，有广泛的网络关系，能够及时发现初创企业成长中的问题，并帮助其解决这些问题。投资银行则能够帮助初创企业改善管理，为企业发行股票并上市、为实现更大范围的融资提供市场运作的专业服务。

（2）投资管理。投资管理要解决做什么（投资方向）、做多少（投资金额）、何时做（投资时机）、怎么做（资金来源与运用）等问题。由于企业在初创阶段需要大量的资金，加之市场具有很大的不确定性，因此这个阶段的投资要处理好所面临的风险和收益问题。创业者要在充分收集信息的基础上，进行深入细致的市场调查和充分的可行性研究，通过审慎地研究评估，科学预测企业的投资价值和可能出现的风险，做到率先防范，将投资风险降到最低。初创企业一般采用集中化投资战略，利用有限资金投资于某个特定市场，最大限度地发挥资金的使用效率。

（3）营运资金管理。营运资金管理是财务管理活动的重要环节，企业按月编制营运资金分析表可以有效地控制营运资金。当发现营运资金不足时，企业应立即采取相应的措施来弥补不足。

（4）利润分配。企业进行股利分配时，要从企业战略的角度出发，根据企业自身的情况选择适宜的股利分配政策，使股利分配既能满足企业发展的需要，又能满足投资者的需要。股利分配关系到企业战略资金能否得到有效的保障，因为股利发放的多少决定着企业内部资金来源的多寡，关系到企业财务战略的成败。如果企业的留存收益水平较高，就意味着企业发放的股利较少，也就意味着这些留存收益可以给企业发展提供资金保障。由于创业企业的收益水平一般较低且现金流量不稳定，因此低股利政策或零股利政策往往是较明智的选择。

（5）财务控制。要想解决初创企业财务管理上存在的问题，就要让完善内部控制成为初创企业财务管理的基础工作，只有完善内部控制，才能发挥财务管理的应有职能，实现财务管理的目标。

初创企业在加强财务控制的过程中，应该重视以下几个方面。

①聘请专业的财务人员，增强财务部门的力量。

②保持会计记录的准确性、完整性。建立必要的会计制度，加强对员工的专业培训和后续教育，防止出现会计记录混乱、错误或不完整的情况，这是发挥财务管理其他职能的基本前提。

③建立健全职务分离制度。企业对记账、出纳、保管等不相容职务实行分离，应尽量

由不同人员担任，避免一个人从头到尾处理一项业务，以减少错误和降低舞弊出现的可能性。根据分工原则，企业要尽量将不同功能的工作安排给不同的人完成。

④避免任人唯亲。特定的亲属关系会弱化企业内部的互相制约关系，使内部控制制度的作用得不到充分的发挥，容易产生不公平现象，影响企业的整体激励制度，有时还存在难以管理的问题。

⑤建立完善的资产管理制度，合理保证资产的安全性和完整性。企业应建立健全物资购、销的内控制度，在物资采购、领用、销售，以及样品管理方面建立合适的操作程序，从制度上保证操作规范，堵住漏洞，维护财务安全；做到不相容职务分离，将资产管理和凭证记录分开，形成有力的内部牵制；建立实物资产盘存制度。

5. 初创企业应对财务风险的措施

在企业面对复杂的经营环境的时候，财务方面总是存在不同程度的风险，尤其是创业企业。企业应对财务风险管理有足够的重视，对财务风险的成因及其防范进行研究，有效开展对财务风险的控制与管理、监测与预警，以降低财务风险，提高企业的效益。一般来说，有效降低创业企业财务风险的措施有以下几种。

（1）建立有效的风险防范处理机制，正确理解经营风险与财务风险的关系。风险防范是企业在识别风险、估量风险和研究风险的基础上，用有效的方法把风险导致的不利后果降到较低的行为。企业各部门、所有人员，特别是企业的决策管理部门必须增强风险防范意识，不论是对外投资还是对内融资，不论是研制产品还是销售产品，都应预测可能产生的风险及企业的承受能力，加强企业管理的基础设施建设，加强对企业管理人员的业务培训，增强他们认识风险、分析风险和防范风险的能力，提高他们的决策水平，以降低经营的盲目性和决策的随意性。

（2）不断提高财务管理人员的风险意识，理顺企业内部的财务关系，做到责、权、利相统一。企业要使财务管理人员明白，财务风险存在于财务管理工作的各个环节，任何环节的工作失误都可能给企业带来财务风险，财务管理人员必须将风险防范贯穿财务管理工作的始终。企业应设置高效的财务管理机构，配备高素质的财务管理人员，规范各项规章制度，强化各项基础工作，使财务管理人员的风险意识不断提高。与此同时，企业必须理顺内部的各种财务关系，明确各部门在企业财务管理中的地位、作用及应承担的职责，并赋予其相应的权力，真正做到权责分明、各负其责。在利益分配方面，企业应兼顾各方利益，以调动各部门参与企业财务管理的积极性，从而真正做到责、权、利相统一，使企业内部各种财务关系清晰明了。

（3）引进科学的风险管理程序，加强制度建设，建立健全财务风险管理机制。财务风险管理是一个识别和评估风险、分析风险成因、预防和控制风险、处理风险损失的有机过程。在风险识别、评估和分析的基础上，企业确定应对风险的方案和措施，制定企业财务战略和计划，优化财务决策和控制方法，健全财务信息的控制系统，当风险出现时及时处理以减少损失。企业可以通过以下途径加强风险管理：首先，建立客户管理制度，加强对客户信用的调整，形成一套适合本企业的风险预防制度，尽力降低财务风险；其次，建立统计分析制度，通过完善的统计分析及时发现问题，并采取相应的措施加以控制；最后，建立科学的内部决策制度，对风险较大的经营决策和财务活动，要在企业内部的各职能部门中进行严格的审查、评估、论证，尽量避免因个人决策失误而造成风险。

（二）初创企业的人力资源管理

在现代社会发展中，人力资源越来越重要，各种类型的组织对人力资源管理的重视程度也越来越高。是否拥有优秀的人才是创业者能否创业成功的关键因素之一，而人力资源管理是创业者必须做好的工作之一。

1. 初创企业常见的人力资源管理问题

初创企业的管理体系大多处在不断调整的状态中，加之其竞争地位相对较弱，因此在招聘、用人等方面存在诸多问题。

（1）难以找到合适的人才。由于创业企业提供的薪酬、福利相对较低，并且失败风险较高，再加上有的地处中小城市甚至是偏僻地区，因此很难吸引到合适的人才。

（2）稳定性差。创业企业通常成立时间较短，内部成员间未经充分磨合，同时面临较大的生存与竞争压力，容易产生矛盾与冲突，进而导致人员流动频繁。新加入者如大学应届毕业生等，往往把企业当成获得经验的跳板，一旦获得一定经验便跳槽。

（3）缺乏完整的人力资源管理体系。创业企业的发展更多地依赖每个员工的能动性，但创业企业往往难以形成系统、完善的人才管理制度及体系，其招人、用人会有较大的随机性。

（4）良好的企业文化尚未形成。大多数创业企业的企业文化尚在形成过程中，还没有成熟和定型，这会使员工之间缺乏共同的价值观念，对企业的认同感不强，容易造成个人价值观与企业理念的冲突，进而造成不必要的内讧及人才流失。

2. 创业企业人力资源管理的重点

在人力资源管理工作上，创业企业与既有企业存在着一些不同。总体来说，创业者应把人力资源工作的重点放在以下几个方面。

（1）员工的招聘。员工招聘是人力资源管理的第一项工作，也是最关键的一项工作。创业者可通过多种渠道向社会发布招聘信息，在招聘信息中应尽可能多地介绍公司的发展优势，以吸引优秀人才前来应聘。就招聘渠道来说，企业可以通过人才交流中心、招聘洽谈会、媒体广告、网上招聘、校园招聘、熟人推荐等渠道进行。创业企业在招聘员工时应遵循以下几个原则。

①公开、公平、公正原则。公开就是企业要把招聘信息、招聘方法及招聘结果公示出来，使整个招聘过程置于公开监督之下，防止出现以权谋私和假公济私的现象，确保招聘到真正优秀的人才。公平、公正能确保给每个参加应聘的人以平等的机会。

②实际需要原则。创业企业应以工作的实际需要和岗位的空缺情况为出发点来选聘工作人员；应避免盲目攀比，过度消费人才资源，造成企业成本增加和人才浪费。

③竞争择优原则。竞争择优是指企业在招聘过程中应引入竞争机制，在对应聘者的思想品质、道德品质、业务能力等各方面进行全面考核的基础上，按照考核的成绩择优录用。

④效率优先原则。创业企业应用尽可能低的招聘成本聘用合适的人员。

（2）员工定岗。员工定岗是指在企业组织结构确定的条件下，采用科学的方法确定企业岗位设置和各岗位人员数量的过程。定岗的基础是科学、合理地设岗。创业者可以将企业的所有工作内容按专业划分成若干个组成部分，其中职能和业务流程中相同或相类似的部分可以组合起来设为一类岗位。企业在给新员工定岗时应遵循以下几个原则。

①因事设岗原则。岗位和人应是设置和被设置的关系，岗位必须按照企业各部门职责范围设定，不能颠倒。很多企业存在因人设岗的现象，如果不是针对高端人才，因人设岗就会导致人力资源浪费和劳动力成本增加。

②协作原则。岗位设置强调专业化分工，但各岗位之间的有效协调也非常重要。因此，企业应在分工的基础上有效地综合，使各岗位职责明确又能相互协调，以发挥人力资源的最大效能。

③最少岗位原则。对创业者来说，节省每笔开支都非常重要。在人力成本中，如果按照最少岗位原则，做到非必要不设岗，就可以最大限度地节约人力成本，尽可能地缩短岗位之间信息传递的时间，减少信息传递中的衰减效应，从而达到提高工作效率的目的。

④客户导向原则。为客户创造价值是企业存在的基础，因此设置岗位时必须从客户的角度考虑问题，以尽可能满足客户不同需求为准则。

⑤监控原则。在企业中，有些工作之间存在监督与被监督的关系，如会计和出纳这两种不同性质的工作就必须分别设岗。

（3）员工的培训。培训作为现代企业管理的内容和手段，已越来越被企业重视。一方面，培训可以改变员工的工作态度，增长他们的知识，提高他们的技能，激发他们的创造力和潜能，进而提高企业运作效率和销售业绩，使企业直接受益；另一方面，培训也能提高员工自身的素质和能力，让员工体会到企业对他们的重视，认识到培训是企业为他们提供的最好福利。

（4）员工的激励。员工被分配到岗位上后，企业就要充分调动员工的工作积极性，使其立足本职岗位，充分发挥聪明才智，为企业带来更大的效益。要达到这一目的，企业除科学管理、合理任用之外，还要建立一套良好的员工激励机制。例如，运用薪资、福利的灵活性吸引人才，或者通过股权赠予，以远景吸引和留住人才。

（三）初创企业的市场营销管理

市场营销是从卖方的立场出发，以买方为对象，在不断变化的市场环境中，以消费者需求为中心，通过交易程序提供和引导商品或服务到达消费者手中，满足消费者需求与利益，从而获得利润的企业综合活动。

1. 市场营销活动的过程

市场营销活动的过程包括以下四个步骤。

（1）分析、发现和评估市场机会。企业必须随时关注宏观环境和微观环境的变化。宏观环境主要包括政治法律环境、经济环境、社会文化环境、科学技术环境、人文环境、自然环境等；微观环境主要包括供应商、竞争对手、消费者、替代产品生产者、潜在进入者等。企业必须通过对宏观、微观环境信息的收集和分析，发现市场机会，抓住市场机会，利用市场机会。

（2）细分市场，选择目标市场。企业可以根据消费者不同的消费特征将市场细分，然后根据自己的资源优势选择自己的目标市场，采取不同的目标市场战略措施。

（3）制订营销计划，规划营销策略。在选定的目标市场上，创业者要想实现自己的营销目标，就需要制订一系列营销计划，规划营销策略。

（4）营销计划的落实。只有所有的营销计划、营销策略都很好地得到落实，并且在实施过程中根据实际情况加以改进，才能使其转化为实际的竞争优势，实现企业的营销目标。

2. 市场营销策略

（1）目标市场策略。目标市场策略是指企业通过市场细分选择目标市场，依据目标市场的需求特点提供适当的产品或服务，制定一系列营销措施和策略，实施有效的市场营销组合。一般来说，目标市场策略包括无差异性市场策略、差异性市场策略和密集性市场策略，如表 10–1 所示。

表 10–1　目标市场策略的类型及优缺点

类　型	理　解	优　点	缺　点
无差异性市场策略	无差异性市场策略是指企业不考虑各个细分市场之间的差异，只推出一种产品、设计一套市场营销组合方案去满足整个市场的需求	生产经营品种少、批量大，节约成本，提高利润率	忽视了需求的差异性，市场部分需求得不到满足
差异性市场策略	差异性市场策略是指企业准备为各个细分市场或为许多细分市场服务，并按照各细分市场的需求差异，分别提供不同的产品、不同的市场营销组合方案去满足目标市场的需求	适应各种不同的需求，提高市场占有率	增加设计、制造、管理、仓储和促销等方面的成本，造成市场营销成本的上升
密集性市场策略	密集性市场策略又称集中性市场策略，即企业以一个或少数几个细分市场作为目标市场，集中力量为目标市场服务	目标集中能更深入地了解市场需要，使产品更加适销对路，有利于树立和强化企业形象及产品形象，在目标市场上占据巩固的地位，同时实行专业化经营可节省生产成本和营销费用，增加盈利	目标过于集中，等于把企业的命运押在一个小范围的市场上，有较大风险

以上三种目标市场策略各有其长处和不足，企业应根据具体情况加以选择。其中，无差异性市场策略和差异性市场策略一般适用于生产规模大、实力雄厚的企业，而创业企业则更适合选择密集性市场策略。

（2）产品定位策略。产品定位是企业依据消费者或用户对某种产品的某种属性的重视程度，塑造产品或企业的鲜明特色，树立产品在市场上的形象，从而使目标市场上的消费者了解和认识本企业。这里的产品定位与前面提到的目标市场定位有一定的区别。目标市场定位是指企业对目标消费者或目标消费市场的选择，而产品定位是指企业选择什么样的产品来满足目标消费者或目标消费市场。一般来说，创业企业应先进行市场定位，然后进行产品定位。具体而言，产品定位策略主要有四种，如图 10–3 所示。

产品专门化策略	产品差异化策略
产品专门化策略即产品组合单一，在产品组合坐标系中，该产品处于原点位置。产品专门化策略在一定程度上视消费者的需求为无差异。	产品差异化策略即企业通过自己的营销活动使产品组合向深度、广度发展。
产品边缘化策略	**产品多角化策略**
产品边缘化策略即产品组合由深度向关联度发展。	产品多角化策略即产品组合由关联度向广度发展或由深度向广度发展。

图 10-3　产品定位策略

（3）市场营销组合策略。市场营销的主要目的是满足消费者的需要。消费者的需要多种多样，满足消费者需要的策略也有很多。因此，企业在开展市场营销活动时，必须把握那些基本性策略，将它们合理组合，以充分地发挥整体优势和效果。市场营销组合策略主要体现在四个因素上，分别是产品（product）策略、价格（price）策略、分销（place）策略和促销（promotion）策略，这就是市场营销的“4P”组合，如图 10-4 所示。

产品策略	价格策略	分销策略	促销策略
产品策略包括产品发展、产品计划、产品设计、产品交货期等内容。其影响因素包括产品的特性、质量、外观、附件、品牌、商标、包装、担保和服务等。	价格策略包括确定定价目标、制定产品价格的原则与技巧等内容。其影响因素包括分销渠道、区域分布、中间商类型、运输方式和存储条件等。	分销策略主要是指使产品顺利到达消费者手中的途径和方式的策略。其影响因素包括付款方式、信用条件、基本价格、折扣、批发价、零售价等。	促销策略主要是指促进消费者购买产品，实现扩大销售的策略。其影响因素包括广告、人员推销、宣传、营业推广、公共关系等。

图 10-4　市场营销的“4P”组合

知识拓展

积极引导民营企业建立健全现代企业制度

2024 年 1 月 3 日，全省（河南省）引导民营企业建立健全现代企业制度工作推进会召开。会议传达省委办公厅、省政府办公厅《关于引导和鼓励民营企业加快建立健全现代企业制度的意见》，交流经验、部署工作，推动民营经济高质量发展。

省委常委、统战部部长张雷明出席并讲话，副省长刘尚进主持会议。

张雷明指出，完善中国特色现代企业制度是促进民营经济高质量发展的重要举措。

要在提升站位上下功夫，以更加鲜明的导向、有力的政策、务实的举措，引导民营企业加快建立健全现代企业制度。要在鼓励引导上下功夫，引导民营企业进一步优化产权结构、提升治理效能、健全管理体制、突出创新转型，进一步推动产权多元化、开放化，构建权责明确、运转协调、有效制衡的决策、执行、监督体系，持续扩大党的组织和党的工作有效覆盖。要在服务保障上下功夫，帮助民营企业解决“用能难”“融资难”等突出问题，依法保护民营企业产权和企业家权益，规范涉企执法监管机制，加强年轻一代企业家培养，促进企业健康发展、事业有序传承。要在组织领导上下功夫，扛稳政治责任，加强协作配合，注重分类指导，营造浓厚氛围，推动各项重点任务落实到位，不断为建设现代化河南增势赋能。

资料来源：陈小平 . 积极引导民营企业建立健全现代企业制度 [EB/OL].（2024-01-04）[2024-03-20].http://henan.people.com.cn/n2/2024/0104/c351638-40702552.html.（有改动）

任务二　促进初创企业成长与发展

初创企业不可忽视文化建设、品牌建设及可持续发展的问题。

视频
企业文化

一、初创企业的文化建设

大多数创业者在创业初期注重物质回报，而不重视精神或文化方面的建设；有些创业者对创业的想法非常简单，缺少长远的计划；由于创业初期比较艰难，创业者往往将大多数精力和资源都投入如何使企业生存方面；有的创业者受本身的能力或知识背景限制，不知道应该如何创建企业文化，因而往往会忽视企业文化建设。

（一）企业文化的内涵

企业文化是企业的价值观、经营理念、群体意识和行为规范的总和，而其最基本、最核心的部分就是企业的价值观。企业文化不能脱离企业的经营管理，企业的经营管理特色决定着企业文化的特色。

（二）企业文化建设的原则

企业文化建设应遵循以下原则。

1. 以人为本

文化应以人为载体，人是文化生成与承载的第一要素。企业文化中的人不仅体现在企业家、管理者身上，还体现在企业的全体员工身上。企业文化建设要强调关心人、尊重人、理解人和信任人。企业团体意识的形成，首先是企业的全体成员有共同的价值观念，有一致的奋斗目标，只有这样，才能形成向心力，才能成为一个具有战斗力的整体。

2. 内外一致

企业文化属于意识形态的范畴，但它要通过企业或员工的行为和外部形态表现出来，这就容易造成表里不一的现象。因此，建设企业文化要从员工的思想观念入手，使员工树立正确的价值观念和哲学思想，在此基础上形成企业精神和企业形象，防止出现形式主义、言行不一的现象。

3. 注重个体差异性

个体差异性是企业文化的重要特征之一。企业文化本来就是在企业发展的历史过程中形成的。每家企业都有自己的历史传统和经营特点，企业在进行文化建设时要充分利用这一点，只有建设具有自己特色的文化，才能在众多企业中独树一帜，打造竞争的优势。

4. 重视经济性

企业是一个经济组织，企业文化是一个微观经济组织的文化，故应具有经济性。所谓经济性，是指企业文化必须为企业的经济活动服务，有利于提高企业生产力和经济效益，有利于企业的生存和发展。

（三）企业文化建设的方法

建设企业文化实际上就是重新审视企业所遵循的价值体系，根据长远发展战略重新建立起一套可以共享、传承的，促进并保持企业正常运作及长足发展的价值理念、思维方式和行为准则。创业企业可通过以下两个途径来进行企业文化建设。

1. 企业理念建设

创业企业要想切实建立企业价值体系，首先要从实际出发，从企业自身所处的地位、环境、行业发展前景及其经营状况着手，通过大量枯燥但必需的调研、分析，结合管理者对企业发展的考量，从企业发展众多的可能性中确认企业的远景。其次，要依据企业发展必须遵循的价值观，确立企业普遍认同、体现企业自身个性特征的，可以促进并保持企业正常运作及长足发展的价值体系。无论社会环境和时间如何变化，企业战略目标和经营理念都应是成立的。

2. 行为文化建设

在确定企业理念之后，企业不能只是把它形式化、停留在口号的层面，而是需要去贯

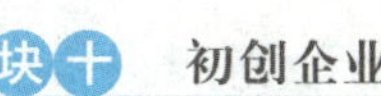

彻，需要对员工的理想追求进行引导。行为文化建设的几个方面如下。

（1）规章制度。企业理念应体现在企业的规章制度（如员工行为规范、公共关系规范、服务行为规范、危机管理规范、人际关系规范等）中，使员工的行为符合企业理念的要求。

（2）工作与决策。企业理念必须反映到企业的日常工作和决策中，企业管理者应该以身作则，使员工有效跟从和效仿。

（3）典礼、仪式。必不可少的各类典礼和仪式，如企业各类会议、展览、庆典及企业内外部节日等可以有效推广企业理念，丰富生动地贯彻到企业的各个方面。

（4）榜样和典范。企业要实施和贯彻企业理念，就需要树立值得员工学习的榜样，即典范或优秀人物，让所有员工切实感受到企业理念的影响。

（5）传播途径，教育培训。企业要建立有效传播企业理念、共享价值观的体系，让员工切实地参与到企业文化建设中。

创业者可以通过开拓畅通和多样化的途径，如内部网络、报刊、论坛、宣传阵地等，经常性地对员工进行教育和培训。

二、初创企业的品牌建设

被誉为“现代营销学之父”的美国学者菲利普·科特勒（Philip Kotler）对品牌的定义是：一种名称、术语、标记、符号或图案，或是它们的相互组合，其目的是用以识别企业提供给某个或某群消费者的产品或服务，并使之与竞争对手的产品或服务相区别。具体来说，品牌是人们对一个企业及其产品、售后服务、文化价值的一种评价和认知，是一种信任，是消费者对产品及产品系列的认知程度。

（一）企业品牌的内涵

企业品牌的内涵包括以下三个方面。

（1）企业品牌传达的是企业的经营理念、企业文化、企业价值观及对消费者的态度等。企业品牌能够有效突破地域之间的壁垒，开展跨地区的经营活动，并且为各个子公司提供一个统一的识别形象，使不同的产品之间形成关联。企业品牌不易被复制、模仿，是企业的最大无形资产。

（2）企业品牌的内涵至少应包含商品品牌和服务品牌两项内容，并在两者的基础上衍生出企业品牌。只有企业建立有别于竞争对手的、富有企业文化内涵的服务品牌，才能不断提升商品品牌的价值含量和提高企业的美誉度，否则企业品牌的内涵就会大打折扣。

（3）企业品牌是在企业成立的初期设定的。通常，企业品牌都同它所提供的特定的产品或服务相联系，在随后的经营过程中不会轻易进行调整。

（二）中小企业品牌建设的方法

大部分中小企业还处于成长阶段，这时候的企业领导者一定要把品牌的实施推广作为企业最重要的事务来抓，一切工作围绕品牌的培育进行，并抓好产品的质量、服务、生产流程、特质等工作，使产品不断给消费者带来良好的信息刺激，提升消费者对品牌的忠诚度，使企业在短期内走出市场底层，摆脱处处被人挤压的被动局面。中小企业品牌建设的具体方法如下。

1. 进行准确的品牌定位

很多中小企业在创业和产品生产之初并没有明确产品定位，一切只凭感觉或随大流，在经营过程中也没有根据市场和自己的实际情况给品牌重新定位，使得企业的品牌形象模糊，很难给市场和消费者一个良好的和较深刻的印象，而且一旦市场波动或出现其他不利因素，就极易被市场淘汰。

2. 从产品质量、服务开始创建品牌

质量是品牌的生命，是品牌的灵魂，没有质量的产品注定要被市场淘汰，其品牌建设也就无从谈起。因此，对于中小企业而言，在创建企业品牌的过程中要严把产品的质量关，保障优质的服务，根据市场和客户的需求不断创新和提高，只有这样，才能使产品逐渐被消费者认可，培养一批优质忠诚的消费者。

3. 打造特色品牌文化

品牌文化是产品在实际使用价值之外给予消费者的一种印象、感觉和附加价值，如归属感、身份感、荣耀感等。企业只有具有一定的品牌文化，才可能全面满足消费者的需要。在建设品牌文化之前，企业首先要搞清楚企业品牌存在的根本意义，它和消费者、政府、竞争者等其他市场主体之间的关系，它主张的价值观、产品观、市场观和服务观，等等。其中，价值观被称为企业精神，是品牌文化建设的核心内涵，其他理念则由它延展开来。由于品牌文化是一种外化的企业文化，最终要使消费者受益，因此企业必须考虑消费者能看到的并以此评估企业价值观的特征，如效率、乐趣、地位、道德、尊严、精神面貌等，并运用比喻、象征的手法予以提炼。

4. 制订整体的品牌计划，进行品牌传播

品牌的创建应着眼于整体，循序渐进，不断积累。品牌的传播应是系统、规范、持续的，否则再好的品牌也会很快被消费者淡忘，退出历史舞台。对于中小企业来说，品牌传播需要在不同时期采用不同的策略，如图 10–5 所示。

图 10-5　品牌传播在不同时期的不同策略

三、创业企业的可持续发展

随着经济全球化进程的加快，市场环境变得更加不确定，市场竞争更趋激烈；同时消费者的需求也变得更加多样化、个性化和理性化，这对企业实现长期可持续发展提出了更高的要求。企业可持续发展是指企业在追求自我生存和永续发展的过程中，既要考虑如何实现企业经营目标和提高企业市场地位，又要使企业在已领先的竞争领域和未来扩张的经营环境中始终保持盈利增长，保证企业在相当长的时间内长盛不衰。

（一）企业可持续发展的关键因素

1. 强大的核心竞争力

企业的核心竞争力是支撑企业可持续发展的关键因素。从本质上讲，企业的核心竞争力是一种不易被竞争对手超越的独特能力，它表现为持续的学习能力、独特的企业文化、不断创新的能力及较强的实践能力。拥有强大核心竞争力的企业能够适应社会环境，在竞争中立于不败之地，实现企业的可持续发展。

2. 持久的创新力

持久的创新力是企业可持续发展的有效保证。创新力是指当企业在面对各种市场机会和市场竞争压力时，为了达到优化状态，表现出来的能够适时地对内外生产经营要素进行重新组合，实现利润最大化的能力。创新力已成为企业可持续发展的不竭动力。

3. 明确的企业使命

企业使命建立在对企业现在及未来深入思考的基础上，决定着企业的总体定位，为企业的长远发展指明方向。企业使命是企业存在的意义和价值，是企业所肩负的最大责任或企业存在的根本目的。

4. 新业务领域的开拓

企业要根据市场的变化，开拓新的主导业务领域。当今市场变幻莫测，企业为了实现利润最大化，应当根据实际条件，不断调整主导产业、主导业务，实现企业的可持续发展。

（二）企业可持续发展战略

企业可持续发展战略是企业可持续发展的指导思想，指出企业可持续发展的目的、使命和长期发展规划，为企业资源的优化配置提供指导方向，为企业可持续发展提供竞争引擎和有效的生存环境。企业可持续发展战略主要包括创新可持续发展战略、文化可持续发展战略和核心竞争力可持续发展战略等。

1. 创新可持续发展战略

创新是指建立一种新的生产函数或供应函数，即在生产体系中引进一种生产要素和生产条件的新组合。经济发展来自企业内部自身创造的关于经济生活的一种变动。创新是一个内在的因素。

现代创新理论的提出者美籍奥地利学者约瑟夫·熊彼特（Joseph Schumpeter）强调，创新是对惯例行为的偏离，创新不断打破均衡。熊彼特的创新理论主要是指生产力方面。企业可持续发展的核心是创新。企业创新是全方位的创新，其核心活动是技术创新。技术创新是指新的技术在生产等领域的成功应用，包括对现有技术要素进行重新组合而形成新的生产能力的活动。从整体来看，技术创新是一个全过程的概念，包括新发明、新创造的研究和形成过程，也包括新发明的应用和实施过程，还包括新技术的商品化、产业化的扩散过程，即新技术成果价值化的全过程。

2. 文化可持续发展战略

优秀的企业文化是企业战略制定成功的重要条件，它包含三个层次，即精神文化、制度文化和物质文化。精神文化是基础，是核心，是企业文化的内容实质；制度文化和物质文化是在精神文化基础上表现出来或形成的形式和结果。

企业文化具有鲜明的个性，有利于企业制定出与众不同的、克敌制胜的战略，指导形成有效的企业战略，是实现企业战略的驱动力和重要支柱。企业战略制定之后，企业文化应该随着新战略的制定而有所变化。企业文化一旦形成，再对其进行变革，难度是很大的，因为企业文化具有较大的刚性及一定的持续性。因此，在战略管理的过程中，企业内部新旧文化的更替和协调是战略实施获得成功的保证。

3. 核心竞争力可持续发展战略

核心竞争力是企业独有的，能在一系列产品或服务中取得领先地位所必需的关键性能力。这种能力是技术与技能的综合表现，而并非拥有的一项技术或一项技能。

核心竞争力具有三个方面的含义，即核心竞争力有助于实现消费者所看重的价值；核心竞争力是竞争对手难以模仿和难以被替代的，故而能取得竞争优势；核心竞争力具有持久性，既具有维持企业竞争优势的持续性，又具有一定的刚性。

核心竞争力具有以下三个核心特征：价值特征——创造的独特价值；资产特征——专用性资产；知识特征——隐性知识。

课后实训

模拟公司注册登记要求

【实训目的】

掌握公司注册的基本流程，了解公司注册相关文件的编写要求。

【实训安排】

1. 模拟确定公司类型

学生 6 ～ 10 人为一组，作为股东研究讨论要创立的公司类型。例如，有限责任公司的股东人数为 1 ～ 50 人，股东可以是自然人，也可以是法人。学生可以模拟加入 1 ～ 3 个法人股东。一般是依据资金能力、管理能力等选择股东，按照出资比例约定股东股权比例。

股东 1:________________________________

股东 2:________________________________

股东 3:________________________________

2. 模拟确定公司名称

公司名称对公司来说是非常重要的，选择公司名称不能随心所欲。学生以小组为单位，为自己拟创办的公司准备 3 ～ 5 个备选名称，填入表 10-2。这些名称的设计必须符合《中华人民共和国市场主体登记管理条例》的规定。

表 10-2　公司名称拟定

序　号	公司名称	名称含义
1		
2		
3		
4		
5		

3. 模拟确定公司经营范围

经营范围是国家允许公司生产和经营的商品类别、品种及服务项目，反映的是公司业务活动的内容和生产经营方向，是公司业务活动范围的法律界限。在确定范围时，可参考业内同类型公司，范围确定之后是可以变更的，需要时直接变更即可，并完成表 10-3。

表 10-3　公司经营范围

经营范围	变更后的经营范围

4. 模拟确定注册资本

注册资本是公司全体股东出于经营需要，提供或者承诺的资金总数，2014 年 3 月 1 日以后，注册资本从“实缴制”修改为“认缴制”。注册资本只要在承诺期限内缴足即可，不要求一次性拿出。每组要认真研读《公司法》，根据自己的实际情况进行出资模拟。出资可以是货币、实物、知识产权、非专利技术、土地使用权等，对使用实物、知识产权、非专利技术出资的，要对其进行评估作价、办理产权转移手续过程的模拟。

注册资本额:____________________________。

股东出资比例:____________________________。

评估作价:____________________________。

5. 模拟制定公司章程

股东共同制定公司章程，章程中应明确公司名称、公司住所、公司经营范围、公司注册资本、股东姓名及出资方式（出资额）、公司机构及产生的办法、职权、议事规则、

公司的法定代表人、股东大会认为需要规定的其他事项。章程拟定完成后，全体股东在章程上签字、盖章。

6. 模拟确定注册地址

注册地址就是营业执照上的经营地址，不同的城市要求会有所不同，如果创业初期资金紧张，则可以入驻孵化器，注册地址是可以变更的。注册时应准备公司住所证明的相关文件；若是公司自有房屋，注册时应提供不动产证等；若是租赁的房屋，注册时应提供租赁合同。

7. 模拟确定公司管理层

公司管理层主要是指在市场监督管理局登记在档的公司管理人员，是公司的核心人员，主要是董事、法定代表人及监事。

董事:______________________。

法定代表人:______________________。

监事:______________________。

课后阅读

魏志强：扎根乡村振兴，奉献青春力量

“我生在黄河边，长在农田里，我的童年除了爷爷挥舞锄头的背影，就是那片红灿灿的辣椒园，赶上国家对农业发展的大力支持，农业产品转型，品牌升级刻不容缓……”魏志强说。在日前举行的第八届中国国际“互联网+”大学生创新创业大赛上，“丰丰登登吉祥物”创业项目得到了评委们的一致认可，获得了校赛一等奖的好成绩。该项目的发起人是国家开放大学实验学院北工商分校魏志强，他的故事激励着更多的同学走向创新创业之路。

初入大学，探寻摸索为生活

魏志强的父亲8岁开始种地，11岁随爷爷奔走在各大农贸市场，16岁在河南安阳内黄县进行农业种植。因为他的父母都是年纪较小时就开始打工和创业，他们认为孩子就应该靠自己努力去闯去拼。2018年，魏志强来到北京工商管理专修学院学习，父亲在学校附近高速路口将其放下，天高任鸟飞，魏志强的大学旅程就从这个高速路口启程

了。2019 年，他进入国家开放大学实验学院北工商分校开始专科学历课程学习。

“爷爷的烦恼”是我创业灵感的来源

“2020 年的时候，由于疫情我开始了在家线上学习，早上爷爷过来叫我吃早饭，当时正在上网课，我推说不吃了，爷爷过来看见我在电脑上做练习，当时正在练习品牌 IP 形象应用的包装设计。爷爷看了看没说话，默默走了，晚上爷爷神神秘秘地叫我到他的蔬菜瓜果农贸市场，给我讲了他的想法。”魏志强说。

在了解了爷爷的想法后，魏志强开始了他的创作之路，也更加坚定了自己所学的数字媒体艺术设计专业，当时魏志强爷爷的蔬菜瓜果市场上每个客户要求的包装都不一样，运输车辆的车体、车厢大小尺寸也都不一样，之前都是农民自己打包、包装，这样包装上就出现大小不统一、形状不统一、信息五花八门的情况，也造成了信息不对称。在装配运输车的时候空间利用不充分，装载量上不去，运输成本增加。农产品的品牌效应尚未建立，农产品的价格上不去，因此农民的收入也相对应地少了。源于这些痛点需求，魏志强萌生了想法，如何推广农特产品？赶上创新创业大赛，魏志强与同学们提出了加强农特产品的品牌赋能，实现家乡农特产品转型升级，带领团队进行了项目研讨与开发。

寻找商机，从普通大学生到大学生创业者

“大学不比中学，只需要一股脑的学习就可以，在大学里不仅要好好学习，而且要面对更加复杂的人际关系，还要考虑自己的未来职业规划等等。”魏志强说。进入大学，魏志强看到好多新鲜的事物和新的环境。日常生活中没有了父母可以依靠，也没有了衣来伸手饭来张口的待遇。魏志强在大学首先学会了自力更生，从普通大学生到大学生创业者，魏志强只是笑了笑，他说，这只是代表“创业的长征路”刚跨出了一步，在大学生创新创业大赛中，好的想法与创意的团队很多，而魏志强希望通过此次创新创业大赛，在国家利好政策支持下，与国际化大平台合作，希望未来能帮助更多的农产品走出国门，走向世界。

资料来源：央广网 . 扎根乡村振兴，奉献青春力量，大学生创新创业人物事迹——魏志强 [EB/OL].（2022-09-28）[2024-03-20].https://edu.cnr.cn/eduzt/jylt/jd/yw/20220928/t20220928_526022328.shtml.（有改动）

附 录

图文

@大学生，这些创新创业大赛不容错过

附录一　中国国际大学生创新大赛（2023）获奖名单（河南省）

银奖						
序号	参赛项目	省（区、市）	学　校	负责人	参赛队员	指导教师
34	定轨神针——国内领先的高精度无源智检高铁扣件供应商	河南省	郑州铁路职业技术学院	党浩浩	段玉业，李泳刚，张亦弛，王琳琳，张炜博，徐二猛，龚帅坤，罗元涛，周钰涵，高一凡，李紫莹，魏怡，曹盼宇，廉金超	郜葆清，梁明亮，杨鲜鲜，刘伟，张瑞坤，种榉，张颖超
35	广硕能源——新电力系统下的中小电厂微网智慧储能	河南省	国家开放大学河南分部	程茂耘	冷清泉，李俊杰，崔彩华，郭凯	王珏，王东峰，张争，石玺，谷保平，田俊敏，裴延锋，张薇，许亚楠
118	隐私卫士——偷拍摄像头反制系统引领者	河南省	河南职业技术学院	张琳玮	孟宝旺，管护林，田振健，赵晨茜，刘柏含，姚洲鑫，李龙，邵冰茹，陈思亮	刘拥军，陈群，房静，石保艳，沈莉莉，陆恒，李文乐，马青松，韩冬瑞，王盛
119	驭风——国内首创风电机组过速安全链健康状态检测仪	河南省	郑州电力高等专科学校	刘子硕	闫滋明，赵怿帆，路晓，金炯炯，朱圣杰，暴志远，王甜甜，司天戈，张茹梦，刘勇志，王旭，潘浩，杨帅冰，魏海飞	雷莱，吴景川，赵哲，董岩，魏顺航，孙锋，李献忠，李玉娜，张亚灵，孙为民，乔晓辉，梁东义，谢克明，杨鸣鸣，李岩，杨一帆，梁琪，张媛媛

（续表）

银奖						
序号	参赛项目	省（区、市）	学校	负责人	参赛队员	指导教师
120	寰控科技——特高压电网调相机转冷水自动化控制装置	河南省	郑州电力高等专科学校	桂浩	孙彬，王不凡，马霖，王金明，武泽阳，韩帅，郭熠卿，朱丽晔，张诗桁，蔡帅营	郝会霞，吴景川，邱文严，顾彬，阮涛，喻宙，任晔，聂为明，孟祥，汪云，陈凤玲，贺莉，王莹，秦光耀，史航
121	万创匠造——国内首创高精度圆孔自定心多功能划线仪	河南省	黄河水利职业技术学院	李金伟	王浩，陶稳东，翟启澜，王康辉，张佳佳，王春波，王乐，施雨虹，张利	黄志伟，贾磊，申欣欣，毛丽，戴玉，贾红军，赵信峰，陈俊潮
铜奖						
序号	参赛项目	省（区、市）	学校	负责人	参赛队员	指导教师
415	刷新世界——打造赶超国际水准的中国化妆刷品牌	河南省	河南职业技术学院	崔宏业	黄宁，郭小暄，乔郑岩，魏顺美，王文卓，丁芝慧，曹梦晴，王国燕，柴婧涵，刘荣，余润航，冯培源	解鹏程，贾莉，李卫红，张佳，刘文娟，吴猛，刘晟旭，崔英
416	如影随形——传统电商服饰展示服务的破局者	河南省	河南职业技术学院	王铭哲	布鑫龙，宋忠硕，李淄博，王成山，张烁洋，薛佳硕，裴博飞，生熔江，张嘉洋，张佳露，贾鑫涛，许洋，杨宏骏	贾亚娟，赵建峰，余东先，李纪云，周翠英，魏晓娟，尹霞，张艳
417	博货科技——货运列车偏载姿态在途实时监测技术领航者	河南省	郑州铁路职业技术学院	张博闻	部杨，王佳远，吴泽，单俊瑶，胡嘉伟，周子捷，刘洋，李嘉威，李泳刚，蒋子龙，龙淼，吴梦云，胡响荣，鲁博涵	杨鲜鲜，张瑞坤，王文栋，李福胜，张莹，部葆清，梁明亮

（续表）

铜 奖						
序号	参赛项目	省（区、市）	学 校	负责人	参赛队员	指导教师
418	拆销王——开口销的拆卸神器	河南省	郑州铁路职业技术学院	周治源	刘晓阳，张恒璐，李庚龙，刘卓，李轩萌，徐绍铮，王硕，韩晨鹏，张盼，郭非凡，石钧岩，宋磊，王梦欣，李柯	郜葆清，张艺超，杨鲜鲜，江欣，谢静，李可心，许多
419	除醛空气净化剂的创新设计	河南省	开封大学	朱家霖	路泓博，樊文学，刘雪，李娜	杨磊，刘进，李卓珊，左洪娜，胡超
420	秒供电——国内首创 5G 配电系统智慧云管家	河南省	郑州电力高等专科学校	杜基伟	万芊芊，史帅颖，程子铭，师恩达，李怡曼，高百川，翟悠然，郭飞宇，殷钰范，孟令建，李东风，张万林，王飞贺，杜嘉欣	赵东辉，何永涛，黄学雷，殷冬冬，赵子淇，吴景川，赵哲，陈凤玲，韩鹏，时存，李妍缘
421	固若金汤——江河防汛抢险技术领跑者	河南省	黄河水利职业技术学院	刘桥桥	吴应祥，周灿玲，王轩，李鉴，胡光耀，刘森，李玉洁，张欣，段文博，任凯，吴新琦	赵婷，胡昊，冯峰，王勤香，申欣欣，王宏涛，刘翠，张鹏飞，贾洪涛，贾红军
422	佳贝云仓——国内母婴行业共享云仓供应链领航者	河南省	黄河水利职业技术学院	商靓	胡佳怡，杨天赐，崔金超，房林林，张可，王梓萌，李嘉欣，王一凡，尚冰川，范可心，闫治礼，李金伟，王官征，崔再昕	贾红军，薛冰，贾磊，李聪，秦斐，徐莉莉，韩欢乐，田丰，焦东良，陈文静，张芳，黄志伟，戴玉，单媛媛，白文静

（续表）

铜奖						
序号	参赛项目	省（区、市）	学校	负责人	参赛队员	指导教师
423	世界首创的黄河泥沙资源利用新技术黄河泥沙凝结剂 YRSC	河南省	黄河水利职业技术学院	梅峥	徐贺超，陈中，徐晋邦，徐荣培，张金龙，段舒予，候宇博，郑寐源，李旭阳，王睿琳，高鑫灿，苑书恺，海润泽，刘晨果	关莉莉，胡昊，菅浩然，杨春景，孟苗苗，李瑞，关喜才，雷恒，罗全胜，薛冰，张圣敏，焦红强，贾红军，张雪锋，张东锋
424	遇见仙草——独创豫芝 7 号菌种助力灵芝产业蝶变	河南省	商丘职业技术学院	刘馨馨	杜岩岩，郑苗苗，孟祥梅，和志豪，孟琦，马晓洋，李梅，陈科硕，郭新蕾，陈艳杰	张瑞玲，余慧琳，蔡朔冰，陈超，户金，张慧，刘怡然，王海涛，张伟丽，侯迎春
425	艾乡愚公——七年奋进开创王屋山艾草产业共富路	河南省	济源职业技术学院	代立红	晋兆丰，苗清清，王艺璇，彭俊涛，李新洁，姚鸿宇，张艺凡，李娜娜，李则达，代红涛	崔艳艳，柳国华，李文文，田地，李瑞龙，段丽娜，卢鑫，梁晓阳，刘诗琪，史花霞
426	护桥先知——北斗高精度三维位移监测预警系统	河南省	河南工业职业技术学院	高阳	杜宇鹏，王岩豪，杨鹏博，徐梦玉，杨嘉辉，赵澳，郭江威，聂闫，翟世昌，洪淑雅，张源芯	刘天恒，王聪珊，屈保中，薛书彦，唐靖哲，范印，杨纪争，郭君扬，张克，李梁，朱奕杰
427	审图大师——首创人工智能全流程建筑审图金招牌	河南省	河南工业职业技术学院	魏夕祥	周钰杭，李梦，陈俊杰，顾夏怡，王志辉，孟淼，杨磊，郭壮林，朱旭，陈顺鑫，岳佳宾	李江华，刘梓，尹伊，许琳，任华楠，刘彦华，席东河，焦子怡，黄旭升，孙荣荣，郭晨，王旖璇，淮鹏，范国辉，朱帅钊，刁静

（续表）

铜　奖						
序号	参赛项目	省（区、市）	学　校	负责人	参赛队员	指导教师
428	一麻当先——中国亚麻纤维产业破局者	河南省	河南工业职业技术学院	黄伊蒙	张照龙，林怡彤，徐顺顺，裴信洋，任佳乐，袁山茹	李果，屈保中，王晓茹，焦子怡，符强，任华楠，潘意青，刘莎，孙会芳，龚燕雯，胡建，范国辉，胡雪梅，朱宗海，淮鹏，吴静
429	小蜜蜂大产业——黑岩蜂养殖及深加工技术引领者	河南省	焦作师范高等专科学校	薛世杰	官爱华，高彰莹，赵鑫洋，张天毅，赵泽林，金子烨，丁晓坤，邵婧瑶	靳小红，张冬丽，李焱，权玉萍，王亚文，柴炜嘉，胡静，孙跃枝，张应华，苗永平
430	老姜新生——河南小火炉农业科技有限公司	河南省	焦作师范高等专科学校	卢雨杰	邹冰洋，王绵，张森泰，李悦悦，王杏叶	任艳红，李爱增，刘歌
431	“快”检一步——桥梁检测预警服务提供商	河南省	河南交通职业技术学院	李亚洁	周浩远，崔京豫，阮雯雯，吕卫娜，程悦悦，石晓飞，胡海星，郭仁辉，吴苗苗，于顺航，李静静，胡耀文，贺钰涵	朱涛，褚耀程，郭强，王永，吴沙沙，张涛，郭凯
432	它福行动	河南省	河南农业职业学院	张雨彬	王志远，郭一飞，王尚研，李颖政，黄俊璨，石佳，王露露，姬青阳，于宏宇，张时磊，曾芋堡	袁贵英，王海娜，宋海丽，魏莉莎，陈慕君，白杨，景翾，王智聪，朱金凤，孙攀峰，方自远，姬长新，张剑锋，王磊，董旭晖

（续表）

铜奖						
序号	参赛项目	省（区、市）	学　校	负责人	参赛队员	指导教师
433	玩具总动员——用“国风积木”唤醒尘封的历史技艺	河南省	河南林业职业学院	张恒	张家铭，贾培基，孟蕊，王岩祺，王亚超，郜世豪，邓庆翔，王玉伟，安盈盈，王浩，郭佳庆，王晨举	刘斌，任雁，张衡，丁雅婧，刘佳，贾德顺，王钰
434	正善科技——国内领先的食品行业全域流量营销方案提供商	河南省	漯河食品职业学院	金怡	汪俊杰，刘会阁，卫立飞，张桉宾，吉东康，刘鹏娟	方爱丽，詹鹏飞，刘广辉，梁影，王景，孟楠，徐华琳，张贺，刘奇付
435	晒康宁软膏——日光性角化病靶向特效药特班布林的国内首仿合成	河南省	河南应用技术职业学院	宋佳	刘自豪，王佳怡，秦孝添，寇梦洋，田晓林，何亚楠，翟宫正，郭姿含，赵明杰，邢建辉	刘加艳，任宇鹏，孙艳艳，荆伟科，王风云
436	VDa自动紧急制动系统——让驾驶更安全	河南省	河南机电职业学院	张子衡	孙圣涛，卢云，王建行，岑亚欣，郑毅力，马盼颖，艾海鑫	管庆朋，王庆平，胡丰收，李占平，苏振恒，郭三刺，张卫伟，张志显，田勇，张欲晓，张晓梅，刘冬冬，王颖迪
437	速准食安——火腿肠成分实时在线检测系统	河南省	河南机电职业学院	田满坤	李葉琦，何远洋，陈曦，艾海鑫，杨航，范浩展，李婷婷，吴婷	程春，呼延永江，李静，张羽，韩婷，李占平，许友，齐玲玲，胡丰收，梁康乘，杨健，张亚梅，雷根平，梁振东，张志显，秦波，刘冬冬

（续表）

铜　奖						
序号	参赛项目	省(区、市)	学　校	负责人	参赛队员	指导教师
438	跃康科技——国内经济型智适应踝关节全效复健引领者	河南省	濮阳医学高等专科学校	张振彬	卢世豪，白佳怡，刘厚余，陈旭，齐玉杰，王伟涛，郑宝琪，任如雪，张维，李鑫坡，阿依排日·阿卜力克木，李壕，杨柳	袁俊斋，韩清晓，张留静，王冉，张永静
439	管道巡丁——新型油气安全运输智能卫士	河南省	国家开放大学河南分部	马志超	郭凯，徐妍灵，侯紫阳，徐明昊，马晨桄，朱静怡，李惠良，王宣	李新涛，张欣宇，孙鹏龙，包志均，郭红艳，李倩，谷保平，霍晓燕，张娟

附录二　大学生创新创业优秀案例

案例简介

创业者和创业信息需求者主要从社交网络上获取信息。但网络上的信息获得渠道多、信息量大，需求者尽管付出大量的精力和时间，但难以准确地从中获取所需要的资讯。团队建立“创业分享说”——一个致力于辅助创业者创业、辅助创业服务者构建创业知识体系和提供贴心精准资讯服务，为各个高校内怀有创业热情的创业者、创业服务者搭建桥梁的微信公众平台。

项目创新点

（1）“辅助论文”元素的高校学习型平台。

（2）资讯细分下的精准知识推荐。

（3）“共享”理念的呼应式学习平台打造。

（4）打破课堂时间局限的知识付费模式。

（5）任务公布与自助招募形式的互动型服务。

项目具体介绍

1. 项目的商业模式

（1）盈利构成。盈利的五点核心特色服务是资讯细分、创业理论体系辅助、服务外包、知识付费和呼应共享，如附图 2-1 所示。

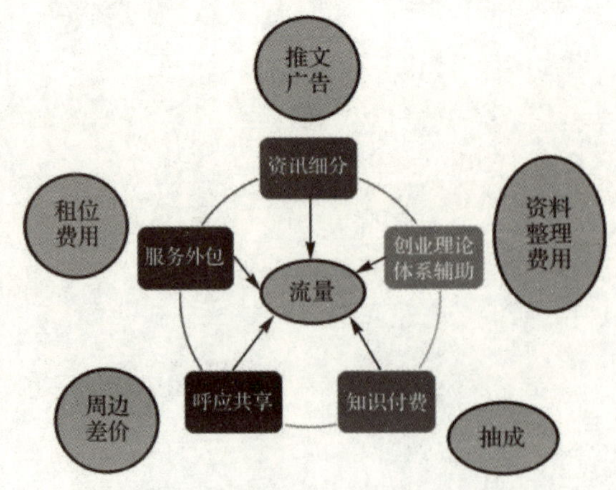

附图 2-1　五点核心特色服务

（2）盈利模式。盈利模式主要包括微信平台文章打赏、线上书城、广告收入、会员服务、后期团队入驻信息发布、知识付费抽成、微信流量红利、线下活动策划盈利等，如附图 2–2 所示。

（3）盈利再分配。产生的部分收益以弥补劳动力资源不足的缺憾，将其余的可置利润投入微信公众号的建设。

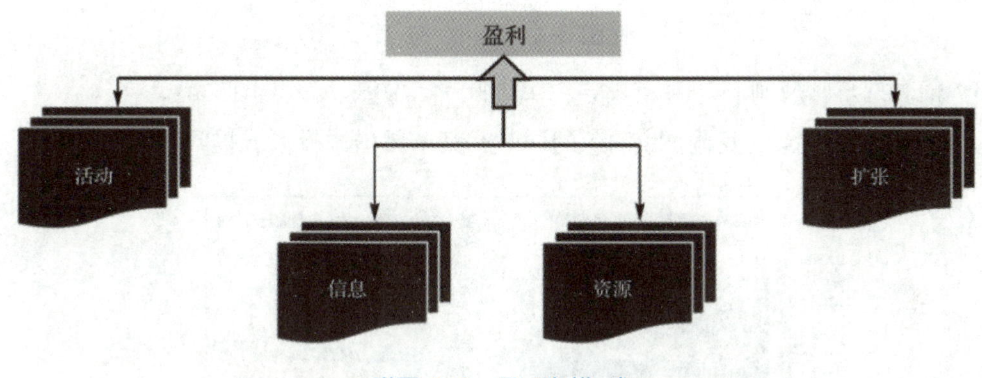

附图 2–2　盈 利 模 式

2. 市场分析

（1）政策与环境可行性分析。国家继续简政放权，为创业提供便利，形成新创业浪潮；大力发展“众创空间”，推出大学生创业引领计划。大众创业浪潮来临，创业者处在最好的时代。

（2）技术可行性分析。与商家如当当网、淘宝、亚马逊等网店协商关于创业相关知识的书籍、网课的授权加盟，这是电子商务中必不可少的 B2B 商业模式，这些汇集资源的技术都能够轻易被掌握和应用。

（3）市场可行性分析。信息过于多元化、冗杂，寻找时间过长，不方便创业者寻找并在相应的时间内解决问题，而我们的微信公众号能解决这个问题。该项目有以下效益。

①经济效益。创业者步入快速发展阶段，为微信公众号运营者带来了利润。

②社会效益。创业想法来自社会，又为社会带来影响，服务于社会，也给社会营造了一个新兴点。

3. 平台介绍及特色

（1）平台理念。力求给创业者带来便捷，提供有针对性的服务，且形成了 B2C、C2C 并存的商业模式。

（2）需求模块及细分。根据调研分析总结出位于底部的三大模块——项目选择、团队建设和融资上市，如附图 2–3 所示。

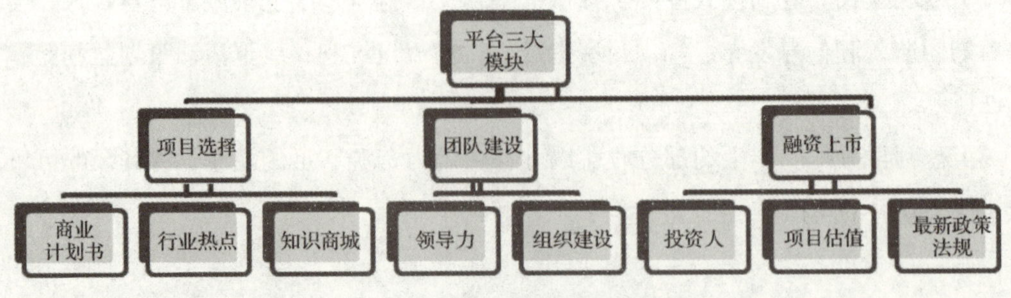

附图 2-3　模 块 布 局

（3）信息共享呼应制。开展“共享”互助服务，渠道分为以下两条。

① 平台在发布文章（见附图 2-4）的同时在其末尾增添投票或提问的方法。

附图 2-4　平台已推出的软文

② 让读者向后台留言和提问，组织团队成员从中筛选有意义的高质量问题，查询并总结相关专业知识去解决问题。

（4）零距离交流功能。在互不交通的微信生态上建立简约式创业人群集群（见附

图 2-5），提供相关范围界定与定制相关创业信息、书城推荐、读者交流平台、知识付费体系等一系列围绕创业的消息推送呼应机制，打造一场零距离的、用户与用户之间的交流盛宴。

附图 2-5　创业人群集群

（5）知识赏金模块。为了符合读者汲取知识所需要的多方面精神消耗和展现平台的生动性，将与创业相关的、具有观看价值的录制视频与平台相链接，在视频下方附文章讲解与说明、视频内容主体与主要内容，以此作为读者的参考。

（6）任务公布与自助招募模块（见附图 2-6）。提供用户“发布任务”和“接收任务”两种形式，调动高校内有服务倾向的学生及有服务能力的群体，为他们提供有实际意义的兼职任务，公布教师或学生无暇或无能力完成的一些任务招募，如烦琐的问卷调研、论文相关材料整理、公众号运营、视频拍摄及制作、技术类型任务等，实现高校内资源有效利用，提高社会效率。

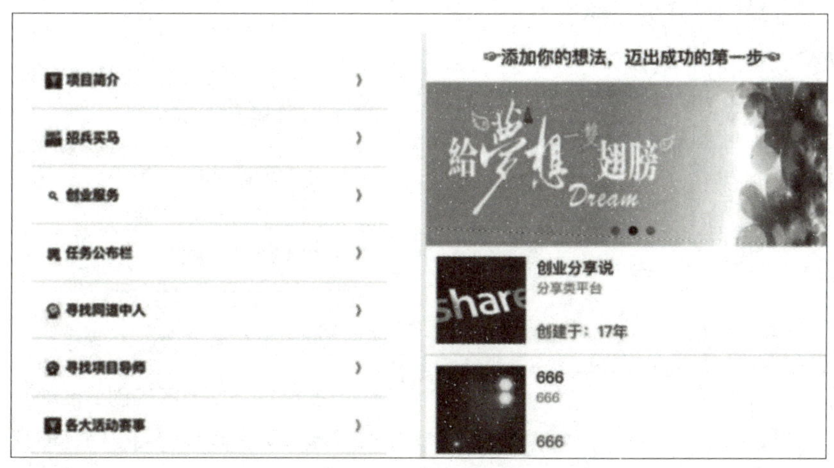

附图 2-6　任务公布与自助招募模块

4. 项目实施与展望

（1）项目进程。项目进程如附图 2–7 所示。

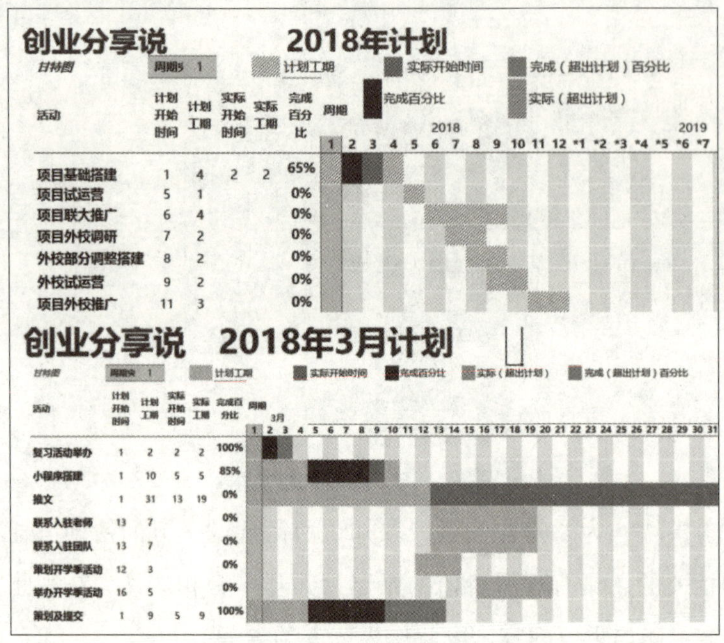

附图 2–7 项 目 进 程

（2）项目展望。项目展望如附表 2–1 所示。

附表 2–1 项 目 展 望

项 目 目 标	预 计 时 间	发 展 方 向
短期目标——平台基础功能搭建与完善	2018 年 3 月 14 日 至 2018 年 4 月	（1）逐步完善平台基本功能 （2）平台每日分享内容达标 （3）实现与粉丝零距离互动 （4）完善平台后台自动回复功能 （5）小程序功能搭建
中期目标——项目试运营及联大推广	2018 年 5 月至 2018 年 9 月	（1）突破关注人数限制 （2）每日平台分享达标 （3）加大公众号推广 （4）小程序功能的完善运转 （5）项目推广到联大各个学校
长期目标——外校项目部分搭建	2018 年 12 月 至 2019 年 12 月	（1）实现线下创业者的创业活动 （2）创造并完善拥有自己特色的创业知识体系 （3）建立一个独立、融多所高校特色的一流创业公众服务平台

5. 项目的意义和价值

（1）满足大众需求，提高创业绩效，让创业需求者高效率地找到自己所需要的资讯。

（2）实现社交网络上高校创业知识的集群化。“创业分享说”项目建立了一个更精致、更丰富的知识中心，汇集了中外最新的创业知识理论，为更多的创业体系研究者带去更便捷、更专业的创业服务材料。而创业体系研究者又多在高校活动，高校便成为创业体系构架的知识集群中心。

（3）对大学生创业政策的支持。在“大众创业、万众创新”的浪潮中，大学生创业无疑将成为创业大军的重要力量。国家针对大学生创业出台了一系列支持和优惠的政策与举措，平台通过信息整合使大学生更精准地获得所需信息，极大地鼓励和推进了大学生创业。

参考文献

[1] 蓝荣东，高炳忠．大学生创意创新创业[M]．哈尔滨：哈尔滨工程大学出版社，2021．

[2] 雷晓柱．创新创业基础[M].北京：高等教育出版社，2021.

[3] 刘春宇，吕海升，赵美丽．大学生创新创业基础教程[M]．上海：上海交通大学出版社，2022.

[4] 刘飒，邢红彬．创新创业教程[M].3版．北京：清华大学出版社，2021.

[5] 王燕．创新创业基础[M].北京：机械工业出版社，2020.

[6] 王强，陈姚．创新创业基础：案例教学与情境模拟[M].北京：中国人民大学出版社，2021.

[7] 徐德力，钱军，刘勤华，等．创新创业管理：慕课与翻转课堂[M]．苏州：苏州大学出版社，2022.

[8] 刘淑慧，严军．大学生创新创业教程[M].北京：北京大学出版社，2020.

[9] 乔辉，张志．大学生创新创业入门教程：音频指导版[M]．2版．北京：人民邮电出版社，2020.